Erörterungen

im

Gebiete des Preußischen Rechts

von

Dr. W. Bornemann,
Zweitem Präsidenten des Königl. Obertribunals.

Erstes Heft.

Inhalt.

Berlin.
Druck und Verlag von Georg Reimer.
1855.

Vorwort.

Die Erörterungen, welche ich hiemit meinen Berufsgenossen vorlege, sind im Wesentlichen das Ergebniß praktischer Erfahrungen, die ich aus gedruckten und ungedruckten Entscheidungen des Obertribunals geschöpft habe. Sie werden daher hoffentlich, besonders für die jüngeren Berufsgenossen, nicht ohne Nutzen sein. Sollten dieselben Anklang finden, so werde ich diesem Hefte andere Hefte, mit längeren und kürzeren Aufsätzen folgen lassen, darin auch nach Umständen die Arbeiten anderer praktischer Juristen, welche dieselbe Richtung verfolgen, aufnehmen.

Berlin, den 4. Juli 1855.

Der Verfasser.

Verbesserungen.

S.	21	Z.	9	v. o.	l.	verweise st. verweist
=	36	=	11	v. o.	=	hinzugefügt st. hier zugefügt
=	39	=	3	v. u.	=	angewendet st. angenommen
=	45	=	4	v. u.	=	holographischen st. solographischen
=	60	=	6	v. u.	=	nun st. nur
=	63	=	19	v. o.	=	Erwartung st. Erwerbung
=	80	=	1	v. u.	=	wie st. wenn
=	127	=	6	v. u.	=	sei st. seien
=	128	=	7, 8	v. o.	=	Realstatuten st. Rechtsstatuten
=	173	=	7	v. o.	=	— Hienach st. Hienach
=	175	=	9	v. o.	=	nicht fordern st. fordern

Ueber die Anwendung neuer Gesetze auf bereits bestehende Rechtsverhältnisse — die zeitlichen Grenzen der Herrschaft der Gesetze.

I. Allgemeine Grundsätze.

Die Veränderungen, welche seit dem Anfange dieses Jahrhunderts in der Gesetzgebung vieler Länder eingetreten sind, haben zu wiederholten Erörterungen über die Anwendung neuer Gesetze auf schon bestehende Rechtsverhältnisse geführt. Auch der große Meister v. Savigny hat sich in dem achten Bande seines Systems des heutigen römischen Rechts einer Erörterung dieser Lehre unterzogen, und mit gewohnter Schärfe viele dunkle Punkte aufgeklärt. Die Lehre kann indessen als bereits abgeschlossen nicht angesehen werden. Sie ist vielmehr, wie v. Savigny selbst bemerkt, als noch im Werden begriffen und unfertig aufzufassen, und auch gegen manche Theile der Erörterung v. Savigny's drängen sich Bedenken auf. Diese Bedenken, welche zum Theil durch Entscheidungen des Obertribunals hervorgerufen worden, haben mich zu der nachfolgenden, die ganze Lehre umfassenden, wesentlich jedoch auf das preußische Recht und den preußischen Richterstand sich beziehenden, Abhandlung veranlaßt. [1])

[1]) Benutzt ist auch die neueste schätzbare Abhandlung von v. Wyß in der Zeitschrift für schweizerisches Recht. Bd. 3. S. 124 ff.

Der Gesetzgeber, welcher ein neues Gesetz erläßt, kann, wenn nicht besondere Gründe für eine Ausnahme von der Regel sprechen, der Natur der Sache nach nicht die Absicht gehabt haben, den vorhandenen Rechtszustand zu beseitigen, und das neue Gesetz auch auf Rechte anzuwenden, welche sich unter der Herrschaft der bisher geltend gewesenen Gesetze gebildet haben. Von diesem, in den §§. 14. 51 der Einleitung zum Landrecht und den verschiedenen Verordnungen über die Einführung desselben anerkannten Grundgedanken, muß auch der preußische Richter ausgehen, und demgemäß die nachstehenden leitenden Grundsätze anerkennen:

> Neuen Gesetzen ist keine rückwirkende Kraft beizulegen.
>
> Durch neue Gesetze werden erworbene Rechte nicht berührt;

oder mit anderen Worten:

> Rechte, die nach den zur Zeit ihrer Entstehung geltenden Rechtsbestimmungen gültig erworben sind, bleiben bei Kräften und sind als wohlerworbene Rechte gegen Anfechtungen zu schützen, welche aus einer demnächst eingeführten neuen Gesetzgebung entnommen werden könnten.

Diese Grundsätze finden indessen nur Anwendung, wenn

1. das betreffende Gesetz wirklich ein neues ist;
2. das Recht bei Einführung des Gesetzes bereits erworben war;
3. besondere Gründe nicht zu einer Ausnahme führen.

Diese Punkte bedürfen einer näheren Betrachtung.

1. Das betreffende Gesetz muß wirklich ein neues sein. Authentische Deklarationen bestehender Gesetze sind daher, wie auch §. 15 der Einleitung zum Landrecht bestimmt, auf alle noch zu entscheidende Fälle anzuwenden und selbst in der Nichtigkeits-Instanz zu berücksichtigen, wenn sie erst nach dem angefochtenen

Erkenntnisse bekannt gemacht werden. Denn durch solche Deklarationen wird nach der Absicht des Gesetzgebers nur der richtige Sinn eines bereits bestehenden Gesetzes festgestellt. Der Richter wendet demnach, wenn er dem auslegenden Gesetze folgt, in der That das ausgelegte Gesetz an. Dies ist nach der Absicht des Gesetzgebers selbst dann der Fall, wenn die wissenschaftliche Auslegung zu einem anderen Sinn führt, und von diesem Standpunkte aus der Inhalt der Deklaration als neues Recht erscheint. Denn der in der Form der Deklaration ausgesprochene Wille des Gesetzgebers ist hier allein entscheidend, und man muß annehmen, daß diese Form mit der daraus von selbst folgenden Anwendung des Gesetzes auf alle noch nicht entschiedenen Fälle, ungeachtet des abweichenden Ergebnisses der wissenschaftlichen Auslegung, aus besonderen Gründen absichtlich gewählt worden; z. B. um viele der Deklaration entsprechende Rechtsgeschäfte aufrecht zu erhalten, und dadurch den drohenden Verwirrungen des Verkehrs vorzubeugen.[1] — Auch ein der Form nach neues Gesetz, muß auf alle noch nicht entschiedene Fälle angewendet werden, wenn der Gesetzgeber kein neues Recht hat schaffen wollen, sondern nur das bestehende Recht, z. B. ein nicht aufgezeichnetes Gewohnheitsrecht oder ein theils aufgezeichnetes, theils durch die Praxis fortgebildetes Provinzialrecht zusammengefaßt, und bei dieser Gelegenheit nur die eingeschlichenen irrigen Auffassungen und vorgekommenen Kontroversen beseitigt hat.[2])

2. Das Recht muß ein bei Einführung des neuen Gesetzes bereits erworbenes, d. h. ein solches sein, welches in Folge einer bestimmten Handlung oder Begebenheit der besondere Gegenstand

---

[1]) Dies ist z. B. hinsichtlich der Deklaration des § 95 Tit 12 Th. I. A. L.-R. vom 10. Juli 1846, betr. die Beförderung eines dorfgerichtlichen Testamentes oder Kodizills an den Gerichtshalter (Gesetzs 1846 S 263) anzunehmen.

[2]) Aus diesem Grunde hat Justinian den Institutionen und Pandekten rückwirkende Kraft beigelegt; l 2 § 3 l. 3 § 23. C. de vet. j enucl. (I. 17).

des Vermögens oder des Familienrechts einer bestimmten Person geworden ist. Demzufolge sind auch betagte und bedingte Rechte, welche willkührlich nicht wieder entzogen werden können, zu den wohlerworbenen Rechten zu rechnen. Als solche sind dagegen nicht anzuerkennen:

a. Die Befugnisse, welche ihrem Inhalte nach Gegenstand eines besonderen Rechts sein können, deren Ausübung aber dennoch allen Menschen, welche davon Gebrauch machen wollen und können, freigegeben ist: z. B. die Befugniß zur Benutzung öffentlicher Wege zum Fahren, Reiten ꝛc., öffentlicher Brunnen zum Wasserholen, öffentlicher Flüsse zur Schifffahrt, Flößerei, Ueberführung dritter Personen gegen Bezahlung u. s. w. Wer dergleichen Befugnisse ausübt, erwirbt dadurch noch kein besonderes Recht. Wenn daher die bisher gestattete Ausübung durch ein neues Gesetz erschwert oder untersagt wird, so kann Niemand die Fortdauer der bisherigen Ausübung als ein wohlerworbenes Recht in Anspruch nehmen. Dies kann selbst von denen nicht geschehen, welche auf Grund des früheren Rechtszustandes und zum Zweck der danach gestatteten Ausübung kostbare Anstalten gemacht, z. B. zum Uebersetzen fremder Personen über einen öffentlichen Fluß Gefäße angeschafft und Gebäude errichtet haben. Die Billigkeit erfordert indessen, daß der Gesetzgeber, welcher die bisher gestattete freie Ausübung einer Befugniß der in Rede stehenden Art aufhebt, die Personen, welche solche Anstalten gemacht haben, möglichst berücksichtigt und gegen Schaden schützt. Dies ist denn auch von der preußischen Regierung in Fällen der Art wiederholt geschehen; z. B. in dem Gesetz vom 4. Juli 1840, betreffend die Befugniß zum Uebersetzen vom linken zum rechten Rheinufer.[1]) — Als wohlerworbene Rechte sind ferner nicht anzuerkennen

b. Die allgemeinen aus der Freiheit der Person und des

[1]) Gesetzs. 1840. S. 227.

Eigenthums abzuleitenden oder in den bisherigen Gesetzen anerkannten Befugnisse aller Menschen oder einzelner Klassen derselben zu Erwerbungen und zur Vornahme gewisser Handlungen. Zu diesen Befugnissen gehört z. B. die Eingehung einer Ehe, so daß ein neues Gesetz, welches die Bedingungen der Eheschließung erschwert, auf alle noch nicht geschlossenen Ehen, auch wenn eine Verlobung bereits stattgefunden hat, sofort Anwendung findet; indem erst die Schließung der Ehe selbst ein erworbenes Recht begründet. Ferner gehört dazu die Befugniß Grundeigenthum oder andere dergleichen Rechte zu erwerben, mit dem Eigenthum ganz nach Belieben zu schalten, Wechsel oder auf jeden Inhaber lautende Papiere auszustellen, Zinsen über einen gewissen Betrag sich versprechen zu lassen u. s. w. — Jedes Gesetz, welches die Bedingungen, unter denen diese Befugnisse ausgeübt werden können, anders als die bisherige Gesetzgebung bestimmt, findet daher auf alle noch nicht erfolgten Erwerbungen Anwendung. Als wohlerworbene Rechte sind auch nicht anzuerkennen

c. Die bloßen Erwartungen, welche durch das geltend gewesene Gesetz begründet waren, durch das neue Gesetz aber zerstört werden, indem auch in Fällen dieser Art, z. B. bei den auf ein bestehendes Erbfolgegesetz sich gründenden erbschaftlichen Erwartungen, ein erworbenes Recht selbst dann nicht vorliegt, wenn der Erwerb des Rechts voraussichtlich ein naher und sicherer ist. Unter Umständen kann in diesen Fällen das Einschreiten der Gesetzgebung, z. B. bei der Aufhebung der Lehen, zu Härten führen und den Gesetzgeber veranlassen, die Erwartungen in gewissem Umfange zu berücksichtigen. Einen Anspruch auf Berücksichtigung haben die Betheiligten an und für sich aber nicht. — Unrichtig ist es dagegen, wenn, wie wohl geschehen ist

d. Als erworbene Rechte nur solche bezeichnet werden, welche sich auf einen Vertrag, eine letztwillige Verfügung, eine unerlaubte Handlung, oder einen anderen besonderen Rechtstitel gründen.

Solche Rechte können auch in Folge einer Begebenheit oder eines gewissen Zustandes unmittelbar durch das Gesetz begründet werden, wie z. B. nach unseren Gesetzen das gesetzliche Erbfolgerecht, ohne Antretung der Erbschaft oder Besitzergreifung, sofort nach dem Tode des Erblassers erworben wird.[1])

3. Es müssen keine besonderen Gründe zu einer Ausnahme vorliegen.

a. Zuvörderst versteht es sich von selbst, daß ein Gesetz rückwirkende Kraft hat, wenn und so weit ihm solche von dem Gesetzgeber ausdrücklich beigelegt ist. Ob diese Rückanwendung auch auf bereits rechtsanhängige und selbst auf solche Sachen zu beziehen ist, in denen bereits in der einen oder andern Instanz oder sogar rechtskräftig entschieden worden, hängt zunächst von der Bestimmung des Gesetzgebers ab. In Ermangelung einer solchen Bestimmung muß die Rückwirkung als Ausnahme von der Regel an und für sich auf die engsten Grenzen, mithin auf noch nicht rechtsanhängig gewordene Sachen, beschränkt werden. Die Natur des Verhältnisses, auf welches das neue Gesetz sich bezieht, oder die Form des letzteren, kann jedoch zu der entgegengesetzten Annahme führen, wie aus den folgenden allgemeinen Betrachtungen hervorgehen wird.

b. Ferner sind neue Gesetze, welche ausschließlich oder vorherrschend das öffentliche Recht betreffen, auch auf schon bestehende Verhältnisse anzuwenden; z. B. Gesetze, welche im öffentlichen Interesse das Vormundschaftswesen anders gestalten, eine obrigkeitliche Aufsicht über Gemeinden oder öffentliche Stiftungen anordnen oder in dieser Beziehung neue Bestimmungen treffen. Die Privatrechte, welche dritte Personen auf Grund der früheren Rechtsbestimmungen bereits erworben haben, werden allerdings auch durch solche Gesetze nicht berührt. Die Vormundschaften, Gemeinden ꝛc., auf welche die Gesetze sich beziehen, können aber

[1]) I. 9 §§ 367 ff.

gegen deren sofortige Anwendung selbst aus Vergleichen und rechtskräftigen Erkenntnissen, sofern dieselben lediglich auf die früheren Rechtsbestimmungen gegründet sind, keinen Widerspruch herleiten. Denn die Absicht des Gesetzgebers ist eben darauf gerichtet, daß an die Stelle des öffentlichen Rechts, welches in der vorliegenden Beziehung gegolten hat, und des darauf gegründeten Rechtszustandes, ein anderes öffentliches Recht treten soll. Auch durch Vergleiche und rechtskräftige Erkenntnisse, welche lediglich das frühere öffentliche Recht zur Grundlage haben, kann daher die Absicht des Gesetzgebers nicht vereitelt werden.[1])

c. Dasselbe muß angenommen werden, wenn das neue Gesetz nicht bloß die Entstehung gewisser Rechtsverhältnisse für unzulässig erklärt, sondern auch gegen die Fortdauer dieser Rechtsverhältnisse, z. B. der Erbpachtverhältnisse, gerichtet ist. Denn auch in diesem Falle kann durch Vergleiche und Erkenntnisse die solchen Rechtszuständen überhaupt entgegentretende Absicht des Gesetzgebers nicht vereitelt werden. Diese Wirkung ist dagegen

d. anderen Gesetzen, welche im öffentlichen Interesse neue privatrechtliche Bestimmungen treffen, nicht ohne Weiteres beizulegen. Rechtskräftige Erkenntnisse und Vergleiche, welche nach den früheren Gesetzen gültig geschlossen worden, werden vielmehr durch solche Gesetze, selbst wenn dieselben gebietend oder verbietend sind, in der Regel nicht berührt. Auch läßt sich auf die Frage: ob und wie solche Gesetze in anderen Beziehungen eine rückwirkende Kraft haben, keine alle Verhältnisse umfassende Antwort geben.

v. Savigny will für die ganze Lehre zwischen zwei Gattungen von Rechtsregeln unterscheiden; erstens nämlich solchen, welche sich auf den Erwerb und Verlust der Rechte, d. h. die Verbindung eines Rechts mit einer bestimmten Person oder die Auflösung dieser Verbindung beziehen; zweitens solchen, welche das Dasein

[1]) Cf. hiebei das in anderer Beziehung ergangene Erkenntniß Bd. 6. S. 82 ff. der Entscheidungen.

eines Rechtsinstituts betreffen. Nur für die erste Gattung von Rechtsregeln soll der Grundsatz, daß neue Gesetze keine rückwirkende Kraft haben, und erworbene Rechte dadurch nicht berührt werden, wahr sein. Für die zweite Gattung von Rechtsregeln — diese mögen das Sein oder Nichtsein des Rechtsinstituts zum Gegenstande haben oder das So oder Anderssein betreffen — soll der Grundsatz dagegen unwahr sein. Für diese Rechtsregeln soll vielmehr der entgegengesetzte Grundsatz gelten: Neuen Gesetzen ist rückwirkende Kraft beizulegen, und schon erworbene Rechte werden dadurch berührt.[1]) — Der von v. Savigny hervorgehobene Unterschied selbst ist ohne Zweifel ein wohlbegründeter, indem die richtige Beantwortung der Frage, ob ein wohlerworbenes Recht vorliegt, in sehr vielen Fällen wesentlich durch die Festhaltung dieses Unterschiedes bedingt wird. Wir müssen daher v. Savigny für die scharfe und klare Feststellung des Unterschiedes danken, und denselben bei der nachfolgenden Erörterung stets vor Augen haben. Der demnächst aufgestellte Grundsatz, daß Rechtsregeln, welche sich auf das Dasein eines Rechtsinstituts beziehen, rückwirkende Kraft haben und schon erworbene Rechte berühren, erscheint aber als ein nicht haltbarer.

1. In Ansehung der Rechtsregeln, welche sich auf das Sein oder Nichtsein eines Rechtsinstituts beziehen, kann es allerdings keinem Zweifel unterliegen, daß neue Gesetze, welche gegen die Entstehung und Fortdauer eines Rechtsinstituts gerichtet sind, durch welche also nach der Absicht des Gesetzgebers auch die bereits entstandenen Rechtsverhältnisse beseitigt werden sollen, rückwirkende Kraft haben, und alle unter dem früheren Rechtszustande erworbenen Rechte dieser Art berühren. Dies ist aber keine nothwendige Folge der gedachten Rechtsregeln. Es muß vielmehr immer erhellen, daß das neue Gesetz, nach der Absicht des Gesetz-

---

[1]) a. a. O. S. 373 ff. 514 ff.

gebers, nicht bloß der Entstehung neuer Rechtsverhältnisse entgegen treten, sondern auch die bereits bestehenden angreifen und aufheben soll. Dies kann bei manchen Gesetzen, z. B. den gegen die Leibeigenschaft oder Gutsunterthänigkeit gerichteten, so unzweifelhaft sein, daß es ohne ausdrückliche Erklärung des Gesetzgebers angenommen werden muß. Bei anderen Gesetzen, z. B. solchen, welche gegen die Errichtung von Lehen, Fideikommissen, Erbzins- oder Erbpacht-Verhältnissen, oder die Begründung von Reallasten und gewissen Arten von Grundgerechtigkeiten gerichtet sind, läßt es sich dagegen sehr wohl denken, daß der Gesetzgeber nur die Entstehung neuer Rechtsverhältnisse der Art hat verhindern, die bereits entstandenen Rechtsverhältnisse dagegen bis zu ihrem Absterben oder ihrer Beseitigung durch Uebereinkunft der Betheiligten hat fortbestehen lassen wollen. Bei manchen Gesetzen, z. B. denen, durch welche die Gütergemeinschaft unter Eheleuten gänzlich aufgehoben oder unbedingt eingeführt wird, kündbare Schuldpapiere gewisser Art für unkündbar erklärt werden, darf man sogar von der Voraussetzung ausgehen, daß der Gesetzgeber die bestehenden Verhältnisse nicht hat berühren wollen. Auch die rückwirkende Kraft der Gesetze, welche das Sein oder Nichtsein von Rechtsinstituten betreffen, wird hienach durch die ausdrücklich erklärte oder aus den Umständen erhellende Absicht des Gesetzgebers bestimmt. Dann aber ist zwischen dieser Gattung von Rechtsregeln und den Rechtsregeln, welche sich auf den Erwerb von Rechten beziehen, in Bezug auf ihre Rückwirkung kein wesentlicher Unterschied abzusehen.

2. Was sodann die Rechtsregeln betrifft, welche sich auf die innere Beschaffenheit (das So oder Anderssein) eines Rechtsinstituts beziehen, so muß man, um eine klare Anschauung zu gewinnen, zwischen Rechtsverhältnissen, die ihrer Natur nach eine unbegrenzte oder doch sehr lange Dauer haben, und Rechtsverhältnissen von vorübergehender Dauer unterscheiden.

a. Bei der fortschreitenden Entwickelung eines Volks und

seines Rechts kann Niemand, der ein Recht der erstgedachten Art — z. B. Grundeigenthum, Lehen, Reallasten — erwirbt, vernünftiger Weise daran denken, daß die derzeit geltende Gesetzgebung, und die dadurch bestimmte Beschaffenheit des Rechts, in allen Beziehungen und mit allen damit verbundenen Befugnissen unverändert werde beibehalten werden. Für solche Rechte und Rechtsverhältnisse muß daher angenommen werden, daß jeder Erwerber den möglichen Wandel der Gesetzgebung vor Augen gehabt und demselben sich stillschweigend unterworfen hat, und daß selbst vertragsmäßige Bestimmungen, welche die künftigen Rechte dritter Personen, insbesondere also auch das öffentliche Interesse der Gesammtheit berühren, nicht als unwandelbar festgestellt angesehen werden können. Die gesetzliche Beschaffenheit solcher Rechte kann hienach, wenigstens der Regel nach, nicht als ein der Einwirkung künftiger Gesetze entzogenes erworbenes Recht aufgefaßt, sondern höchstens als Erwartung behandelt werden. Dann aber folgt die rückwirkende Kraft neuer Gesetze auf die gesetzliche Beschaffenheit solcher Rechte, als Regel, schon aus dem Grunde, daß nur erworbene Rechte durch neue Gesetze nicht berührt werden. Die Regel kann jedoch, eben weil sie eine Folge dieses Grundsatzes ist, nicht als eine unbedingte aufgefaßt werden. Ein neues Gesetz kann dergestalt tief eingreifen, daß dadurch nicht bloß einzelne Befugnisse, welche nach dem früheren Gesetze mit dem vollendeten Erwerbe eines Rechts der bezeichneten Art verbunden sind, aufgehoben, beschränkt oder umgestaltet werden, sondern daß dadurch das Rechtsinstitut, welchem das fragliche Recht angehört, seinem ganzen Wesen nach umgewandelt wird. In solchen Fällen erscheint die Anwendung des neuen Gesetzes auf die vorgefundenen Rechtsverhältnisse mindestens nicht unbedingt zulässig. Es läßt sich nämlich nicht bezweifeln, daß die Parteien auch bei Begründung eines solchen Rechtsverhältnisses, z. B. einer auf viele Jahre berechneten Antichrese, hinsichtlich der wesentlichen Beschaffenheit desselben, die bestehende Gesetzgebung vor Augen gehabt haben, und daß sie ein dieser Gesetzgebung dem Wesen nach entsprechendes Rechtsverhältniß unter sich haben feststellen wollen. Muß dies aber angenommen werden, dann gehört das seinem Wesen nach gerade so bestimmte Rechtsverhältniß zu den erworbenen Rechten, und es muß alles das darauf Anwendung finden, was S. 8. 9 bei der gänzlichen Aufhebung eines Rechtsinstituts in Bezug auf vorher erworbene Rechte bemerkt worden.

b. Dasselbe muß in gleichem Falle für Rechtsverhältnisse von vorübergehender Dauer anerkannt werden. Ueberdies läßt sich mit Grund annehmen, daß die Parteien bei Begründung solcher Verhältnisse die Befugnisse und Folgen, welche das bestehende Gesetz damit verbindet, wenn auch nicht in allen untergeordneten Einzelnheiten, doch im Allgemeinen, vor Augen gehabt, und gerade diesen Befugnissen und Folgen als Bestandtheilen des Geschäfts sich stillschweigend unterworfen haben. Dann aber bildet der Inbegriff dieser Befugnisse und Folgen, — die Beschaffenheit des Rechts, wie es durch die damalige Gesetzgebung festgestellt ist — ein erworbenes Recht, und zwar bei zweiseitigen Rechtsgeschäften ein durch gegenseitige Uebereinkunft erworbenes. Ein solches in der That vertragsmäßiges Recht muß, wenn nicht besondere Gründe zu einer Ausnahme vorliegen, von dem Einfluß jeder neuen Gesetzgebung unberührt bleiben. Die Annahme des Gegentheils führt auch dahin, daß der Erwerb des Rechts zu einem inhaltlosen Schatten herabsinkt, und daß die Bestimmungen aller Gesetzgebungen über die sogenannten Naturalien der Rechtsgeschäfte ihre wesentliche Bedeutung verlieren. Bei manchen Rechtsverhältnissen der vorliegenden Art, namentlich bei solchen, welche dem Familienrecht angehören, kann jedoch das, was für andere Rechtsverhältnisse in Ansehung der durch die bestehenden Gesetze bestimmten Befugnisse und Folgen anzunehmen ist, nicht zutreffen und unanwendbar sein. Auch können die Rechte, welche ein neues Gesetz dritten Personen einräumt, der Wirksamkeit eines an sich erworbenen Rechts möglicher Weise entgegentreten.

Der Grundsatz, daß neuen Gesetzen keine rückwirkende Kraft beizulegen ist und erworbene Rechte dadurch nicht berührt werden, ist hienach nicht bloß für den Erwerb, sondern auch für das Dasein der Rechte im Allgemeinen wohl begründet. In Bezug auf einzelne Rechtsverhältnisse machen aber, wie schon aus dem Vorbemerkten hervorgeht, manche Erwägungen die richtige Anwendung und Beschränkung des Grundsatzes schwierig. Außerdem wird die richtige Durchführung des Grundsatzes dadurch erschwert, daß nicht bloß die juristischen Thatsachen und deren Folgen oft in sehr verschiedene Zeitpunkte fallen, sondern daß die Thatsachen selbst, welche zum Erwerbe eines Rechts erforderlich sind, bei manchen Rechtsverhältnissen weit auseinander liegen. Es ist daher erklärlich, daß in dieser Lehre noch mehrere Punkte streitig sind.

Unser Landrecht hat die Lehre größtentheils der Wissenschaft und Praxis überlassen. Dagegen finden sich in den Verordnungen, durch welche das Landrecht in die verschiedenen Landestheile eingeführt worden, viele hieher gehörige Bestimmungen.[1]) An und für sich sind dieselben transitorischer Natur. Man darf indessen annehmen, daß der Gesetzgeber sich bei diesen Bestimmungen durch den Grundsatz hat leiten lassen, den er im §. 14 der Einleitung zum Landrecht für den richtigen anerkennt. Der Richter darf und muß daher diese Bestimmung auch bei der Anwendung anderer

---

[1]) Publik.-Patent vom 5. Februar 1794; Patent vom 24. März 1803 für das Eichsfeld rc. (Nov. Corp. C. Tom. XI. S. 1797); Patent vom 5. April 1803 für Paderborn rc. (ebend. No. 34); Patent vom 9. September 1814 für die wiedervereinigten Provinzen (Gs. 1814 S. 89); die beiden Patente vom 9. November 1816 für Posen und einen Theil Westpreußens (Gs. 1816 S. 217. 225); Patent vom 15. November 1816 für die vormals sächsischen Landestheile (Gs. 1816 S. 233); Patent vom 25. Mai 1818 für die Faktoren (Gs. 1818 S. 45); Patent vom 21. Juni 1825 für das Herzogthum Westphalen rc. (Gs. 1825 S. 153).

neuer Gesetze berücksichtigen, ohne sich dadurch unbedingt binden zu lassen, zumal bei einzelnen Bestimmungen der Patente besondere in den Zeitverhältnissen liegende Gründe mitgewirkt haben können.

II. Die persönlichen Zustände; Rechts- und Handlungsfähigkeit.

Nach dem im § 14 der Einleitung zum Landrechte anerkannten Grundsatze, daß neue Gesetze auf schon vorgefallene Handlungen und Begebenheiten nicht anzuwenden sind, ist die Rechts- und Handlungsfähigkeit eines Menschen nach den Gesetzen zu beurtheilen, welche zu der Zeit bestanden, als die Handlung oder Begebenheit, aus der ein Recht hergeleitet wird, vorgenommen wurde oder eintrat. Die durch ein späteres Gesetz ausgesprochene Unfähigkeit macht daher die von der betreffenden Person vorher vorgenommenen Handlungen nicht ungültig oder wirkungslos, und die durch ein späteres Gesetz ausgesprochene Fähigkeit macht die vorher vorgenommenen Handlungen nicht gültig. Das Landrecht enthält verschiedene Anwendungen und Begrenzungen dieses Grundsatzes [1]. Hier ist noch in Bezug auf die Zustände der Personen, als Grund der Rechts- und Handlungsfähigkeit überhaupt oder für einzelne Rechtsverhältnisse insbesondere, hervorzuheben, daß diese Zustände in der Regel als erworbene Rechte nicht angesehen werden können (S. 3. 4), und daß daher neue Gesetze, welche solche Zustände anders als bisher bestimmen, auf die Personen, auf welche sie sich beziehen, sofort Anwendung finden.

a. Demgemäß ist, wie in den Einführungs-Patenten wiederholt anerkannt wird, ein neues Gesetz, welches die Minderjährigkeit verkürzt oder verlängert, auf alle bei dem Eintritt der Ge-

---

[1] I. 5. §§ 37. 38; I. 7. § 115; I. 8. § 7; I. 11. §§ 451—453. 712; I. 12. §§ 11. 12. 43. 460; I. 18. § 57; I. 20. § 18; cf. auch die Patente vom 9. und 15. November 1816 § 8 und 21. Juni 1825 § 18; die Deklaration vom 24. Januar 1844 (Gs. 1844. S. 51).

setzeskraft noch minderjährigen Personen sofort anzuwenden. Die Patente, welche einen kürzeren als den landrechtlichen Großjährigkeits-Termin vorfanden, fügen jedoch hinzu, daß diejenigen, welche nach den älteren Gesetzen bereits volljährig waren, auch fernerhin als volljährig angesehen werden sollen, wenn gleich dieselben nach den Bestimmungen des Landrechts noch minderjährig sein würden. v. Daniels bezeichnet diese Bestimmung, mit mehreren Lehrern des gemeinen Rechts, als eine Abweichung von den richtigen Grundsätzen, weil nach diesen der Zustand einer Person als ein erworbenes Recht nicht angesehen werden könne, und daher immer nach dem Rechte der Gegenwart zu beurtheilen sei [1]). Allein eines Theils spricht für diese Bestimmung schon die Erwägung, daß die Zurücksetzung eines nach älteren Gesetzen volljährig gewordenen Menschen in den Zustand der Minderjährigkeit, in Bezug auf den Verkehr mit dritten Personen, zu den bedenklichsten Verwickelungen führen würde. Anderen Theils muß der durch das Gesetz begründeten Volljährigkeit mindestens die Kraft einer obervormundschaftlichen Volljährigkeits-Erklärung beigelegt werden, so daß hier selbst von einem erworbenen Rechte die Rede sein kann [2]).

b. Neue Gesetze, welche über die Fähigkeit gewisser Personen zur Uebernahme von Verpflichtungen aus Darlehnen oder anderen Verträgen, die Wechselfähigkeit, die Handlungsfähigkeit der Frauen überhaupt, oder der Ehefrauen insbesondere Bestimmung treffen, sind sofort anzuwenden. Aeltere Rechtsgeschäfte solcher Personen werden jedoch durch die neuen Gesetze nicht berührt. Wenn also z. B. in ein Rechtsgebiet, in welchem gemeines Recht und mit demselben das S. C. Vellejanum gegolten hat, das Landrecht oder ein anderes neues Gesetz eingeführt wird, welches die Bürgschaften der Frauen gar keiner oder einer anderen als der gemeinrechtlichen

---

[1]) v. Daniels Lehrb. Bd. I. S. 156; Holzschuher Theorie rc. Bd. I. S. 42.
[2]) v. Savigny a. a. O. S. 414.

Beschränkung unterwirft, so müssen die von einer Frau vorher übernommenen Bürgschaften nach gemeinem Rechte, die später übernommenen Bürgschaften nach dem neuen Gesetze beurtheilt werden. Desgleichen kann bei einer solchen Veränderung der Gesetzgebung eine Ehefrau fortan nur noch in Bezug auf das vorbehaltene Vermögen ohne Zustimmung des Ehemannes Verpflichtungen übernehmen [1]), die vorher übernommenen Verpflichtungen der Ehefrau sind jedoch nach wie vor nach gemeinem Rechte zu beurtheilen.

c. Das Vorbemerkte gilt auch von den Bestimmungen, welche die Stellung der Verschwender, die Testamentsmündigkeit ꝛc. betreffen. Die Testaments-Mündigkeit beginnt nach gemeinem Rechte für das weibliche Geschlecht mit dem vollendeten zwölften, für das männliche Geschlecht mit dem vollendeten vierzehnten Jahre, nach französischem Rechte für beide Geschlechter mit dem vollendeten sechszehnten Jahre, nach preußischem Rechte gleichfalls für beide Geschlechter mit dem vollendeten vierzehnten Jahre, mit der Maaßgabe jedoch, daß Personen, welche das achtzehnte Jahr noch nicht zurückgelegt haben, ihre letztwilligen Verordnungen nicht anders als mündlich zum gerichtlichen Protokoll zu errichten befugt sind [2]). Wenn nun ein dreizehnjähriges Mädchen unter der Herrschaft des gemeinen Rechts ein Testament errichtet hat, so wird dasselbe nach Einführung des Landrechts nicht ungültig; fortan kann aber das Mädchen ein anderweites Testament vor vollendetem vierzehnten Jahre überhaupt, und vor vollendetem achtzehnten Jahre anders als durch mündliche Erklärung zum gerichtlichen Protokoll, nicht errichten. Wenn ferner eine über vierzehn Jahr alte Person vor vollendetem sechszehnten Jahre unter der Herrschaft des französischen Rechts ein Testament errichtet hat, so

---

[1]) II. 1. §§ 318 ff.

[2]) I. 12. § 17.

wird dasselbe durch die Einführung des Landrechts nicht rechtsbeständig [1]).

III. Form der Rechtsgeschäfte.

Die Form eines Rechtsgeschäfts ist nach den Gesetzen zu beurtheilen, welche zur Zeit der Vornahme des Geschäfts galten [2]).

1. Demzufolge ist ein neues Gesetz, welches mehrere Förmlichkeiten als das ältere Gesetz vorschreibt, auf vorher vollzogene Geschäfte nicht anzuwenden. Der Gesetzgeber kann zwar auch die rückwirkende Kraft eines solchen Gesetzes anordnen. Nach dem § 14 der Einleitung zum Landrechte soll aber in diesem Falle den Betheiligten in dem neuen Gesetze eine hinlängliche Frist gewährt werden, um die darin vorgeschriebene Form nachzuholen. Der preußische Gesetzgeber hat sich also in der vorliegenden Beziehung im Voraus selbst eine Schranke gesetzt, und diese auch in den Patenten vom 9. Septb. 1814 § 7 und 9. Novb. 1816 § 9 anerkannt, durch welche das Landrecht in Landestheile eingeführt worden, in denen die französischen Gesetze gegolten hatten. Die Patente bestimmen nämlich, daß die nach französischen Gesetzen gültig errichteten eigenhändig ge- und unterschriebenen oder vor Notarien aufgenommenen Testamente noch während eines Jahres nach dem Eintritt der Rechtskraft des Landrechts als rechtsbeständig erachtet, dann aber ihre Kraft verlieren sollen, es könne denn nachgewiesen werden, daß der Erblasser während des ganzen Zeitraums an Errichtung eines Testaments nach den Vorschriften des Landrechts verhindert gewesen. Uebrigens kann der Natur der Sache nach die Nachholung der in einem neuen Gesetze vorgeschriebenen Form nur dann verlangt werden, wenn die Nach-

---

[1]) Die §§ 11. 22 Tit. 12 Th. I. A. L.-R. enthalten eine Bestätigung dieser Auffassung. Sie beziehen sich zwar nur auf thatsächliche Verhältnisse, sind aber Folgen des Grundsatzes, welcher auch in der vorliegenden Beziehung maaßgebend ist.

[2]) Einleit. zum A. L.-R. § 14; I. 3. § 42 und die vorerwähnten Patente.

holung lediglich von dem abhängt, welcher die Erklärung abgegeben hat. Dies ist nicht mehr der Fall, wenn ein Anderer aus der Erklärung bereits Rechte erworben hat, die ihm willkührlich nicht entzogen werden können, wenn also insbesondere vor dem neueren Gesetze ein nach dem früheren Gesetze gültiger Vertrag geschlossen ist.

2. Nach dem Grundsatze § 14 der Einleitung kann auch ein neues Gesetz, welches weniger strenge Formen als das ältere Gesetz vorschreibt, auf vorher vorgenommene Rechtsgeschäfte nicht angewendet werden. Demgemäß bestimmt das Landrecht:

> Eine Handlung, die wegen Verabsäumung der gesetzmäßigen Form von Anfang an nichtig war, kann in der Folge niemals gültig werden.
>
> Wird die Handlung in der gesetzmäßigen Form wiederholt, so gilt sie nur von dem Zeitpunkte dieser Wiederholung an [1]).

Dagegen heißt es an einer andern Stelle des Landrechts:

> Frühere Handlungen, welche wegen eines Mangels der Förmlichkeit nach den älteren Gesetzen ungültig sein würden, sind gültig, in sofern nur die nach den neueren Gesetzen erforderlichen Förmlichkeiten, zur Zeit des darüber entstandenen Streits, dabei angetroffen werden [2]).

Eine Vereinigung beider Gesetzstellen ist wiederholt versucht, insbesondere die Meinung geäußert worden: In der letzten Gesetzstelle könne nicht eine solche „Förmlichkeit" gemeint sein, durch welche die Vollendung des Geschäfts bedingt sei. Die Gesetzstelle könne daher nur auf Förmlichkeiten bezogen werden, welche entweder zur Beglaubigung dienen, wie die notarielle oder gerichtliche Form im Allgemeinen, oder welche positiv vorgeschrieben worden, um auf richterlichen Schutz Anspruch machen zu können, wie die Schrift, oder im französischen Rechte die Vollziehung der

---

[1]) I. 3. §§ 43. 44; I. 4. § 95.

[2]) Einleitung § 17.

Ehe durch den Civilakt [1]). Gegen diese Auffassung drängen sich manche Bedenken auf. Auf dem Wege der Auslegung läßt sich aber überhaupt zu einem befriedigenden Ergebniß nicht gelangen, weil, wie auch die Vorarbeiten zum Landrecht nicht undeutlich ergeben, zwischen beiden Gesetzstellen ein bei der Abfassung eingeschlichener Widerspruch obwaltet. Der Entwurf bestimmte ganz uneingeschränkt: „Jedes neue Gesetz gilt nur auf Handlungen und Fälle, die sich nach seiner Publikation ereignet haben." Bei der revisio monitorum erregte diese ganz allgemein gefaßte Bestimmung Bedenken, und Suarez bemerkte:

Zwei Fälle giebt es aber doch, wo ein neues Gesetz ad casus praeteritos gezogen werden kann, nämlich:

a) wenn es die vorhin auf eine Handlung gesetzte Strafe mildert oder aufhebt, z. B. das Deserteur-Edikt;

b) wenn es die Form, woran vorhin die Gültigkeit einer Handlung gebunden war, simplificirt oder abkürzt, z. B. die Solennitäten der Testamente.

Diese Ansicht wurde genehmigt, und demgemäß der § 17 der Einleitung, der hienach offenbar auf alle äußeren Formen zu beziehen ist, aufgenommen, der dadurch herbeigeführte Widerspruch mit der im Entwurf schon enthaltenen erstgedachten Gesetzstelle aber nicht beachtet. In seiner allgemeinen Fassung kann übrigens der § 17 der Einleitung, wie v. Savigny mit Recht bemerkt, nur als ein Mißgriff bezeichnet werden [2]), indem dadurch das, was unter Umständen ganz angemessen und für den Gesetzgeber bei dem Erlaß eines neuen, die Förmlichkeiten gewisser Handlungen betreffenden Gesetzes bestimmend sein kann, zur allgemeinen Regel erhoben worden ist. Ganz angemessen bestimmt z. B. die Verordnung vom 27. Februar 1816, daß alle Ehen, welche in den

[1]) Juristische Zeitung 1833 S. 418. 870; Temme Handbuch des preuß. Rechts S. 19; Koch, Lehrbuch Bd. I. S. 131.

[2]) a. a. O. S. 410.

vormals französischen oder westphälischen Landestheilen vor der Einführung des Landrechts durch priesterliche Trauung vollzogen worden, als gültig und die darin erzeugten Kinder als eheliche angesehen werden sollen, wenngleich die in den französischen Gesetzen bei Strafe der Nichtigkeit vorgeschriebenen Förmlichkeiten nicht beobachtet sind [1]). Als allgemeine Regel kann der § 17 der Einleitung aber zu sehr bedenklichen Eingriffen in erworbene Rechte führen, und muß daher so weit dies möglich ist beschränkt werden. Dies ist denn auch durch das Obertribunal in zwiefacher Hinsicht geschehen. Dasselbe hat nämlich angenommen: Erstens daß der § 17 der Einleitung auf zweiseitige Verträge nicht zu beziehen ist, weil der bei dem Mangel einer wesentlichen Förmlichkeit fehlende bindende Konsens durch ein diese Förmlichkeiten beseitigendes späteres Gesetz nicht ergänzt werden kann. Zweitens daß ein Rechtsgeschäft, welches wegen Mangels einer wesentlichen Förmlichkeit ungültig ist, nicht dadurch allein, daß ein neues Gesetz diese Förmlichkeiten beseitigt, sondern nur dann gültig werden kann, wenn alle in dem neuen Gesetz als wesentlich vorgeschriebene Förmlichkeiten beobachtet sind [2]). Durch diese wohlbegründeten Beschränkungen hat die Gesetzstelle im Wesentlichen ihre Bedeutung verloren, und ist mindestens unschädlich geworden.

3. Es ist früher bezweifelt worden, daß der § 14 der Einleitung maaßgebend sei, wenn eine Eintragung in das Hypothekenbuch nachgesucht wird. Im Jahre 1787 fragte die damalige Ostfriesische Regierung an: ob auf den Grund eines vor dem Erlaß der Hypothekenordnung von 1783 bloß privatim errichteten Instruments der titulus possessionis im Hypothekenbuche berichtigt werden könne. In dem Rescripte vom 16. März 1787 wurde diese Frage bejaht, weil die Vorschriften der Hypothekenordnung

---

[1]) Gesetzs. 1816 S. 122.

[2]) Rechtsfälle Bd. 4. S. 186; Entsch. Bd. 17. S. 242; Präj. 2097 in den Entscheid. Bd. 17. S. 509 und Archiv für Rf. Bd. 1. S. 21.

auf vorher erfolgte Besitzveränderungen nicht anzuwenden seien. Dieselbe Regierung fragte im Jahre 1792 an: ob auf den Grund bloßer Privatverschreibungen, Privatcessionen und Privatquittungen, ohne vorgängige Anerkennung Seitens des Schuldners oder Cedenten, resp. ihrer Erben, Eintragungen oder Löschungen im Hypothekenbuche erfolgen könnten. Durch Rescript vom 13. Februar 1792 wurde diese Frage verneint, da die Erfordernisse eines Akts, der bei dem Hypothekenbuche vorgenommen werden solle, quoad formam externam nach den zur Zeit der Vornahme dieses Akts bestehenden Gesetzen beurtheilt werden müßten, zumal auch schon nach gemeinem Rechte eine Privatscriptur, so lange sie von dem Aussteller nicht rekognoscirt worden, keine Beweiskraft habe. Darauf machte die Ostfriesische Regierung im Jahre 1801, also nach Einführung des Landrechts, auf den Widerspruch zwischen beiden Rescripten aufmerksam, und wurde durch ein Rescript vom 30. Mai 1801 dahin beschieden, daß die im Rescript vom 13. Februar 1792 enthaltene Vorschrift eine ganz allgemeine, mithin auch auf die Berichtigung des Besitztitels anwendbare sei. — In Uebereinstimmung mit dieser Auffassung verweigerte das Kammergericht in einem späteren Falle die Umschreibung eines im Jahre 1744 eingetragenen und an den letzten Inhaber zurückgezahlten Kapitals auf den Namen des Gutsbesitzers, der die Zahlung geleistet hatte, weil der letzte Inhaber sich als solcher nur durch eine am 7. December 1748 ausgestellte außergerichtliche Privat-Cession ausweisen, auch den Uebergang an seine Vormänner nur durch solche Cessionen nachweisen konnte. Der Gutsbesitzer wurde nun gegen den letzten Inhaber klagbar, und dieser rechtskräftig verurtheilt, sich in einer bestimmten Frist als Eigenthümer des in Rede stehenden Kapitals in hypothekarischer Form zu legitimiren. Gedrängt durch Exekution, und bei der Unmöglichkeit, die verlangte Legitimation nach Verlauf von mehr als 60 Jahren zu beschaffen, wandte sich der letzte Inhaber im Jahre 1833 an den damaligen Justizminister mit der Bitte, die Umschreibung der Post ohne Weiteres anzuordnen. Der Justizminister hielt diesen Antrag auch für gerechtfertigt, und zwar, abgesehen von besonderen aus dem vorliegenden Fall entnommenen Erwägungen, aus folgenden Gründen: „Nach dem bei Ausstellung der Cessionen geltend gewesenen gemeinen Rechte seien dieselben offenbar rechtsbeständig, ihre Unächtheit sei auch innerhalb der dreißigjährigen Verjährungsfrist von keiner Seite behauptet und erwiesen worden. Die Hypothekenordnung von 1783 verweist im Eingange hinsichtlich dessen, was zur gültigen Erlangung, Uebertragung und Aufhebung eines dinglichen Rechts überhaupt gehöre, auf die bestehenden und noch zu erlassenden Gesetze. Demnächst werde im Tit. 2. §§ 60. 199. 248. 250 zwar verordnet, daß nur aus gerichtlich oder notariell beglaubigten Urkunden eine Eintragung erfolgen, und jede Privat-Urkunde zuvörderst dem Aussteller zur Anerkennung vorgelegt werden solle. Nach den Bestimmungen § 14 der Einleitung zum A. L.-R. und Art. X., XI., XII. des Publikations-Patents vom 5. Februar 1794 könne es indessen keinem Zweifel unterliegen, daß den gedachten Vorschriften der Hypothekenordnung in Bezug auf vorher ausgestellte und nach den damals bestehenden Gesetzen formell gültige Urkunden keine rückwirkende Kraft beizulegen sei." Bei dem Widerspruch, in welchem der Justiz-Minister hienach mit dem Rescripte von 1801 war, trug derselbe auf einen seiner Ausführung entsprechenden Allerhöchsten Erlaß an, und dieser erfolgte am 29. Mai 1833 dahin: Wie es keinem Zweifel unterliegen könne, daß die Vorschriften der Hypothekenordnung § 60 ff. 199. 248 ff. auf früher errichtete Verträge und einseitig ausgestellte Urkunden und deren äußere Form keine Anwendung fänden, vielmehr die Frage über die rückwirkende Kraft der Gesetze auch in dieser Beziehung lediglich nach den Vorschriften des § 14 der Einleitung zum A. L.-R. und der Art. X., XI., XII. des Publikations-Patents vom 5. Februar 1794 zu beurtheilen sei [1]. — Die Instruktion vom 30. Mai 1815, welche zu dem Patent vom 22. Mai 1815 wegen Einrichtung des Hypothekenwesens in den wieder vereinigten Provinzen erlassen worden, forderte wiederum im § 4 auch zum Nachweise der vor Einführung des Landrechts erfolgten Besitzveränderungen die Vorlegung beglaubigter Urkunden [2]. Im Anschluß an den Erlaß vom 29. Mai 1833 wurde jedoch durch das Rescript vom 14. August 1837 bestimmt, daß auf Grund der unter der Herrschaft des gemeinen Rechts errichteten Privaturkunden, welche nach den damaligen Gesetzen in formeller und materieller Hinsicht zur Erwerbung des Eigenthums genügten, und keine sichtbare Mängel an sich tragen, die Berichtigung des Besitztitels ohne Weiteres erfolgen könne und müsse [3]. Nach meinem Dafürhalten ist die Ausführung des Justiz-Ministers in dem im Jahre 1833 erstatteten Bericht nicht durchaus zutreffend. Auch nach preußischen Gesetzen genügen Privaturkunden als causa praecedens des Erwerbs von Sachen und Rechten. Auf Grund derselben kann aber dessenungeachtet eine Eintragung in das Hypothekenbuch nicht verlangt werden. Die Hypothekenordnung bestimmt vielmehr, daß solche Urkunden, obwohl dieselben in formeller Beziehung bindende Kraft haben, dem Aussteller zuvörderst zur Anerkennung vorgelegt werden sollen. Wenn nun die älteren Rescripte vorschreiben, daß diese Bestimmung auch auf die unter der Herrschaft des gemeinen Rechts errichteten Urkunden anzuwenden sei, so wird dadurch der Hypothekenordnung keine rückwirkende Kraft beigelegt. Denn die formelle Gültigkeit dieser Urkunden bleibt unberührt. Es soll ihnen nur in Bezug auf eine Einrichtung, welche dem gemeinen

---

[1]) v. Kamptz Jahrb. Bd. 41. S. 525 ff. Aus Billigkeitsgründen enthielt das Hof-Rescript vom 20. Mai 1781 (Nov. c. c. Tom. VII. S. 3361) eine ähnliche Bestimmung in Ansehung der Löschung älterer Posten.

[2]) v. Kamptz Jahrb. Bd. 5. S. 43 ff.

[3]) Jur. Wochenschrift 1837. S. 702.

Rechte fremd ist, und auf welche dasselbe daher nicht einwirken kann, keine mehrere Kraft beigelegt werden, als den unter der Herrschaft des preußischen Rechts errichteten Urkunden derselben Art. Meines Erachtens entsprechen die älteren Rescripte daher der strengen Anwendung des allgemeinen Grundsatzes über die zeitlichen Grenzen der Herrschaft der Gesetze. Anderer Seits muß aber berücksichtigt werden, daß die strenge Anwendung dieses Grundsatzes auf die vor Einführung der Hypothekenordnung errichteten Urkunden zu sehr bedenklichen Uebelständen führen kann. Während der Herrschaft des gemeinen oder eines anderen fremden Rechts hat Niemand Veranlassung gehabt, für den Fall, daß die preußische Hypothekenordnung eingeführt werden sollte, Fürsorge zu treffen und sich darauf durch beglaubigte Urkunden vorzubereiten. Die Einwohner von Landestheilen, in welchen das gemeine oder ein anderes Recht gegolten hat, sind daher in einer anderen Lage gewesen, als die Einwohner der Landestheile, in welchen das preußische Recht und mit demselben die preußische Hypothekenordnung seit längerer Zeit besteht. Sie haben sich durch die unterlassene Beglaubigung der Urkunden keiner Vernachlässigung einer bestehenden gesetzlichen Vorschrift schuldig gemacht, und würden, wenn sie nach Einführung der Hypothekenordnung, die Beglaubigung nachholen müßten, nicht selten außer Stande sein, diesem Ansinnen zu genügen. In Berücksichtigung dieser Sachlage muß schon die Gesetzes-Politik eine Abweichung von der strengen Anwendung des an sich richtigen Grundsatzes räthlich erscheinen lassen. Eine solche Abweichung erscheint aber auch aus dem Grunde unbedenklich, weil der Einrichtung des Hypothekenwesens eine, durch das Gesetz und sonstige Bekanntmachungen erfolgende, Aufforderung zur Anmeldung der Realansprüche vorangeht, und eben deswegen, wenn sich außer der eine Privaturkunde vorlegenden Person Niemand meldet, der aus einer solchen Urkunde hergeleitete Anspruch in der Regel als genügend bescheinigt angesehen werden muß. Die Möglichkeit von Ausnahmen sollte aber anerkannt und deren Feststellung dem Ermessen des Hypothekenrichters besonders dann überlassen werden, wenn die Tilgung einer in das Hypothekenbuch einzutragenden Post in Frage ist. Das Gesetz vom 24. August 1853, betreffend einige Aenderungen der Hypothekenordnung vom 20. December 1783 bietet gegenwärtig, durch das in dem § 42 nachgelassene Aufgebot, einen Ausweg, um die Tilgung festzustellen [1]).

IV. Wesen und Inhalt der Rechtsgeschäfte unter Lebendigen.

Das Publikations-Patent von 1794 § XI. bestimmt, in Uebereinstimmung mit den späteren Patenten, daß alle Verträge, welche vor der Einführung des Landrechts geschlossen worden, sowohl ihrer Form und ihrem Inhalt nach, als in Ansehung der daraus entstehenden rechtlichen Folgen, nur nach den zur Zeit des geschlossenen Vertrages bestandenen Gesetzen zu beurtheilen sind; wenn gleich erst später auf Erfüllung, Aufhebung oder Leistung des Interesse aus einem solchen Vertrage geklagt wird. Diese Bestimmung entspricht dem allgemeinen Grundsatze über die Rückanwendung der Gesetze, und ist daher auf neue Gesetze überhaupt anzuwenden. Ob ein Vertrag seiner Form und seinem Inhalte nach gültig ist, ob und in welchem Umfange aus demselben auf Erfüllung geklagt und, bei gänzlicher oder theilweiser Nichterfüllung das Interesse gefordert, ob und aus welchen Gründen der Vertrag angefochten werden kann, ingleichen welche rechtlichen Folgen überhaupt der Vertrag als solcher hat, — alle diese Fragen sind in der Regel nach den zur Zeit der Schließung des Vertrages bestehenden Gesetzen zu beurtheilen. Wenn daher ein Vertrag unter der Herrschaft des gemeinen Rechts geschlossen worden, so muß die formelle und materielle Gültigkeit desselben, z. B. die

---

[1]) Gesetzs. 1853 S. 533.

Frage: ob der Vertrag wegen Minderjährigkeit, mit der exc. S. C. Vellejani oder Macedoniani, wegen Betrugs, Zwangs, Irrthums anzufechten ist, desgleichen in welchem Umfange, z. B. aus einem die Errichtung eines Familien-Fideikommisses betreffenden Vertrage, auf Erfüllung geklagt werden kann, lediglich nach den Vorschriften des gemeinen Rechts beantwortet werden. Im Allgemeinen herrscht hierüber Einverständniß, im Einzelnen ist jedoch manches streitig.

1. Mehrere Rechtslehrer wollen zwischen unmittelbaren und mittelbaren Folgen eines Vertrages unterscheiden, sind aber wieder über die damit zu verbindenden Begriffe nicht einverstanden. — Goeschel versteht unter den unmittelbaren Folgen, nach Anleitung des §. XI. des Publikations-Patents von 1794, die, auf welche sich die auf Erfüllung, Aufhebung oder Leistung des Interesse gerichtete Klage aus dem Vertrage erstreckt, unter den mittelbaren Folgen dagegen die, welche nicht aus dem Vertrage selbst, sondern erst aus dessen Erfüllung hervorgehen, und nicht durch die Kontraktsklage geltend gemacht werden können. Auf die ersteren soll der Wechsel der Gesetzgebung keinen Einfluß haben, auf die letzteren dagegen jedes neue Gesetz sofort anwendbar sein. „Wenn z. B., sagt Goeschel, eine Kirche vor dem Eintritt des Landrechts mittelst Vertrages ein Grundstück in Erbzins auszuthun sich verpflichtet hat, so kann auf die Erfüllung und Rescission des Vertrages nach den älteren Gesetzen geklagt werden. Die Emphyteuse selbst wird aber, obgleich mittelbare Folge jenes Vertrages, wenn nichts besonderes vertragsmäßig festgesetzt ist, durch Unterlassung der Zahlung des Kanons nicht nach dem älteren Gesetze in zwei, sondern nach dem neuen Gesetze, welches den Unterschied der persönlichen Eigenschaft des Erbzinsherrn aufgehoben hat (Th. I. Tit. 18. §§ 772. 773 A. L.-R.), erst in drei Jahren verloren gehen. Gleichermaaßen muß ein Familienschluß, welcher unter den vorigen Gesetzen zur Errichtung eines Familien-Fidei-

kommisses gültig abgeschlossen worden, nach diesen Gesetzen in Beziehung auf Folgen, Inhalt und Wirksamkeit beurtheilt werden. Es kann mithin z. B. der Einwand, daß die jährlichen Einkünfte nicht 2,500 Thlr. betragen oder 10,000 Thlr. übersteigen (Th. II. Tit. 4. §§ 55. 56 A. L.-R.), der auf Erfüllung des Familienschlusses gerichteten Klage nicht entgegen gesetzt werden. Das Fideikommiß selbst, oder überhaupt das dingliche Rechtsverhältniß, welches erst aus der späteren Erfüllung jenes älteren Vertrages hervorgegangen ist, unterliegt aber, in Ermangelung vertragsmäßiger Bestimmungen, lediglich den neuen Gesetzen, sofern es auf Beurtheilung dieses Verhältnisses, auf Verpfändung, Abänderung oder Aufhebung des Fideikommisses ankommt.[1]) — Andere verstehen unter unmittelbaren Folgen die, an welche die Parteien bei Abschließung des Vertrages dachten oder denken konnten, und die sie deßhalb stillschweigend in den Vertrag mit hineingezogen haben; unter mittelbaren oder entfernteren Folgen dagegen die, welche erst durch künftige Thatsachen begründet werden. Zu den letzteren rechnen sie namentlich die Anfechtungsklagen wegen laesio enormis, Betrug, Zwang, Irrthum, Minderjährigkeit, ferner den Widerruf einer Schenkung wegen Undankbarkeit oder nachgeborner Kinder.[2]) Die zuletzt gedachte Ansicht ist, wie v. Savigny nachgewiesen hat, ohne Zweifel eine irrige.[3]) Sie steht mit dem Grundgedanken, welcher in dieser Lehre leitend sein muß, in Widerspruch, und ist in den preußischen Einführungs-Patenten durch Feststellung des Gegentheils verworfen worden. Denn danach sollen die Verträge, auch in Ansehung der daraus entstehenden rechtlichen Folgen, ohne Unterschied zwischen unmittelbaren und

---

[1]) Simon und v. Strampff Zeitschrift Bd. 2 S. 20 ff. Das erste Beispiel ist seit dem Gesetze vom 2. März 1850 nicht mehr von praktischer Bedeutung, der Vollständigkeit wegen aber mit aufgenommen.

[2]) Weber über die Rückanwendung der Gesetze und Meyer principes sur les questions transitoires in verschiedenen Stellen.

[3]) v. Savigny a. a. O. S. 437.

mittelbaren, nach den zur Zeit des Abschlusses bestandenen Gesetzen beurtheilt werden, wenn gleich erst später auf Erfüllung, Aufhebung oder Leistung des Interesse geklagt wird. Die Ansicht von Goeschel aber greift in ein anderes Gebiet über, und kann, sofern in dieser Beziehung zwischen unmittelbaren und mittelbaren Folgen des Vertrages unterschieden wird, zu Verwirrungen führen. Durch die gehörig geleistete Erfüllung eines Vertrages wird nämlich die Wirkung, die er haben soll, herbeigeführt. Es handelt sich dann nicht mehr um die Form, den Inhalt und die rechtlichen Folgen des Vertrages, welche letzteren mit der Erfüllung vollständig eingetreten sind. Gegenstand der Beurtheilung ist vielmehr fortan das durch die Erfüllung begründete Rechtsverhältniß, z. B. das in Folge des Vertrages übergegangene Eigenthum, das auf Grund desselben gewährte dingliche oder persönliche Recht rc. Bei dieser Beurtheilung ist aber nicht mehr die Einwirkung einer neuen Gesetzgebung auf den Erwerb des Rechts und die demselben zum Grunde liegende causa praecedens (den Vertrag) in Frage. Die Frage ist vielmehr, welchen Einfluß eine neue, das Sein oder die Beschaffenheit der Rechtsverhältnisse betreffende, Gesetzgebung auf die Rechtsverhältnisse hat, die aus der Erfüllung eines älteren Vertrages oder anderen Rechtsgeschäfts hervorgegangen sind. Diese Frage gehört wesentlich in das Sachenrecht, und wird dort einer näheren Prüfung unterworfen werden. Für den vorliegenden Theil der Erörterung ist mit v. Savigny der Grundsatz festzuhalten, daß die Gültigkeit und die rechtlichen Folgen eines Vertrages oder anderen Rechtsgeschäfts unter Lebendigen, sofern nicht unbedingt gebietende neue Gesetze entgegenstehen, durchweg nach den Gesetzen zu beurtheilen sind, welche bei Abschließung des Geschäfts bestanden. Nach diesen Gesetzen ist daher insbesondere auch die Anfechtung eines Kaufgeschäfts wegen Verletzung über die Hälfte, die Zulässigkeit des Widerrufs einer Schenkung wegen Undankbarkeit oder nachgeborner Kinder, die Restitution gegen einen Vertrag, die Pflicht zur Gewährleistung u. s. w. zu beurtheilen. Bei manchen Aufhebungsgründen und Ansprüchen kann es zweifelhaft sein, ob dieselben dem Vertrage und dessen rechtlichen Folgen angehören oder aber das Bestehen oder die Beschaffenheit des aus dem Vertrage hervorgegangenen Rechtsverhältnisses betreffen. Alsdann wird zunächst dieser Zweifel beseitigt werden müssen, weil, wenn die Aufhebungsgründe oder Ansprüche dem Vertrage angehören, die Anwendung der neuen Gesetze ohne Weiteres ausgeschlossen bleiben muß.

Schließlich ist zu bemerken, daß auch die civilrechtlichen Ansprüche aus unerlaubten Handlungen nach den Gesetzen zu beurtheilen sind, welche zur Zeit der begangenen Handlung galten.[1])

V. Sachen- und Forderungsrechte.

Nach der Ausführung S. 7 ff. muß man hier, wie in anderen Beziehungen, die Rechtsregeln, welche den Erwerb betreffen, abgesondert von den Rechtsregeln ins Auge fassen, welche sich auf das Bestehen und die Beschaffenheit der erworbenen Rechte beziehen.

1. Was den ersten Punkt betrifft, so sind nicht bloß die Erfordernisse der causa praecedens, sondern auch die sonstigen Bedingungen des Erwerbs lediglich nach den Gesetzen zu beurtheilen, welche zur Zeit der Erwerbung bestanden, wie auch das Publikations-Patent von 1794 § VIII. und die späteren Einführungs-Patente anerkennen.[2]) Nach unserem Landrechte erfordert z. B. die mittelbare Erwerbung des Eigenthums, außer dem dazu

[1]) Einleitung zum A. L.-R. § 19. — Die §§ 18—20, von denen der § 18 durch Art. VII. des Gesetzes vom 14. April 1851 über die Einführung des neuen Strafgesetzbuchs aufgehoben ist, betreffen nicht das Civilrecht.

[2]) Zwischen dem Patent von 1794 und den späteren Patenten findet sich nur die Verschiedenheit, daß in dem ersteren Schutz „gegen Jedermann," in den letzteren „gegen jeden privatrechtlichen Anspruch" verheißen wird. Eine materielle Verschiedenheit liegt darin nicht.

nöthigen Titel, die Uebergabe.[1]) Danach dürfen aber nur die Erwerbungen beurtheilt werden, welche sich unter der Herrschaft des Landrechts ereignet haben. Wenn daher unter der Herrschaft eines früheren Gesetzes das Eigenthum durch bloßen Vertrag ohne Uebergabe erworben werden konnte, so bleibt das dergestalt erworbene Eigenthum auch nach Einführung des Landrechts ein wohlerworbenes und unanfechtbares. Wenn dagegen die Nothwendigkeit der Uebergabe bei uns aufgehoben werden sollte, so wird in Folge dessen derjenige, welcher unter der Herrschaft des gegenwärtig bestehenden Gesetzes einen Veräußerungsvertrag geschlossen, die Uebergabe aber nicht erhalten hat, nicht ohne Weiteres Eigenthümer. Es muß vielmehr, damit das Eigenthum in diesem Falle erworben werde, die Uebergabe nachgeholt oder ein neuer Veräußerungs-Vertrag geschlossen werden. Dasselbe gilt hinsichtlich des Erwerbs anderer Rechte.[2])

2. Anlangend den zweiten Punkt, das Bestehen und die Beschaffenheit der erworbenen Rechte, so will v. Savigny, wie schon bemerkt, darauf die Regel anwenden: Neue Gesetze haben rückwirkende Kraft, und erworbene Rechte werden dadurch berührt (S. 8). Der entgegengesetzten Ansicht ist Götze, indem derselbe neuen Gesetzen gar keinen Einfluß auf die bestehenden Rechtsverhältnisse gestattet, und besonders dafür hält, daß für alle unter bestimmten Gesetzen verliehenen Lehen fortdauernd diese Gesetze geltend bleiben müssen.[3]) Gerade in Bezug auf Lehen hat das Obertribunal in einer Entscheidung vom 11. December 1854 das Gegentheil angenommen, und unter Hinweisung auf Goeschel und v. Savigny, ausgeführt: „Die Voraussetzung, daß ein Vertrag, welcher ein gewisses dauerndes Rechtsverhältniß begründet, die

---

[1]) I. 10 § 1.

[2]) v. Savigny a. a. O. S. 420 ff.

[3]) Götze: Provinzialrecht der Altmark. Th. I. S. 11.

ganze zur Zeit der Begründung über dieses Rechtsverhältniß bestehende gesetzliche Norm ohne Weiteres in sich aufnehme, so daß diese Norm, als nunmehr vertragsmäßige Bestimmung, für immer gegen eine fortschreitende Entwickelung der Gesetzgebung gesichert wäre, ist eine irrige. Dieselbe würde bei Lehen dahin führen, daß sämmtliche Lehnsverhältnisse im Preußischen Staate, welche zur Zeit der Einführung des Landrechts schon bestanden, also die weit überwiegende Zahl der vorhandenen Lehen, in allen Beziehungen, auch solchen, deren der Lehnsvertrag nicht gedenkt, in subsidium nach dem früheren gemeinen Lehnrechte beurtheilt werden müßten. Die „Handlungen und Begebenheiten," auf welche das neue Gesetz nach § 14 der Einleitung zum A. L.-R. nicht einwirken soll, bestehen indessen bei einem Vertrage in der Gültigkeit desselben und den unmittelbar aus ihm hervorgehenden Folgen, in der Erzeugung gewisser Rechtsverhältnisse, nicht aber in der allgemeinen Natur und Beschaffenheit dieser Rechtsverhältnisse selber. Diese ist vielmehr, sofern der Vertrag nichts besonders bestimmt, nach der zur Zeit der actionata herrschenden Gesetzgebung zu beurtheilen." Die vermittelnde Ansicht, welche ich für die richtige halte, und derzufolge unter Anderem auch zwischen Rechtsverhältnissen, die eine unbegrenzte oder doch sehr lange Dauer haben, und Rechtsverhältnissen von vorübergehender Dauer unterschieden werden muß, ist bereits S. 7 ff. dargestellt worden. Es sind nur noch einige Anwendungen ins Auge zu fassen.

a. Neue Gesetze, welche die Beschaffenheit und die Wirkungen des Besitzes oder Eigenthums an beweglichen und unbeweglichen Sachen anders als die bisherige Gesetzgebung bestimmen, finden auch auf den bereits erworbenen Besitz und das bereits erworbene Eigenthum sofort Anwendung, sofern nicht durch ältere Thatsachen schon besondere Rechte begründet worden sind. Dies gilt insbesondere von Gesetzen über die Beschränkungen des Eigenthums zum Besten des gemeinen Wesens oder der Nachbarn, über Verfolgung des Besitzes oder Eigenthums, über den Fruchtgenuß des redlichen Besitzers rc.

b. Eben so finden neue Gesetze, welche die mit dem Nießbrauch oder mit einzelnen Grundgerechtigkeiten verbundenen Befugnisse anders als die bisherigen Gesetze bestimmen, in der Regel auch auf die schon erworbenen Rechte dieser Art Anwendung.

c. Auch die Befugnisse der Pfandgläubiger müssen, wenn nicht besondere Gründe zu einer Ausnahme vorliegen, wie dies bei dem antichretischen Pfandrechte der Fall sein wird, nach den Gesetzen beurtheilt werden, welche zur Zeit der Geltendmachung dieser Befugnisse bestehen. Auf den vorher stattgefundenen Erwerb können dagegen neue Gesetze nicht zurückwirken. Ein nach den älteren Gesetzen gültig erworbenes Pfandrecht muß daher an und für sich auch unter jeder späteren Gesetzgebung als rechtsbeständig anerkannt werden. Unsere Gesetzgebung hat dies nicht verkannt. Das System unseres Hypothekenrechts ist indessen mit dem System des gemeinen und französischen Rechts dergestalt unvereinbar, daß beide Systeme in demselben Rechtsgebiete neben einander nicht bestehen können. Der Gesetzgeber hat daher bei Einführung des Landrechts und der Hypothekenordnung in die Landestheile, in welchen das gemeine oder französische Recht gegolten hat, eine die erworbenen Pfand- und Hypothekenrechte nicht kränkende Ueberleitung in das landrechtliche System eintreten lassen. Die Pfand- und Hypothekenrechte, welche nach den älteren Gesetzen gültig erworben worden, sollen nämlich während einer geräumigen Frist unbedingt, nach Ablauf derselben aber dann bei vollen Kräften bleiben, wenn sie innerhalb der Frist, zum Zweck der künftigen Eintragung in die neuen Hypothekenbücher, bei der Hypothekenbehörde angemeldet worden sind.[1]) Auf Pfandrechte an beweg-

[1]) Patent vom 22. Mai 1815 (Gesetzs. 1815 S. 185), Patent vom 4. April 1818 (Gesetzs. 1818 S. 20), Patent vom 25. Mai 1818 (ebd S. 45), die beiden Verordnungen vom 16. Juni 1820 (Gs. 1820 S. 101 ff.). Die Fristen sind wiederholt verlängert worden.

lichen Sachen bezieht sich diese Bestimmung nicht. Sie können aber gegen dritte Personen nur dann geltend gemacht werden, wenn sie nach den Bestimmungen des Landrechts durch den Besitz der verpfändeten Sachen befestigt sind. Denn dem wohlerworbenen Rechte des Pfandnehmers steht, wie in der folgenden Abhandlung näher wird nachgewiesen werden, das durch Gesetz begründete Recht der dritten Personen dergestalt gegenüber, daß er sein Recht, welches an und für sich durch die Veränderung der Gesetzgebung nicht berührt wird, gegen diese Personen nicht geltend machen kann.[1])

d. Das römische Recht kennt nur eine abgeschlossene Zahl dinglicher Rechte neben dem Eigenthum als möglich an. Nach dem Landrechte geht jedes Recht des Gebrauchs oder der Nutzung einer fremden Sache in ein dingliches über, sobald dem Berechtigten der Besitz der Sache eingeräumt ist. Unter dieser Voraussetzung haben insbesondere auch der Pächter und Miether ein dingliches Recht. Es fragt sich nun: ob das Recht der Pächter und Miether, welche unter der Herrschaft des gemeinen Rechts den Vertrag geschlossen und den Besitz der gepachteten oder gemietheten Sache erlangt haben, mit Einführung des Landrechts ein dingliches wird? v. Savigny verneint diese Frage, weil die Gesetze, welche über das dingliche oder persönliche Recht des Pächters oder Miethers bestimmen, zu den auf den Erwerb der Rechte sich beziehenden Rechtsregeln gehören, bei diesen Rechtsregeln aber eine Rückwirkung der Gesetze nicht eintrete. Auch die Regel: Kauf bricht Miethe, ist, wie v. Savigny mit mehreren Rechtslehrern annimmt, nach dem Gesetze zu beurtheilen, welches zur Zeit des geschlossenen Miethvertrages bestand. Denn in dieser Zeit sei das Rechtsverhältniß unabänderlich so bestimmt worden, daß sich der Miether den Folgen einer späteren Veräußerung unterwerfen mußte. Hierin

---

[1]) Cf. § 15 des Patents vom 15. November 1816 für Sachsen.

aber könne ein späteres Gesetz nichts ändern, möge es nun die Regel geradezu aufheben oder dadurch beseitigen, daß es dem Miether ein dingliches Recht beilege.[1])

Die entgegengesetzte Meinung hat für das preußische Recht Goeschel vertheidigt. Auf die Zeit des geschlossenen Vertrages könne es nicht ankommen, da die Dinglichkeit des Miethrechts keine unmittelbare, durch die actio conducti geltend zu machende Folge des Miethvertrages, sondern eine Folge des schon erfüllten Vertrages, des Miethrechts sei. Die Dinglichkeit werde auch nicht gegen den Vermiether, welcher jedenfalls, nach dem alten Rechte den Pächter, nach dem neuen Rechte den Käufer, entschädigen müßte, sondern gegen den Dritten geltend gemacht.[2]) — Meines Erachtens muß man der Meinung von Goeschel beitreten. Der von demselben aus der Entschädigungsverbindlichkeit des Vermiethers hergenommene Grund ist zwar nicht zutreffend. Denn eines Theils ist diese Verbindlichkeit — abgesehen davon, daß sie die an sich bestehende Verpflichtung des Miethers nicht beseitigen kann — ganz verschieden, je nachdem der Vermiether den Miether oder den Käufer entschädigen muß. Anderen Theils kann auch in dem Miethvertrage jeder Anspruch des Miethers auf Entschädigung, bei einer durch besondere Umstände herbeigeführten früheren Aufhebung des Miethvertrages, ausgeschlossen sein. Ganz entschieden spricht indessen für die Meinung Goeschels meines Erachtens folgendes. Der Grundsatz: Kauf bricht Miethe giebt nicht dem Vermiether, sondern nur dem Käufer das Recht, den Miether aus dem Besitze zu setzen; und zwar nicht auf Grund des Miethvertrages, der vielmehr, bei dem hier vorauszusetzenden Mangel einer auf Aufhebung des Miethverhältnisses gerichteten ausdrücklichen Bestimmung, dem Miether zur Seite steht, sondern

---

[1]) v. Savigny a. a. O. S. 424—426. 441. 442; Holzschuher Theorie ꝛc. Bd. I. S. 37.

[2]) Simon und v. Strampff Zeitschrift a. a. O. S. 25.

weil der Miether nach dem bestehenden Gesetze ein bloß persönliches, den Käufer nicht bindendes Recht hat. Die vertragsmäßig begründeten gegenseitigen Rechte des Vermiethers und Miethers werden daher durch jenen Grundsatz gar nicht berührt. Der Vermiether bleibt, der Grundsatz: Kauf bricht Miethe mag bestehen oder nicht bestehen, dem Miether aus dem Miethvertrage zur Erfüllung, und, wenn er diese nicht gewähren kann, zur Entschädigung verpflichtet, so daß die Veränderung der Gesetzgebung auf das Rechtsverhältniß der Kontrahenten von gar keinem Einfluß ist. Eben deßwegen gehören die Gesetze, welche über das dingliche oder persönliche Recht des Miethers, und folgeweise über den Grundsatz: Kauf bricht Miethe bestimmen, nach meinem Dafürhalten nicht zu den Rechtsregeln, welche sich auf den Erwerb der Rechte beziehen, sondern zu den Rechtsregeln, welche die Beschaffenheit des erworbenen Rechts betreffen. Schon aus diesem Grunde hätte v. Savigny nach der Theorie, die er selbst aufstellt, meines Erachtens die Meinung von Goeschel annehmen müssen. Nach der Ausführung S. 8 ff. kann nun zwar dieser Theorie nicht unbedingt beigestimmt werden. In dem vorliegenden Falle muß indessen die Anwendung des Gesetzes auf die bestehenden Verhältnisse aus dem Grunde stattfinden, weil dadurch ein erworbenes Recht nicht gekränkt wird. Denn die Beantwortung der Frage trifft, wie gezeigt worden, nicht das zwischen dem Vermiether und Miether durch Vertrag begründete Rechtsverhältniß, sondern lediglich das Verhältniß des Miethers zu dritten Personen. Diese aber können, auch während des Bestehens des gemeinen Rechts, den Anspruch auf Entsetzung des Miethers lediglich aus dem Gesetze, nicht aus dem die Entsetzung an sich ausschließenden Miethvertrage herleiten. Mit der Aufhebung des Gesetzes fällt daher die Grundlage des Anspruchs für alle später eintretende Fälle und selbst für frühere Fälle fort, wenn daraus der Anspruch gegen den Miether noch nicht gerichtlich oder außergerichtlich geltend gemacht worden. Den dritten Personen wird dadurch nur eine allgemeine gesetzliche Befugniß entzogen, welche sie sich noch nicht angeeignet hatten, und welche daher als ein erworbenes Recht nicht angesehen werden kann.

e. Ob und wie fern Befugnisse, welche das bestehende Gesetz mit einem erworbenen Rechte von vorübergehender Dauer verbindet, auch nach Einführung eines neuen, diese Befugnisse aufhebenden oder wesentlich anders gestaltenden, Gesetzes geltend gemacht werden dürfen, kann in Bezug auf die einzelnen Fälle zweifelhaft sein. Wie schon bemerkt, wird man davon ausgehen müssen, daß die Parteien bei Begründung solcher Rechtsverhältnisse die bestehenden gesetzlichen Bestimmungen, wenigstens im Allgemeinen, vor Augen gehabt, und dieselben stillschweigend als unter sich bindend anerkannt haben, daß also die durch diese Bestimmungen festgestellten Befugnisse einen Bestandtheil des Geschäfts bilden, und sonach als erworbene Rechte zu behandeln sind (S. 11). Demzufolge würde z. B. die Befugniß eines Pächters, Remission zu fordern, das Verhältniß der Gesellschaften in Bezug auf die Antheile am Gewinn und Verlust, die Verpflichtung der einen oder anderen Partei in Bezug auf das zu vertretende Versehen, nach den Gesetzen beurtheilt werden müssen, welche bestanden, als das Rechtsverhältniß begründet wurde. Die Ansichten können indessen in Fällen dieser Art, in denen es an einem sichern Anhalt fehlt, und hauptsächlich ein die verschiedenen Interessen billig ausgleichender Takt leitend sein muß, sehr auseinander gehen.

f. Eben so können die Ansichten über den Einfluß der Gesetze, welche den Uebergang oder die Aufhebung der Rechte betreffen, auseinander gehen, indem sich auch in dieser Hinsicht eine scharfe, alle Verhältnisse umfassende Grenze nicht ziehen läßt. Zuvörderst ist zu bemerken, daß hier nur von Aufhebungsgründen die Rede ist, welche nicht gegen den Vertrag oder die sonstige causa praecedens, sondern gegen die aus dem Vertrage hervorgegangenen Rechte gerichtet sind, indem auf erstere die Gesetze, welche zur Zeit des Abschlusses des Vertrages bestanden, unbedingt Anwendung finden (S. 27 f.). Was sodann den Uebergang oder die Aufhebung dieser Rechte betrifft, so können die neuen Gesetze entweder gegen das Dasein eines Rechtsinstituts überhaupt gerichtet sein, oder aber nur die Aufhebungsgründe anders als in den bisherigen Gesetzen bestimmen; also neue Aufhebungsgründe einführen, oder die bestehenden Aufhebungsgründe abschaffen oder umgestalten.

α. In der ersten Beziehung ist das Erforderliche S. 8 ff. bereits angeführt worden. Hier zugefügt muß nur noch werden, daß an sich nicht beseitigte Rechtsverhältnisse, welche nach dem neuen Gesetze gar nicht oder doch nur in einer durchaus verschiedenen Gestalt entstehen können, lediglich nach den Gesetzen beurtheilt werden müssen, unter denen sie entstanden sind. Dies gilt z. B. von den vor Einführung der allgemeinen deutschen Wechselordnung ausgestellten Wechseln, wovon in dem die Verjährung betreffenden Theil dieser Erörterung weiter die Rede sein wird.

β. In der zweiten Beziehung muß zwischen den Thatsachen, welche sich vor der Einführung des neuen Gesetzes ereignet haben, und den späteren eingetretenen Thatsachen unterschieden werden. Auf die zuerst gedachten Thatsachen ist, zumal der Uebergang eines Rechts in der Regel zugleich den Erwerb für einen Anderen mit sich führt, der in § 14 der Einleitung zum A. L.-R. anerkannte Grundsatz, daß neue Gesetze auf vorhin vorgefallene Handlungen und Begebenheiten nicht angewendet werden dürfen, für maaßgebend zu achten, die Wirkung dieser Thatsachen mithin nach den älteren Gesetzen zu beurtheilen. Daraus folgt aber nicht, daß die Wirkung der Thatsachen, welche nach Einführung des neuen Gesetzes eintreten, unter allen Umständen nach dem neuen Gesetze zu beurtheilen ist. Es kommt vielmehr darauf an, ob man, wie in den lit. e gedachten Fällen, annehmen darf, daß die durch das bestehende Gesetz festgestellten Aufhebungsgründe von den Parteien stillschweigend als Bestandtheile des Rechtsverhältnisses aufgefaßt und anerkannt worden sind. Bei manchen Rechtsverhältnissen, z. B. bei Schenkungen, Gesellschafts-Verträgen, kündbaren Forderungen wird dies kaum zweifelhaft sein, da das ganze Verhältniß dadurch wesentlich mit bestimmt wird. Aber auch bei anderen Rechtsverhältnissen der vorliegenden Art, in Bezug auf welche die Frage verschieden beantwortet werden kann,[1]) wird man meines Erachtens, wenn nicht besondere Gründe zu einer Ausnahme vorliegen, davon ausgehen müssen, daß die Parteien das bestehende Gesetz stillschweigend als bindende Norm anerkannt haben (S. 11).

VI. Verjährung.

Durch Verjährung wird ein Recht erst mit deren Vollendung erworben, dann aber mit der Wirkung, welche das Gesetz feststellt, unter dessen Herrschaft die Vollendung stattgefunden hat. Die §§ 568. 569 Tit. 9 Th. I. A. L.-R. finden daher z. B. auf eine vor der Einführung des Landrechts vollendete Verjährung keine Anwendung.[2])

Während des Laufs der Verjährung besteht nur die Möglichkeit des Erwerbs oder Verlusts eines Rechts, eine Vorbereitung zu diesem Erfolge der Verjährung. Jedes neue Gesetz wirkt daher in den noch schwebenden Zustand sofort ein. Wenn demnach das neue Gesetz eine bisher gestattete Verjährung für unzulässig erklärt, so wird deren Fortlauf sofort gehemmt, und jeder Erwerb auf diesem Wege unmöglich gemacht.[3]) Wenn dagegen das neue

---

[1]) Holzschuher a. a. O. Bd. 1. S. 37 Nr. 8. S. 40 Nr. 19.

[2]) Entscheid. Bd. 7 S. 257.

[3]) Die Präjudizien 757. 894 (Entsch. Bd. 5 S. 153) enthalten eine demnächst im Gesetze vom 31. März 1841 (Gesetzs. 1841 S. 75) anerkannte Anwendung des Grundsatzes.

Gesetz eine bisher unbekannte Verjährung einführt, so findet dieselbe bei allen Verhältnissen, bei welchen die gesetzlichen Erfordernisse vorhanden sind, sofort statt. Eben so ist ein neues Gesetz, durch welches eine neue Art der Unterbrechung eingeführt oder eine bisher zulässige Art der Unterbrechung aufgehoben wird, auf die noch laufende Verjährung sofort anzuwenden. Wird die Verjährungsfrist durch ein neues Gesetz abgekürzt, so steht dem Betheiligten die Wahl zu, ob er die Frist nach dem alten oder neuen Gesetze berechnen will. In dem zweiten Falle darf er die kürzere Frist aber erst von der Gesetzeskraft des neuen Gesetzes an rechnen. Dasselbe gilt nach den neueren Patenten auch hinsichtlich anderer zur Vornahme von Handlungen bestimmter Fristen. Alles dieses ist nicht streitig, bestritten sind dagegen folgende Punkte:

1. Nach den Publikations-Patenten von 1794 § XIII und den neueren Patenten sind die Vorschriften des Landrechts, welche längere Verjährungsfristen anordnen, auf die noch laufende Verjährung sofort anzuwenden. In einer Entscheidung des Obertribunals (Präj. 2210) ist angenommen, daß diese Bestimmung als bloß transitorische, und in sich nicht gerechtfertigte, Vorschrift keinen auf neue Gesetze überhaupt anwendbaren Grundsatz enthalte. Der damals vorliegende Fall betraf die Verjährung des Anspruchs aus einem Wechsel. Nach § 109 Tit. 8 Th. II. A. L.-R. erlischt jede Wechsel-Verbindlichkeit nach Ablauf eines Jahres vom Verfalltage des Wechsels an gerechnet. Nach Art. 100 der allgemeinen deutschen Wechselordnung verjährt dagegen der wechselmäßige Anspruch gegen den Aussteller eines eigenen Wechsels erst in drei Jahren vom Verfalltage an gerechnet. Es lag nun die Frage vor: ob die Bestimmung der deutschen Wechselordnung auf die unter der Herrschaft des Landrechts angefangene, aber nicht vollendete Verjährung eines eigenen Wechsels Anwendung finde? Diese Frage wurde von dem Obertribunal verneint und angenommen, daß die unter der Herrschaft des Landrechts entstandenen Wechsel-

verbindlichkeiten, in Beziehung auf die Verjährung überhaupt und die Verjährungsfristen insbesondere, lediglich nach den Bestimmungen des Landrechts zu beurtheilen seien.[1]) Die Entscheidung sei, wie erstens ausgeführt wird, aus dem Publikations-Patent von 1794 und den späteren Einführungs-Patenten nicht zu entnehmen. Denn dieselben enthielten nur positive transitorische Bestimmungen, welche auf den Uebergang aus dem alten und neuen Rechtszustand zu beschränken seien, und eben so angemessen auch anders hätten getroffen werden können, wie in der That in dem Code civil art. 2181 geschehen wäre.[2]) Es müsse vielmehr der einen allgemeinen Grundsatz enthaltende § 14 der Einleitung zum Landrechte, der jede aus der Analogie abgeleitete Rückanwendung eines neuen Gesetzes auf ein älteres Rechtsgeschäft ausschließe, hier zur Anwendung kommen. Dies müsse um so mehr geschehen, weil, wie zweitens ausgeführt wird, durch die neue Wechselordnung eine gänzliche Umbildung des Wechsels — in Beziehung auf die Natur der wechselmäßigen Verbindlichkeit, die Förmlichkeiten der Entstehung und Ausübung des Rechts, und die Wirkung des Erlöschens der Verpflichtung durch Präjudiz und Verjährung — erfolgt sei. Denn in einem solchen Falle sei die Rückwirkung des neuen Gesetzes auf das ältere Rechtsgeschäft jedenfalls unzulässig. — Dem zweiten Grunde muß unbedingt beigestimmt und überhaupt angenommen werden, daß, wenn ein Rechtsinstitut durch das neue Gesetz wesentlich umgebildet worden, auch die Bestimmungen, welche für dieses neugebildete Rechtsinstitut in Ansehung der Verjährung getroffen worden, auf die älteren Rechtsgeschäfte nicht angenommen werden dürfen. Denn diese Geschäfte gehören dem Wesen nach zu einem ganz anderen Rechtsinstitute, und sind, wenn sie auch denselben Namen haben,

---

[1]) Entsch. Bd. 19 S. 260.

[2]) Der Code sagt: les prescriptions commencées à l'époque de la publication du présent titre, seront réglées conformément aux lois anciennes.

durchaus verschiedene Gegenstände des Rechts (S. 11. 36). Der erste Grund, nach welchem ein neues die Verjährungsfrist verlängerndes Gesetz auf ältere Rechtsgeschäfte überhaupt keine Anwendung finden soll, muß dagegen, falls dies wirklich gemeint ist, als ein sehr bedenklicher bezeichnet werden. Denn wenn auch die Handlungen und Unterlassungen, welche den Anfang der Verjährung begründen, unter den § 14 der Einleitung fallen mögen (s. u.), so kann doch die Verjährung selbst als ein Annexum der betreffenden Rechtsgeschäfte nicht angesehen, und eben deßwegen die Unzulässigkeit der Rückanwendung des neuen Gesetzes auf eine laufende Verjährung aus § 14 der Einleitung nicht gefolgert werden. Nur die Thatsachen, welche bereits stattgefunden haben, und zu der Verjährung und dem durch dieselbe zu begründenden wohlerworbenen Rechte führen können, sind „vorhin vorgefallene Handlungen oder Begebenheiten.“ Die Verjährung selbst und das nach Vollendung derselben begründete Recht sind künftige Ereignisse, die nicht nothwendig, wie bei einem betagten Rechte, sondern nur und erst mit dem ungestörten Ablauf der Zeit eintreten. Das neue Gesetz stört aber den durch das ältere Gesetz bestimmten Ablauf der Zeit und hemmt eben dadurch, wenngleich es die vorbereitenden Thatsachen unberührt läßt, die Vollendung des Erwerbs innerhalb der durch das ältere Gesetz bestimmten Frist. Die preußischen Einführungs-Patente entsprechen demnach in dieser Beziehung den allgemeinen Grundsätzen, wogegen das französische Recht in nicht zu rechtfertigender Weise davon abweicht. [1])

2. In mehreren Entscheidungen des Obertribunals ist der Grundsatz ausgesprochen, daß die Frage: ob eine bei Einführung des Landrechts (des neuen Gesetzes) laufende Verjährung gültig begonnen habe, nach den zur Zeit des Anfangs geltend gewesenen

[1]) v. Savigny l. c. S. 433. 434; Simon Zeitschrift l. c. S. 28. 29.

Gesetzen zu beurtheilen sei. Dieser Grundsatz wird theils auf den § 14 der Einleitung, theils darauf gegründet, daß die Publikations-Patente eine laufende Verjährung voraussetzen, der Natur der Sache nach aber eine Verjährung bei dem Eintritt des neuen Gesetzes nur laufend sein könne, wenn sie vorher in gültiger Weise begonnen habe. Und um dies zu beurtheilen, könne nicht auf das nach dem Anfang der Verjährung erst wirksam gewordene neue Gesetz gesehen, sondern müsse auf das ältere Gesetz zurückgegangen werden. Eine Bestätigung dieser Auffassung wird noch im § 8 des Patents wegen Publikation des Provinzialrechts für Westpreußen vom 19. April 1844 gefunden, indem darin ausdrücklich bestimmt ist, „daß in den Fällen, in welchen die bisher gesetzmäßige Frist zur Verjährung noch nicht abgelaufen ist, die allgemeinen Landesgesetze zur Anwendung gebracht werden sollen, soweit es nicht auf die Zulässigkeit des Anfangs der Verjährung oder auf eine vor der Publikation stattgefundene Unterbrechung ankommt." Denn durch dieses Patent habe nichts singuläres festgestellt, sondern der in der Praxis noch immer vorkommenden unrichtigen Auffassung der Sache für den Bereich des westpreußischen Provinzialrechts entgegen getreten werden sollen.[1]) — Koch hat die als unrichtig bezeichnete Praxis wieder in Schutz genommen[2]); jedoch mit Unrecht. In dem Publikations-Patent von 1794 heißt es zwar, daß „in Ansehung derjenigen Verjährungen, deren bisherige gesetzmäßige Frist mit dem 1. Juni 1794 noch nicht abgelaufen ist, die Vorschriften des Landrechts *in allen Stücken* befolgt werden sollen." Dieselbe Bestimmung findet sich auch, mit Weglassung der Worte „*in allen Stücken*," in den späteren Einführungs-Patenten, das vorerwähnte Patent vom

---

[1]) Präj. 926 (Präj. Samml. S. 326 und Entscheid. Bd. 6 S. 317); Arnsb. Archiv Bd. 9 S. 1 ff., Entscheid. Bd. 18 S. 137 ff.; Archiv für Rechtsfälle Bd. 1 S. 281 ff.

[2]) Koch Allgem. Landrecht Bd. I. S. 19 Anm. 25.

19. April 1844 allein ausgenommen. Aus dieser Bestimmung läßt sich indessen, in Bezug auf die Erfordernisse des Anfangs der Verjährung nicht folgern, daß die Entscheidung des Obertribunals unrichtig sei. Denn die Patente setzen eine laufende Verjährung, mithin eine solche voraus, welche nach den älteren Gesetzen beginnen konnte und wirklich begonnen hat, weil sie sonst eine laufende gar nicht sein könnte. Fehlen die nach den älteren Gesetzen nothwendigen Bedingungen des Anfangs der Verjährung, so hat sie gar nicht beginnen und bis zur Einführung des neuen Gesetzes fortgesetzt werden können. Unzweifelhaft muß daher auf das ältere Gesetz wenigstens in so weit zurückgegangen werden, als dasselbe mehr wie das neue Gesetz in Betreff des Anfangs der Verjährung fordert. Zweifelhaft kann die Frage nur sein, wenn das neue Gesetz strengere Anforderungen in Ansehung des Titels, guten Glaubens ꝛc. macht. Aber auch in diesem Falle kann nur die Fortsetzung, nicht der Anfang der Verjährung von dem neuen Gesetze betroffen werden. Denn wenn nach dem Eintritt des neuen Gesetzes die Fortsetzung der unter Herrschaft des älteren Gesetzes angefangenen und noch laufenden Verjährung überhaupt zugelassen, der vorgefundene Zustand mithin als eine den künftigen Erwerb oder Verlust eines Rechts vorbereitende und dazu geeignete juristische Thatsache anerkannt wird, so kann dies nur auf Grund des älteren Gesetzes geschehen, da das neue Gesetz als Grund einer solchen vorher als eingetreten erachteten Thatsache unmöglich angesehen werden kann. Die Erfordernisse des Anfangs der Verjährung müssen daher auch in diesem Falle nach dem älteren Gesetze beurtheilt werden. Dagegen kann die Fortsetzung der laufenden Verjährung nur erfolgen, wenn die Erfordernisse des neuen Gesetzes sich vorfinden, da dasselbe in dieser, wie in jeder andern Beziehung, in die unvollendeten Zustände sofort eingreift. In diesem Sinne sind die Worte des Patents von 1794 „in allen Stücken,“ so wie die späteren Patente zu verstehen.

3. Die Einwirkung des neuen Gesetzes auf die Verjährung muß aber noch in anderer Beziehung auf das richtige Maaß beschränkt werden. Ein Beispiel wird dies erläutern. Nach gemeinem Rechte sind mündliche Verträge auch für den Erwerb des Eigenthums an Grundstücken durchaus gültige Rechtstitel. Nach dem Landrechte haben dagegen mündliche Verträge nicht die Kraft eines solchen Titels. Nach gemeinem Rechte findet daher auf Grund eines über ein Grundstück oder eine andere Sache geschlossenen mündlichen Kaufvertrages die gewöhnliche Verjährung durch Besitz statt. Nach dem Landrechte kann dagegen auf Grund eines solchen Vertrages die gewöhnliche Verjährung, welche einen zur Erlangung des Eigenthums an sich geschickten Titel erfordert, nicht beginnen [1]. Es fragt sich nun: ob auf Grund eines unter der Herrschaft des gemeinen Rechts geschlossenen mündlichen Kaufvertrages über ein Grundstück die gewöhnliche Verjährung zulässig bleibt, wenn während des Laufs derselben das Landrecht eingeführt wird? Meines Erachtens muß diese Frage bejaht werden. Denn der mündliche Vertrag, auf Grund dessen die Verjährung angefangen hat, behält die Kraft, die er unter der Herrschaft des älteren Gesetzes hatte. Er wird in seiner Bedeutung durch das neue Gesetz nicht berührt, bleibt vielmehr nach den S. 16 ff. bereits erörterten Grundsätzen nach wie vor ein zur Erlangung des Eigenthums an sich geschickter Titel, und muß als solcher auch unter der Herrschaft des neuen Gesetzes in allen Beziehungen anerkannt werden. Ueberhaupt erhellt aus diesem Beispiel, daß behufs der Fortsetzung einer laufenden Verjährung die Erfordernisse des neuen Gesetzes nicht in wörtlicher Uebereinstimmung vorhanden zu sein brauchen. Es genügt vielmehr das Vorhandensein von juristischen Thatsachen, welche nach dem älteren Gesetze dieselbe Kraft haben, wie die von dem neuen Gesetze er-

---

[1]) Präj. 303 u. 972 (Präj.Samml. S. 40, und Entscheid. Bd. 3. S. 108 und Bd. 6. S. 410).

forderten Thatsachen. Bei der Annahme des Gegentheils würde die Einwirkung des neuen Gesetzes nicht auf die laufende Verjährung beschränkt, sondern auf die älteren juristischen Thatsachen und deren Entkräftung ausgedehnt werden. Es läßt sich dagegen auch nicht einwenden, daß alles, was sich auf die Verjährung bezieht, aus dem Grunde nach dem neuen Gesetze beurtheilt werden müsse, weil ein Recht erst mit deren Vollendung erworben werde, und daher die Verjährung überhaupt erst, wenn sie vollendet worden, rechtlich in Betracht komme. Denn die endliche Wirkung der Verjährung und die rechtliche Bedeutung der Thatsachen, welche möglicher Weise zu einem Erwerb durch Verjährung führen, sind nicht mit einander zu verwechseln. Die rechtliche Bedeutung, die eine Thatsache nach dem derzeit bestehenden Gesetze hat, und die sich nicht bloß auf die Verjährung bezieht, z. B. die rechtliche Bedeutung dieser Thatsache als an sich geschickter Titel, kann derselben durch ein neues Gesetz nicht entzogen werden. [1])

VII. Vertragsmäßige Zinsen.

Auf die vertragsmäßigen Zinsen haben neue Gesetze, welche das Versprechen von Zinsen über eine gewisse Höhe hinaus verbieten, nach allgemeinen Grundsätzen keinen Einfluß. Die seit 1814 erlassenen Einführungs-Patente bestimmen indessen, in Uebereinstimmung mit l. 27 c. de usuris, „daß, wenn in einem früheren Vertrage höhere Zinsen verabredet worden, als die preußischen Gesetze gestatten, von dem Tage der Wirksamkeit der letzteren der Schuldner nur zur Zahlung der erlaubten niedrigeren Zinsen verpflichtet ist [2]).“ Nach allgemeinen Grundsätzen kann es zweifelhaft sein, ob diesen Bestimmungen, wonach nur die bis zur Ein-

---

[1]) Im wesentlichen, jedoch ohne Berücksichtigung des zuletzt gedachten Punktes, stimmt hiemit Goeschel überein in Simon Zeitschrift l. c. S. 27 ff. 34.

[2]) Die Patente vom 9. September 1814 §. 13; 9. November 1816 § 17; 15. November 1816 § 13; 21. Juni 1825 § 20; cf. Entscheid. Bd. 3. S. 124 ff.

führung des Landrechts bereits fällig gewordenen Zinsen uneingeschränkt gefordert und rechtsgültig genommen werden dürfen, ein für die preußische Gesetzgebung überhaupt geltender Rechtssatz zum Grunde liegt, oder ob dieselben nur eine transitorische Bedeutung haben [1]). Aus den §§ 1271. 1272 Tit. 20 Thl. II. des A. L.-R., die nach Art. XV. des Gesetzes vom 14. April 1851 über die Einführung des neuen Strafgesetzbuchs in Kraft geblieben sind, folgt indessen, daß die Patente einen für die preußische Gesetzgebung überhaupt geltenden Rechtssatz aussprechen, wie auch das Obertribunal in einer Entscheidung vom 9. März 1847 angenommen hat [2]).

VIII. Testamentarische Erbfolge.

Bei der testamentarischen Erbfolge ist die Form der letztwilligen Verordnungen, die Handlungsfähigkeit des Testators, der Inhalt der Verordnung, und die Erwerbsfähigkeit der bedachten Personen ins Auge zu fassen. Die Publikations-Patente enthalten in diesen Beziehungen abweichende Bestimmungen. Das Patent von 1794 § XII und die vor dem Tilsiter Frieden erlassenen Patente bestimmen, daß alle vor Einführung des Landrechts errichteten letztwilligen Verordnungen durchgehends nach den Vorschriften der älteren Gesetze beurtheilt werden sollen, wenngleich das Ableben des Testators erst später erfolgt ist. Das Patent vom 9. November 1814 beschränkt diese Bestimmung im § 6 auf die Form der letztwilligen Verordnungen, und zwar mit einer die solographischen und notariell errichteten Testamente betreffenden im § 8 enthaltenen, dem § 16 der Einleitung des Landrechts entsprechenden Maaßgabe [3]). In den Patenten vom 9. und 15. November 1816 wird § 8 hinzugefügt: „Auch der Inhalt

[1]) v. Savigny l. c. S. 437.
[2]) Präj. 1849 (Präj.-Samml. S. 226; Entscheid. Bd. 14. S. 456).
[3]) Gesetzs. 1814 S. 91.

dieser (der älteren) Testamente ist gültig, in so fern nicht Prohibitivgesetze zur Zeit des Erbanfalles ihm entgegenstehen. In letzterer Rücksicht ist insbesondere die Lehre von der Erbfähigkeit der instituirten Erben und vom Pflichttheil nach den zur Zeit des Erbanfalls geltenden Gesetzen zu beurtheilen [1]." Dieselbe Bestimmung findet sich in dem Patente vom 21. Juni 1825 § 18 [2]).

Letztwillige Verordnungen werden erst mit dem Tode des Testators rechtsgültig und wirksam, da sie bis dahin abgeändert werden können. Die Errichtung der letztwilligen Verordnung muß aber nothwendig früher erfolgen. Bei jeder solchen Verordnung liegen daher zwei Thatsachen vor, welche in verschiedene Zeitpunkte fallen; erstens die Errichtung der Verordnung, wodurch das, was künftig wirksam werden soll, thatsächlich festgestellt wird; zweitens der Tod des Erblassers, mit welchem das thatsächlich Festgestellte zur juristischen Gültigkeit erhoben und wirksam wird. Dieses Zusammenwirken zweier Thatsachen, welches besonders v. Savigny scharf hervorgehoben hat [3]), muß bei Beantwortung der vorliegenden Frage ins Auge gefaßt werden.

1. Die Form der letztwilligen Verordnungen ist, wie auch in sämmtlichen Einführungs-Patenten anerkannt wird, nach den Gesetzen zu beurtheilen, welche zur Zeit der Errichtung bestanden, sofern der Gesetzgeber nicht nach Anleitung des § 16 der Einleitung die Aenderung ausdrücklich vorschreibt: denn es handelt sich lediglich darum, ob die thatsächliche, durch den Tod des Testators wirksam gewordene, Feststellung in rechtsbeständiger Art erklärt worden (S. 16).

2. Die gesetzlichen Beschränkungen der persönlichen Fähigkeit zu testiren sind, wie auch das Landrecht anerkennt, entweder solche,

---

[1]) Gesetzs. 1816 S. 219. 226. 234.

[2]) Gesetzs. 1825 S. 156. Die Bestimmung wegen der holographischen und notariell errichteten Testamente ist in diesem Patente nicht enthalten.

[3]) v. Savigny l. c. S. 417 ff.

welche in physischen Eigenschaften, oder solche, welche in anderen Verhältnissen ihren Grund haben.

a. Die Beschränkungen der ersten Art beziehen sich lediglich auf die Fähigkeit des Testators seinen Willen zu äußern, und entziehen ihm nur per consequens die Dispositionsfähigkeit. Sie treffen mithin nur den Akt der thatsächlichen Feststellung des letzten Willens. Die Rechtsbeständigkeit der letztwilligen Verordnungen ist daher in dieser Beziehung, wie deren formelle Gültigkeit, lediglich nach den Gesetzen zu beurtheilen, unter deren Herrschaft die Erklärung abgegeben worden. Ein nach diesen Gesetzen gültig errichtetes Testament bleibt demnach auch unter einer veränderten Gesetzgebung gültig, wogegen ein danach ungültiges Testament durch ein die bisherige Beschränkung aufhebendes Gesetz nicht gültig wird. Einige Anwendungen dieses Grundsatzes sind bereits S. 15 angemerkt.

b. Die Beschränkungen der zweiten Art beziehen sich nicht bloß auf die Fähigkeit des Testators seinen Willen zu äußern, sondern greifen weiter, indem sie dem Testator zunächst die Disposition über sein Vermögen entziehen, und ihm dadurch per consequens auch die an sich vorhandene Fähigkeit zur Willensänderung nehmen. Demzufolge treffen sie nicht bloß den Akt der thatsächlichen Feststellung des letzten Willens, sondern die ganze Wirksamkeit desselben, und dürfen daher dem Testator, nach der richtigen Theorie, weder bei Errichtung des Testaments, noch am Todestage entgegen stehen[1]). Auf Grund der §§ 11—13 Tit. 12. Thl. I. des A. L.-R. wird indessen für unsere Gesetzgebung angenommen werden müssen, daß ein Testament, bei dessen Errichtung dem Testator keine gesetzliche Beschränkung der erwähnten Art entgegen stand, auch unter einer Gesetzgebung gültig bleibt, welche dergleichen den Testator treffende Einschränkungen einführt, so wie

---

[1]) v. Savigny l. c. S. 451. ff. 461.

daß ein Testament, welches wegen einer solchen zur Zeit der Errichtung bestehenden Beschränkung bei unveränderter Gesetzgebung ungültig sein würde, mit der Einführung eines die Beschränkung aufhebenden neuen Gesetzes gültig wird; — daß es also überhaupt genügt, wenn dem Testator bei der Errichtung des Testaments oder am Todestage keine solche Beschränkung entgegenstand. Die landrechtlichen Bestimmungen beziehen sich zwar nur auf Veränderungen in den thatsächlichen Verhältnissen, ihre analoge Anwendung erscheint aber bei der Gleichheit des Grundes unbedenklich.

3. In Bezug auf den Inhalt der letztwilligen Verordnungen enthalten die verschiedenen Publikations-Patente, wie schon bemerkt, abweichende Bestimmungen. Nach dem Patente von 1794 § XII. und den 1803 erlassenen Patenten ist auch der Inhalt eines vor Einführung des Landrechts errichteten Testaments nach den Gesetzen zu beurtheilen, welche zur Zeit der Testaments-Errichtung galten [1]. Die seit dem Jahre 1816 erlassenen Patente beschränken diese Bestimmung dahin, daß der Inhalt der vorher errichteten Testamente gültig sein soll, sofern nicht Prohibitivgesetze, zu denen insbesondere auch die Gesetze über den Pflichttheil gerechnet werden, zur Zeit des Erbanfalls der Gültigkeit entgegen stehen. Mit diesen Beschränkungen entspricht die Bestimmung den richtigen Grundsätzen. Denn erst mit dem Todestage des Erblassers wird das Testament ein rechtskräftiger und wirksamer Akt. Und erst mit dem am Todestage des Erblassers eintretenden Erbanfalle wird durch das Testament und Gesetz für die dadurch berufenen Personen ein erworbenes Recht begründet. Hieraus folgt, daß die Bestimmungen eines neuen Gesetzes über den Pflichttheil und die Gründe, welche die Entziehung desselben zulässig machen, bei allen nach Einführung des Gesetzes eintretenden Erbanfällen un-

[1] Cf. Simon und v. Strampff Zeitschrift Bd. 2 S. 160 ff.

bedingt zur Anwendung kommen, und daß demzufolge die Pflichttheilsberechtigten für befugt erachtet werden müssen, die dadurch begründeten Rechte auch gegen die in einem älteren Testamente eingesetzten Erben geltend zu machen. Anderer Seits folgt daraus, daß ein Testament, in welchem die derzeit bestehenden Bestimmungen über das Recht der Notherben und den Pflichttheil verletzt sind, auf Grund dieser Bestimmungen nicht angefochten werden kann, wenn ein dieselben abänderndes Gesetz vor dem Tode des Erblassers erlassen ist [1]). Denn das erst mit dem Augenblick des Erbanfalls entstehende Recht der Notherben und Pflichttheilsberechtigten kann der Natur der Sache nach aus einem Gesetze, welches zu dieser Zeit nicht mehr besteht, nicht hergeleitet werden.

4. Bei Beurtheilung der Fähigkeit eines Erben, Legatars, Substituten ist, zufolge der §§ 43. 460 Tit. 12. Thl. I. A. L.-R. auf die Zeit des Erbanfalls und beziehungsweise Substitutionsfalls zu sehen, womit die Patente vom 15. November 1816 § 8 und 21. Juni 1825 § 18 übereinstimmen.

IX. Gesetzliche Erbfolge.

Die gesetzliche Erbfolge ist, wie auch alle Einführungs-Patente anerkennen, nach den zur Zeit des Erbanfalls geltenden Gesetzen zu beurtheilen. Die Meinung einiger Rechtslehrer, daß ein zwischen dem Erbanfall und dem Antritt der Erbschaft erlassenes Gesetz den bereits eingetretenen Erbanfall ergreife, ist grundsätzlich unrichtig [2]), und muß besonders für unsere Gesetzgebung auf Grund der die Wirkungen des Erbanfalls bestimmenden Vorschriften des Landrechts verworfen werden [3]).

---

[1]) Cf. v. Savigny a. a. O. S. 463 ff.
[2]) v. Savigny a. a. O. S. 489. 490.
[3]) I. 9. § 367 ff.

X. Eherecht.

Die Ehe wird, wenngleich die Bestimmung ihres Wesens der Uebereinkunft der Parteien entzogen ist, durch einen Vertrag, die freie Einwilligung beider Theile, geschlossen [1]). Demzufolge muß angenommen werden, daß die rechtlichen Folgen der Ehe im Allgemeinen nach den zur Zeit der Eheschließung geltenden Gesetzen zu beurtheilen sind. In Uebereinstimmung mit diesem Grundsatze bestimmen sämmtliche Einführungs-Patente, daß das rechtliche Verhältniß der Eheleute, die sich vor Einführung des Landrechts verheirathet haben, in Absicht der Rechte und Pflichten unter Lebendigen, so wie der Grundsätze wegen Auseinandersetzung bei Trennung der Ehe nach den zur Zeit der geschlossenen Ehe bestandenen Gesetzen beurtheilt werden solle. In Bezug auf die nach allgemeinen Gesetzen zu ordnende Erbfolge, soll der überlebende Ehegatte, bei einem nach Einführung des Landrechts sich ereignenden Erbfalle, die Wahl haben: ob er nach den zur Zeit der geschlossenen Ehe geltend gewesenen Gesetzen oder nach den Vorschriften des Landrechts erben wolle. Die Gründe einer nach Einführung des Landrechts nachgesuchten Ehescheidung sollen, wie die seit 1814 erlassenen Patente bestimmen, vorher aber schon ein Hofrescript vom 17. Januar 1799 für unbedenklich erklärt hatte, nach den Vorschriften des Landrechts beurtheilt werden; mit der Maaßgabe jedoch, daß keine vor Einführung des Landrechts vorgefallene Thatsache, welche nach den damaligen Gesetzen als Ehescheidung nicht geltend gemacht werden durfte, zu berücksichtigen ist. v. Savigny erklärt sich mit der zuletzt gedachten Bestimmung einverstanden, weil die Gesetze über die Ehescheidung sittliche Gründe und Zwecke, mithin eine zwingende Natur haben, und daher zu den Gesetzen über das Dasein der Ehe gehören [2]). Hier scheint indessen schon die Erwägung durchzugreifen, daß in

---

[1]) v. Savigny System Bd. 3. S. 314—321; A. L.-R. II. 1. § 38.

[2]) v. Savigny a. a. O. S. 524. 525.

Bezug auf die Scheidungsgründe von erworbenen Rechten gar nicht die Rede sein kann. Bei Schließung einer Ehe können, wie aus dem Wesen derselben folgt, beide Theile nur deren Fortdauer bis zur Trennung durch den Tod, nicht deren mögliche Auflösung vor Augen gehabt haben. Aus diesem Grunde, so wie weil die Scheidung überhaupt der Willkühr der Parteien entzogen ist, folgt aber von selbst, daß die Scheidungsgründe, welche das bei Schließung der Ehe bestehende Gesetz nachläßt, als in dem durch den Ehevertrag begründeten Rechtsverhältnisse begriffen gar nicht angesehen werden können. Bei den Ehegatten ist demnach nicht einmal die Erwartung vorauszusetzen, nach den bei Schließung der Ehe bestehenden Gesetzen künftig geschieden werden zu können, und noch viel weniger ist für dieselben daraus ein erworbenes Recht herzuleiten. Erst durch den Antrag auf Scheidung erwirbt der klagende Ehegatte ein Recht aus dem Gesetze, welches eben deßwegen nur das derzeit bestehende sein kann. Die Bestimmung der Publikations-Patente ist daher wohl begründet. Die hinzugefügte Maaßgabe entspricht aber dem Grundsatze, daß Thatsachen, welche zur Zeit ihres Eintritts nach den damals bestehenden Gesetzen unkräftig und unwirksam waren, durch die Einführung des neuen Gesetzes nicht rechtskräftig und wirksam werden können. — Einige andere Punkte bedürfen noch einer näheren Betrachtung.

1. Was von den Scheidungsgründen gilt, muß auch auf die den schuldigen Theil gesetzlich treffenden Vermögensstrafen Anwendung finden. Wenn daher z. B. ein neues Gesetz den landrechtlichen Unterschied zwischen schweren und minder schweren Scheidungsgründen aufhebt, und den schuldigen Theil in allen Fällen dem § 785 Tit. 1. Thl. II. bestimmten Vermögensnachtheile unterwirft, so muß dieses neue Gesetz auf alle nach Einführung desselben angestellten Ehescheidungsklagen angewendet werden [1].

[1] Cf. Präj. 108 (Präj.-S. S. 330).

2. Die Handlungsfähigkeit der Ehefrauen richtet sich, wie schon S. 14 bemerkt ist, nach den Gesetzen, welche zu der Zeit, da das Rechtsgeschäft vorgenommen worden, galten.

3. Besonders wichtig ist die Frage: Nach welchen Gesetzen die ehelichen Vermögensrechte zu beurtheilen sind, wenn während der Ehe eine Veränderung der Gesetzgebung eintritt [1]). Nach den Publikations-Patenten ist in dieser Beziehung lediglich auf die Gesetze zu sehen, welche bei Schließung der Ehe galten; so daß nach diesen Gesetzen zu bestimmen ist, ob unter den Eheleuten Dotalrecht oder Gütergemeinschaft und welche Art derselben gilt, ob und in welchem Umfange der Erwerb der Ehefrau Eigenthum des Mannes wird, welche Grundsätze nach Trennung der Ehe anzuwenden sind. Damit stimmen viele ältere und neuere Rechtslehrer überein, unter andern v. Savigny, obgleich meines Erachtens hier eigentlich das So oder Anderssein des ehelichen Verhältnisses in Frage ist. Die Bestimmung entspricht auch dem richtigen Grundsatze. Den Gegnern läßt sich zwar nicht entgegen setzen, daß die Schließung der Ehe, ohne nähere Erklärung der Eheleute, einen Vertrag enthalte, durch welchen die Vermögens-Verhältnisse in Uebereinstimmung mit den bestehenden Gesetzen, nach allen Seiten hin, stillschweigend festgestellt worden. Denn in den meisten Fällen werden die Eheleute bei Schließung der Ehe an diese Verhältnisse gar nicht denken. Unmittelbar nach Schließung der Ehe tritt aber, in Ermangelung vertragsmäßiger Bestimmungen, in Bezug auf das vorhandene Vermögen, ein den bestehenden Gesetzen entsprechender Zustand ein, den die Eheleute stillschweigend als für sie maaßgebend anerkennen. Der Gesetzgeber würde nun erworbene Rechte kränken, wenn er in diesen Zustand für die Vergangenheit durch ein neues Gesetz eingreifen wollte. Er würde aber auch dem, durch die stillschweigende Anerkennung des

---

[1]) v. Savigny a. a. O. S. 495 u. 328 ff.; Holzschuher a. a. O. Bd. 1. S. 37.

bisherigen Zustandes ausgesprochenen Willen der Eheleute entgegentreten, wenn er anordnen wollte, daß die neuen Erwerbungen nach dem neuen Gesetze zu beurtheilen seien. Ueberdies würden dadurch möglicherweise unabsehbare Verwicklungen herbeigeführt werden. Denn die Veränderungen der Gesetzgebung könnten dahin führen, daß der zuerst erworbene Theil des Vermögens nach den Regeln des Dotalrechts, der demnächst (unter einem neuen Gesetz) erworbene Theil des Vermögens nach diesen oder jenen Regeln der Gütergemeinschaft, ein dritter später erworbener Theil des Vermögens wieder nach anderen Regeln beurtheilt werden müßte. — Eine Ausnahme von dem richtigen Grundsatze enthält die Verordnung vom 8. Januar 1816, wodurch die provinzielle Gütergemeinschaft, wie sie in den westphälischen Landestheilen und im Herzogthum Kleve vor Einführung der französischen Gesetze bestanden hatte, wieder hergestellt, und zugleich verordnet ist, daß alle seit Einführung des fremden Rechts geschlossene Ehen, in Ermangelung besonderer Verabredungen in Bezug auf die eheliche Gütergemeinschaft, nach den darüber früher bestandenen provinziellen Vorschriften beurtheilt werden sollen [1]). Den Gesetzgeber hat dabei ohne Zweifel die Erwägung geleitet, daß die französische Gesetzgebung in der kurzen Zeit ihres Bestehens, der langen Gewöhnung gegenüber, keine Wurzel gefaßt habe, und er eigentlich nur den wirklich bestehenden Zustand gesetzlich anerkenne.

4. Die Bestimmung des Landrechts, wonach Schenkungen unter Eheleuten wie unter Fremden zulässig sind [2]), finden auch auf die vor Einführung des Landrechts geschlossenen Ehen Anwendung. Ueberhaupt wirkt jedes neue Gesetz in dieser Beziehung sofort ein. Denn die, das Verbot der Schenkungen unter Ehegatten, betreffenden Bestimmungen gehören nicht zum Güterrecht der Eheleute. Sie beschränken vielmehr nur das Verfügungs-

---

[1]) Gesetzs. 1816 S. 97.

[2]) II. 1. §§ 310 ff.

recht jedes Ehegatten über sein Vermögen nach einer bestimmten Richtung hin, und treten deßwegen, gleich anderen die freie Verfügung über das Vermögen im öffentlichen Interesse beschränkenden Gesetzen, sofort in Wirksamkeit, bleiben aber auch nur so lange wirksam, als sie bestehen.

5. Die Publikations-Patente haben, wie schon bemerkt — bei einem nach Einführung des Landrechts eintretenden Erbfall und sofern die Erbfolge nicht durch Verträge, letztwillige Verordnungen, Provinzialgesetze oder Statuten geordnet ist — dem überlebenden Ehegatten die Wahl eingeräumt: ob er nach den zur Zeit der geschlossenen Ehe geltenden Gesetzen oder nach den Vorschriften des Landrechts erben wolle. Diese Bestimmung entspricht dem richtigen Grundsatze streng genommen nicht. Sie ist indessen in so fern keine durchaus willkührliche, als die Vermehrung und Erhaltung des Vermögens beider Ehegatten immer mehr oder weniger ein Ergebniß der gemeinschaftlichen Thätigkeit ist, mithin ein Verhältniß vorliegt, welches die Anwendung des dem überlebenden Ehegatten günstigsten Gesetzes wohl rechtfertigt. Die Bemerkung von v. Savigny, daß in der Bestimmung darum keine Härte oder Ungerechtigkeit liege, weil jeder Ehegatte dem künftigen Eintritt derselben durch Testament vorbeugen könne [1]), ist nicht ganz zutreffend. Denn der Pflichttheil den das günstigere Gesetz dem überlebenden Ehegatten gewährt, so wie die anderweiten Vortheile, welche dieses Gesetz ihm unbedingt zuwendet, können demselben durch ein Testament nicht entzogen werden.

6. Die Gesetzgebung, für welche der überlebende Ehegatte sich entscheidet, muß in ihrem ganzen Umfange zur Anwendung kommen. Nach dieser Gesetzgebung muß daher auch festgestellt werden, was zu dem zwischen dem überlebenden Ehegatten und den anderen Erben zu theilenden Vermögen gehört, und wie die

[1]) v. Savigny a. a. O. S. 499.

Auseinandersetzung unter ihnen zu bewirken ist. Wenn der überlebende Ehegatte daher die Erbfolge nach dem Landrechte wählt, so muß nach den Bestimmungen desselben auch die vorgedachte Frage beantwortet werden. Dies hat Goeschel in Bezug auf einen im Herzogthum Sachsen vorgekommenen Fall, der Plenarbeschluß vom 2. Juni 1840 (Präj. 867) in Bezug auf einen im Großherzogthum Posen vorgekommenen Fall gründlich nachgewiesen [1]).

a. In dem ersten von Goeschel beurtheilten Falle lag folgendes Sachverhältniß vor. Eine unter Herrschaft der sächsischen Gesetze geschlossene Ehe wurde nach Einführung des Landrechts durch den Tod der Ehefrau getrennt. Sie hinterließ außer dem Ehemann drei Kinder aus einer früheren Ehe als gesetzliche Erben. Ihr Nachlaß bestand in einem Landgute. Nach sächsischem Rechte ist der überlebende Ehemann von der Erbfolge in den Immobiliar-Nachlaß der Frau gänzlich ausgeschlossen, er hat aber sehr ausgedehnte Befugnisse wegen Verwendungen in das Heirathsgut [2]). In dem vorliegenden Falle erklärte nun der überlebende Ehegatte, daß er nach den Vorschriften des Landrechts erben wolle, verlangte aber, neben dem ihm danach gebührenden Erbtheil noch die Erstattung der nach sächsischem Rechte zu berechnenden Verwendungen. Die zuletzt gedachte Forderung stützte er auf § 11 des Publikations-Patents vom 15. November 1816, wonach „das rechtliche Verhältniß der vor dem 1. März 1817 verheiratheten Eheleute, in Absicht der Rechte und Pflichten unter Lebendigen, so wie auch der Grundsätze wegen Auseinandersetzung bei Trennung der Ehe, nach den früheren, zur Zeit der geschlossenen Ehe bestandenen Gesetzen bestimmt werden soll.“ Dieser Forderung stand indessen, nach der gründlichen Ausführung von Goeschel,

---

[1]) Simon und v. Strampff Zeitschrift Bd. 2. S. 297 ff.; Präj.-Samml. S. 329; Entscheid. Bd. 5. S. 299.

[2]) Haubold Lehrbuch des sächs. Privatrechts S. 358 ff. Curtius Handbuch des chursächs. Civilrechts Bd. 1. S. 128.

folgendes entgegen. Das Publikations-Patent von 1794, welches im wesentlichen die Grundlage der späteren Patente bildet, beschränkt im § XIV. die vorgedachte Bestimmung auf die Fälle einer Trennung der Ehe durch richterliches Erkenntniß. Die späteren Patente müssen daher schon aus diesem Grunde auf die Fälle einer Ehescheidung beschränkt werden. Noch mehr spricht gegen das Verlangen des überlebenden Ehegatten der sachgemäße Sinn der in Rede stehenden Bestimmung, wie er sich aus den Vorschriften des Landrechts mit Nothwendigkeit ergiebt. Nach diesen Vorschriften besteht nämlich der gesetzliche Erbtheil des überlebenden Ehegatten in einem bestimmten Antheil an dem nach den vorhergehenden Vorschriften ermittelten und festgestellten reinen Nachlaß des verstorbenen Ehegatten [1]). Das Landrecht bestimmt mithin den Antheil des überlebenden Ehegatten an dem Nachlaß des Verstorbenen mit Rücksicht auf die Grundsätze, wonach der Nachlaß selbst festgestellt wird. Die Unterschiebung anderer Grundsätze würde hienach zu einer Veränderung des Antheils führen, welchen das Landrecht dem überlebenden Ehegatten an dem Nachlaß des Verstorbenen gewähren will. Der überlebende Ehegatte würde, je nachdem die untergeschobenen Grundsätze ihm günstiger oder ungünstiger sind, einen größeren oder geringeren Theil des Ganzen bekommen, welchen er nach dem Landrechte erhalten soll. Er würde also in der That nicht nach den von ihm gewählten Gesetzen, sondern nach ganz andern Grundsätzen, die keinem der beiden zur Auswahl gestellten Erbrechte entsprechen, zur Erbfolge gelangen. Dieses Ergebniß der Unterschiebung anderer Grundsätze steht aber mit den Worten und der unzweifelhaften Absicht des Patents in dem offenbarsten Widerspruch.

b. In dem zweiten von dem Obertribunal beurtheilten Falle war das Patent für das Großherzogthum Posen vom 9. Novbr.

---

[1]) II. 1. §§ 543—617. 618. 621. 622. 624.

1816 in Frage, wonach der überlebende Ehegatte die Wahl haben soll: ob er nach den zur Zeit der geschlossenen Ehe geltend gewesenen Gesetzen oder nach den Vorschriften des Landrechts über die Erbfolge bei vorhandener ehelicher Gütergemeinschaft erben wolle. Der überlebende Ehegatte hatte sich in dem zur Beurtheilung vorliegenden Falle für die Erbfolge nach dem Landrecht entschieden, und verlangte auf Grund der landrechtlichen Vorschriften, daß auch ein dem verstorbenen Ehegatten bei Eingehung der Ehe gehörig gewesenes Gut zu dem gemeinschaftlichen Vermögen gerechnet werde. Auf Grund des mit dem sächsischen Patente übereinstimmenden posenschen Patents behaupteten die Miterben dagegen, daß das Gut nicht zu den zu theilenden gemeinschaftlichen Massen gerechnet werden dürfe, weil nach den französischen Gesetzen, unter deren Herrschaft die Ehe geschlossen worden, Grundstücke der Regel nach nicht in die Gütergemeinschaft fielen. Das Plenum hat jedoch diese Auffassung verworfen und festgestellt: daß in der vorliegenden Beziehung auch die Frage, was zu dem der ehelichen Gütergemeinschaft unterworfenen Vermögen gehöre, nicht nach den zur Zeit der Eingehung der Ehe hinsichts der Gütergemeinschaft geltend gewesenen Grundsätzen, sondern nach den Vorschriften des Landrechts zu beurtheilen sei. Abgesehen von einigen Nebengründen, stimmen die Gründe dieses Beschlusses im wesentlichen mit den von Goeschel aufgestellten überein. Der erste Theil des § 11 des Patents für Posen, welcher von der Auseinandersetzung bei Trennung der Ehe handele, sei offenbar nur auf die Fälle einer Ehescheidung zu beziehen. Nun könnten zwar die Worte „daß der überlebende Ehegatte die Wahl habe, ob er nach den Vorschriften des A. L.-R. über die Erbfolge bei vorhandener Gütergemeinschaft erben wolle" insofern Zweifel erregen, als die Erbfolge im engeren Sinn sich nur auf die Hälfte des gemeinschaftlichen Vermögens, welche als Nachlaß des Verstorbenen anzusehen sei, beziehe, und davon die Feststellung des gemeinschaftlichen Vermögens selbst unterschieden werden könne. Unter dem Ausdruck „Erbfolge" sei indessen ohne Zweifel nicht bloß die Erbfolge im engeren Sinne, sondern der Eintritt in alle Rechte zu verstehen, welche nach dem Tode des einen Ehegatten dem Ueberlebenden in Bezug auf das gemeinschaftliche Vermögen gebühren. Denn das in Rede stehende Patent habe, gleich den anderen Publikations-Patenten, sowohl den alten wie den neuen Rechtszustand als ein Ganzes aufgefaßt und beide einander gegenüber gestellt. Eine Zusammenwerfung der Bestimmungen, welche dem einen, und der Bestimmungen, welche dem anderen Rechtsganzen angehören, führe daher nicht zu einem Wahlrecht zwischen beiden Gesetzgebungen, sondern zu einem von beiden Rechtsganzen durchaus verschiedenen Zustande.

XI. Väterliche Gewalt. Familienrecht.

Die Entstehung und Aufhebung der väterlichen Gewalt ist, zufolge des allgemeinen Grundsatzes und § 14 der Einleitung zum A. L.-R., nach den Gesetzen zu beurtheilen, unter welchen die Thatsachen vorfallen, aus denen die Entstehung oder Aufhebung hergeleitet wird. Daraus folgt, abgesehen von anderen Gründen, daß auch einzelne Beschränkungen oder Erweiterungen der väterlichen Gewalt, welche ein neues Gesetz einführt, auf das Verhältniß der Eltern und Kinder sofort Anwendung finden. Ebenso müssen neue Gesetze, welche sich auf die Rechte der Eltern an dem Vermögen der Kinder oder den Erwerb durch letztere beziehen, sofort ihre Wirkung äußern, da sie eines Theils wesentlich die Rechtsfähigkeit der Kinder betreffen, anderen Theils erworbene Rechte der Eltern oder Kinder nicht berühren. Nur wenn durch Vertrag oder letztwillige Verfügung dieserhalb Bestimmungen getroffen, oder durch früher eingetretene Thatsachen besondere Rechte bereits begründet sind, muß die Einwirkung des neuen Gesetzes ausgeschlossen bleiben. Ganz angemessen bestimmen daher die Publikations-Patente für die Landestheile, in denen die französische Gesetzgebung gegolten hat, daß mit der Gesetzeskraft des Landrechts der nach den Vorschriften desselben dem Vater zustehende Nießbrauch an dem Vermögen der Kinder wieder eintreten, der nach französischen Gesetzen der Mutter nach dem Tode des Vaters bis zum achtzehnten Jahre der Kinder zustehende Nießbrauch, in Ermangelung rechtsgültig darüber geschlossener Verträge, dagegen aufhören soll, sofern das Landrecht diesen Nießbrauch der Mutter nicht beilegt. [1])

Die Gesetze verpflichten gewisse Verwandte zur gegenseitigen Unterstützung, so daß die Vermögenden denen, welche sich selbst zu ernähren ganz unfähig sind, den anständigen oder doch nothdürftigen Unterhalt gewähren müssen. Durch diese Gesetze werden erworbene Rechte nicht begründet. Sie gewähren vielmehr nur eine Erwartung, welche selbst nach dem Eintritt der erforderlichen thatsächlichen Verhältnisse zu einem dauernden Rechte nicht erhoben wird, indem dasselbe immer von der Fortdauer dieser Verhältnisse abhängig bleibt. Neue Gesetze, welche die gegenseitige Alimentationspflicht der Verwandten anders als die früheren Gesetze bestimmen, müssen daher auf die Zukunft sofort einwirken, auch wenn eine Unterstützung nach den bisherigen Gesetzen bereits hat gewährt werden müssen.

XII. Außerehelicher Beischlaf.

Die Rechte, welche aus dem außerehelichen Beischlaf abzuleiten sind, gründen sich in Bezug auf die Mutter, nach der mit den Reichsgesetzen übereinstimmenden Auffassung unseres Landrechts, in einem Quasidelikt, in Bezug auf die Kinder in dem durch die Geburt entstandenen natürlichen Verhältnisse zu dem, welcher als Vater anzusehen ist. [2]) Diese Auffassung ist auch durch das Gesetz

[1]) Patent vom 9. September 1814 § 10; 9. November 1816 § 13.

[2]) I. 3. § 37.

vom 24. April 1854 im Wesentlichen nicht berührt worden.[1]) Hieraus könnte gefolgert werden, daß für beide Verhältnisse die Gesetze entscheiden müssen, welche zur Zeit der Geburt des Kindes galten. Allein eines Theils liegt die landrechtliche Auffassung in Bezug auf die Kinder nicht allen Gesetzgebungen zum Grunde. Anderen Theils hat das öffentliche Interesse auf die Bestimmungen über die Folgen des außerehelichen Beischlafs überall wesentlich eingewirkt und der einen Gesetzgebung eine der Geschwächten und dem Kinde günstige, der anderen Gesetzgebung eine denselben ungünstige Richtung gegeben. Darin liegt insbesondere, in Bezug auf die außerehelich geborenen Kinder der wesentliche Unterschied zwischen der französischen und landrechtlichen Gesetzgebung, deren Verhältniß bis zu dem Gesetze vom 24. April 1854 in der vorliegenden Beziehung allein für uns wichtig war. Das französische Gesetz bestimmt: la recherche de la paternité est interdite, und schließt sonach, die Fälle des freiwilligen Anerkenntnisses und der mit einer Entführung verbundenen Schwängerung ausgenommen, jeden Anspruch an den Vater, ohne Rücksicht auf die Zeit und den Ort der Schwängerung, unbedingt aus.[2]) Das Landrecht gestattet dagegen nicht nur die Klage gegen den Schwängerer, sondern verpflichtet auch den Vormund des Kindes, die Rechte des letzteren erforderlichen Falls gegen den angeblichen Schwängerer wahrzunehmen.[3]) Von dem Standpunkte des Landrechts muß man nur davon ausgehen, daß das französische Recht die Ansprüche des Kindes, welche nach der Auffassung unserer Gesetzgebung in den natürlichen Verhältnissen zu dem Vater begründet sind, in Folge einer bei uns verworfenen Auffassung des öffentlichen Interesse, nicht zur Geltung kommen läßt, und daß daher von einem durch das französische Gesetz erworbenen Rechte des

[1]) Gesetzs. 1854. S. 193.
[2]) Code civil art. 340.
[3]) II. 2 § 614 ff.

Vaters nicht die Rede sein kann. Mit Recht ist daher in den Patenten, durch welche das Landrecht in die vormals französischen Landestheile eingeführt worden, bestimmt, daß die vor der Einführung geborenen Kinder mit dem Tage der Rechtskraft des Landrechts die ihnen darin beigelegten Rechte erhalten sollen. In Bezug auf die Mutter ist dagegen dem Landrechte eine rückwirkende Kraft nicht beigelegt.[1]) — Zweifelhafter ist die Frage, wenn die ältere Gesetzgebung in einer den unehelichen Kindern nicht günstigen Richtung abgeändert, z. B. denselben der Anspruch an die Eltern des Erzeugers abgesprochen, oder bei dem Nachweise der exceptio plurium concumbentium jeder Anspruch entzogen wird, wie durch das Gesetz vom 24. April 1854 geschehen ist. Geht man davon aus, daß die abgeänderten Bestimmungen lediglich Folgen des durch die Geburt begründeten natürlichen Verhältnisses der Kinder zu dem Erzeuger sind, so kann man zu der Annahme gelangen, daß den bereits geborenen Kindern die durch die frühere Gesetzgebung begründeten Rechte nicht entzogen werden dürfen, wenngleich dieselben bisher nicht geltend gemacht worden. Geht man dagegen davon aus, daß die abgeänderten Bestimmungen ihren Grund wesentlich in der Auffassung dessen haben, was das öffentliche Interesse fordert, so kann man zu der Annahme gelangen, daß das neue Gesetz nur in den Fällen, in welchen bereits durch Anerkenntniß oder gerichtliches Erkenntniß eine Aneignung der Rechte aus dem früheren Gesetze stattgefunden hat, ausgeschlossen bleiben muß. Dem Gesetzgeber ist sonach hier ein in der Natur der Sache begründetes weites Ermessen gelassen. Am angemessensten scheint aber der im § 23 des Gesetzes vom 24. April 1854 eingeschlagene Mittelweg zu sein, daß nämlich das neue Gesetz auf alle Fälle anzuwenden ist, welche zu der Zeit, da das-

[1]) Patent vom 9. September 1814 § 11 und 9. November 1816 § 14; Verordn. vom 25. Mai 1818 (Gesetzs. 1818 S. 145).

selbe in Kraft getreten ist, noch nicht durch Insinuation der Klage rechtsanhängig geworden waren.

XIII. Prozeß; Konkurs.

Prozeßgesetze gehören als Vorschriften über die Art und Weise, wie der Gesetzgeber die Rechtshülfe gewähren will, dem öffentlichen Rechte an, und berühren auch, da Niemand auf fortdauerndes Bestehen dieser Vorschriften einen Anspruch hat, keine erworbenen Rechte. Sie müssen daher, wenngleich möglicher Weise eine mittelbare Einwirkung auf erworbene Rechte damit verbunden ist, sofort angewendet werden, sofern der Gesetzgeber keine Ausnahme von dieser Regel macht. In dieser Beziehung ist wesentlich darauf zu sehen, daß Niemand in dem Anspruch auf genügendes rechtliches Gehör gekränkt wird. Besonders ist darnach bei Einführung eines ganz neuen Prozeßverfahrens zu erwägen, ob und wie weit die bereits stattgefundenen Verhandlungen nach dem alten Verfahren eine genügende Grundlage für die Fortführung des Prozesses nach dem neuen Verfahren bilden. Nach dem Ergebniß dieser Erwägung hat aber der Gesetzgeber zu bestimmen, ob die nach dem älteren Verfahren eingeleiteten Prozesse in das neue Verfahren umzuleiten, oder ob dieselben durch alle Instanzen nach dem älteren Verfahren fortzuführen, oder ob nur in der Instanz, in welcher der Prozeß sich befindet, die älteren, in den folgenden Instanzen die neuen Gesetze anzuwenden sind. Unsere Gesetzgebung hat, nach Verschiedenheit der Umstände, in dem einen Falle diesen, in dem anderen Falle jenen Ausweg eingeschlagen, wie eine Vergleichung der Publikations-Patente, des § 77 der Verordnung vom 1. Juni 1833 über den Mandats-, summarischen und Bagatell-Prozeß,[1]) des § 29 der Verordnung vom 14. Dezember 1833 über das Rechtsmittel der Revision und Nichtigkeitsbeschwerde,[2]) des

[1]) Gesetzs. 1833 S. 48.

[2]) ebend. S. 308.

§ 24 der Verordnung vom 4. März 1834 über den Subhastations-Prozeß,[1]) und des § 39 der Verordnung vom 21. Juni 1846 über das Verfahren in Civil-Prozessen[2]) ergiebt. — Prozeßrechte, welche die eine oder andere Partei auf Grund der älteren Gesetze, z. B. in Folge einer Präklusion wegen Verabsäumung von Fristen, bereits erworben hat, dürfen durch ein neues Prozeßgesetz, nach richtigen Grundsätzen, nicht wieder entzogen werden.

Im Konkurs-Prozeß haben die einzelnen Bestimmungen in der Regel einen solchen Zusammenhang, daß die Einwirkung eines neuen Gesetzes auf ein bereits eingeleitetes Konkurs-Verfahren leicht zu Beeinträchtigungen der einen oder anderen Partei führen könnte. Unsere Gesetzgebung hat daher stets den Grundsatz festgehalten, daß ein Konkurs-Verfahren nach den Gesetzen fortzuführen und zu beendigen ist, welche zur Zeit der Einleitung bestanden.[3]) Auch die Rangordnung der Gläubiger ist, sofern die dieses Verhältniß betreffenden Bestimmungen lediglich dem Konkursrecht angehören, nach den Gesetzen zu beurtheilen, welche zur Zeit der Eröffnung des Konkurses galten, indem erst mit dieser Eröffnung die bloße Erwerbung, welche die bisherigen Gesetze begründen, ein erworbenes Recht wird. Dies bestimmen auch die Patente vom 15. November 1816 § 15 und 21. Juni 1825 § 22, sowie das Gesetz vom 8. Mai 1855 Art. V., wogegen die Patente vom 9. September 1814 § 15 und 9. November 1816 § 19 den Tag, an welchem der Streit zwischen mehreren Gläubigern über das Vorzugsrecht entsteht, als den Zeitpunkt bezeichnen, durch welchen das anzuwendende Gesetz bestimmt wird. Aus Billigkeitsgründen ist im Art. VII. des Gesetzes vom 8. Mai 1855 zu Gunsten der Ehefrauen, deren bisherige Vorzugsrechte durch das

[1]) Gesetzs. 1834 S. 45.

[2]) Gesetzs. 1846 S. 302.

[3]) Die Patente und das Gesetz vom 8. Mai 1855 betr. die Einführung der Konkursordnung (Gesetzs. 1855 S. 317).

neue Gesetz geschmälert worden, die dort näher bestimmte Ausnahme gemacht. Pfand- und Hypothekenrechte müssen als erworbene Rechte, auch in der vorliegenden Beziehung, an und für sich nach den Gesetzen beurtheilt werden, welche zur Zeit ihrer Entstehung bestanden. Bei Einführung unseres Hypothekenrechts in die Landestheile, in welchen das gemeine oder französische Recht bestand, hat jedoch die S. 31 bereits erwähnte, auch die Vorzugsrechte im Konkurse berührende, Ueberleitung eintreten müssen.

XIV. Kontroversen des älteren Rechts.

Endlich bestimmen die Publikations-Patente, daß bei Kontroversen des aufgehobenen älteren Rechts, soweit dasselbe nach Einführung des Landrechts noch zur Anwendung kommt, derjenigen Meinung der Vorzug gegeben werden soll, welche mit den Vorschriften des Landrechts übereinstimmt oder denselben am nächsten kommt. Bei dieser Bestimmung hat jedoch der Gesetzgeber nur die Beurtheilung von Handlungen oder Begebenheiten vor Augen gehabt, welche im Rechtsgebiete des Landrechts vor dessen Einführung vorgekommen sind, nicht auch solche Handlungen oder Begebenheiten, welche außerhalb dieses Rechtsgebiets vorgefallen sind oder noch vorfallen. [1])

[1]) Entscheid. Bd. 20. S. 306. 307.

Ueber die örtlichen Grenzen der Herrschaft der Gesetze.

I. Allgemeine Grundsätze.

Die Rechtsregeln, welche möglicher Weise auf ein Rechtsverhältniß anzuwenden sind, können entweder in demselben Rechtsgebiete als allgemeine und besondere Gesetze nebeneinander bestehen, oder aber in verschiedenen Rechtsgebieten gelten.

In der ersten Beziehung gilt auch bei uns die Regel: Stadtrecht bricht Landrecht, Landrecht bricht gemeines Recht. In denjenigen Landestheilen, in welche das Landrecht ganz oder zum Theil nur subsidiarisch eingeführt ist, gehen demselben und den späteren allgemeinen Gesetzen, sofern deren ausschließliche Anwendung nicht vorgeschrieben ist, die örtlichen und provinziellen Rechtsbestimmungen vor; so daß zunächst die Orts-Statuten, in Ermangelung derselben die Provinzialgesetze, und erst, wenn auch diese keine auf den Rechtsfall anwendbare Bestimmung enthalten, das Landrecht und die späteren allgemeinen Gesetze zur Anwendung kommen. Provinzialgesetze und Statuten, welche die äußerliche Feierlichkeit einer Handlung bestimmen, sollen jedoch nur bei Handlungen verpflichtende Kraft haben, die unter der Gerichtsbarkeit, für welche das Gesetz gegeben ist, und von den dieser Gerichtsbarkeit unterworfenen Personen vorgenommen werden, sofern dieselben nach den vor Aufhebung des eximirten Gerichtsstandes geltend gewesenen Gesetzen zu den nicht eximirten Personen gehörten. [1])

In der zweiten Beziehung ist die Frage: Welche Rechtsverhältnisse durch die in einem bestimmten Rechtsgebiete geltenden Rechtsbestimmungen beherrscht werden, und nach welchen Rechtsbestimmungen daher ein Rechtsverhältniß zu beurtheilen ist, bei der Zerstückelung Deutschlands und den in den verschiedenen Gebieten neben dem gemeinen Rechte geltenden besonderen Rechten, schon seit langer Zeit lebhaft erörtert worden. Erst durch neuere Schriftsteller, insbesondere durch die Darstellung in dem achten Bande des Systems von v. Savigny, ist indessen über diese Frage ein helleres Licht verbreitet worden. Aber auch gegenwärtig ist man noch nicht in Bezug auf die leitenden Grundsätze, viel weniger über die einzelnen zur Sprache kommenden Punkte, zu einer vollständigen Einigung gelangt. Der Versuch einer abermaligen Erörterung der Frage in Bezug auf die preußische Gesetzgebung und die preußischen Gerichtshöfe, mit Berücksichtigung der gedruckten und mancher nicht gedruckten Entscheidungen des Obertribunals, wird daher nicht unfruchtbar sein.

Zur Zeit der Abfassung des Landrechts unterschieden die Lehrer des gemeinen Rechts zwischen sogenannten Personalstatuten, Realstatuten und gemischten Statuten, und nahmen dann folgendes an:

1. Die Personalstatuten oder diejenigen Gesetze, welche zunächst die Person und deren Zustand zum Gegenstand haben — quibus principaliter de universali vel quasi universali personae statu, qualitate, habilitate vel inhabilitate disponitur, sive nulla prorsus fiat rerum mentio, sive de rebus etiam sermo sit; si modo principalis intentio statuentis non sit de

---

[1]) Einleit. zum Landrecht §§ 1—3. 21. 33. 53; Verordnung vom 2. Januar 1849 § 15 (Gesetzs. 1849 S. 5). Wer sich auf ein nicht notorisches Statut beruft, muß dessen Bestehen beweisen; Allg. Ger.-Ordn. I. 10 § 53.

re aliquid, sed de persona disponere[1]) — finden auf alle Personen Anwendung, welche in dem Gebiete dieser Gesetze ihren Wohnsitz haben, auch wenn die Geschäfte auswärts vorgenommen worden oder ein auswärtiger Richter darüber zu erkennen hat.

2. Die Realstatuten oder diejenigen Gesetze, welche zunächst auf Sachen, nach Einigen nur auf unbewegliche, nach Anderen auch auf bewegliche Sachen, sich beziehen — quae rem principaliter afficiunt et circa rem aliquid disponunt, sive personae mentio facta sit sive non; si modo primaria statuentis mens sit, non de personis, sed rebus disponere[2]) — kommen auf alle im Gebiete dieser Gesetze belegenen Sachen zur Anwendung, wo auch das Geschäft vorgenommen sein mag oder darüber zu erkennen ist.

3. Die gemischten Statuten oder diejenigen Gesetze, welche zunächst nur die Erfordernisse der juristischen Handlungen bestimmen — quae neque de personis, neque de rebus principaliter disponunt, sed actuum a personis circa res gerendorum, sive judicialium, sive extrajudicialium, formam, modum, ordinem, solemnia definiunt[3]) — sind für alle in dem Gebiete dieser Gesetze vorgenommenen Handlungen maaßgebend, auch wenn ein auswärtiger Richter darüber zu erkennen hat.

Diese Lehre, innerhalb welcher sehr verschiedene Deutungen und manche bestrittene Fragen hinsichtlich einzelner Rechtsverhältnisse vorkamen, und die auch unserem Landrechte zum Grunde liegt, muß zwar als eine zum Theil unrichtige, zum Theil ungenügende bezeichnet werden. Sie beruht indessen, ihrem innersten Grunde nach, auf einer richtigen Auffassung der Verhältnisse. In ihr spricht sich nämlich der Grundgedanke aus, daß weder, wie von Manchen angenommen wird, die Gesetze des Orts, wo die bethei-

---

[1]) Voet. comment. ad Pdt. lib. I tit. IV no. 2.

[2]) Voet. ibid. no. 3.

[3]) Voet. ibid. no. 4.

ligte Person ihren Wohnsitz hat, noch, wie Andere wollen, die Gesetze des Orts, wo das Recht geltend gemacht wird, noch auch, wie Einige meinen, die Gesetze des Orts, wo das Recht entstanden ist, ausschließlich oder vorzugsweise anzuwenden sind, daß vielmehr die Gesetze des Rechtsgebiets, welchem die Rechtsverhältnisse in ihren verschiedenen Beziehungen angehören, darauf angewendet werden müssen. Zu demselben Grundgedanken führt aber die nachstehende Betrachtung. [1])

Jeder Staat bildet ein, auch für sein Recht unabhängiges und selbstständiges Ganze, und hat an und für sich die Gesetze und Einrichtungen anderer Staaten nicht zu berücksichtigen. Hieraus könnte der Schluß gezogen werden, daß stets die Gesetze des Staats, in welchem das Recht geltend gemacht wird, zur Anwendung kommen müssen. Kein Staat kann sich indessen, eben so gewiß, als er ein selbstständiges Ganze ist, der Thatsache entziehen, daß neben ihm Staaten mit gleicher Unabhängigkeit und Selbstständigkeit bestehen, und daß der wechselseitige Verkehr der Staatsangehörigen zu Rechtsverhältnissen zwischen denselben führt, die bald hier, bald dort entstehen oder geltend gemacht werden. Diese gegenseitigen Verhältnisse führen zu gegenseitiger Berücksichtigung. Jeder Staat, der zum Bewußtsein dessen gelangt ist, was dem wahren Gedeihen seiner Angehörigen und folgeweise seinem eigenen Gedeihen entspricht, muß wollen und wünschen, daß eine vollständige Rechtsgleichheit zwischen Einheimischen und Fremden überall anerkannt, und zu dem Ende auch in Bezug auf die vorliegende Frage eine Uebereinstimmung in den Grundsätzen mehr und mehr herbeigeführt werde, und zwar in solchen Grundsätzen, welche in der Natur und dem Wesen der Verhältnisse selbst gegründet, und daher der Willkühr und dem Wechsel der einzelnen

---

[1]) Ich folge hier wesentlich der Führung v. Savigny's. Aber auch schon in meinem System bin ich im wesentlichen von demselben Standpunkte ausgegangen und zu demselben Ziele gelangt.

Gesetzgebungen nicht unterworfen sind. Denn nur durch Anerkennung und Befolgung solcher Grundsätze läßt sich die, für den Verkehr wünschenswerthe und selbst nothwendige Gleichheit und Gegenseitigkeit, mit sicherem Erfolge und in dauernder Weise, erzielen. Das Ziel selbst kann aber auf zwei Wegen erreicht werden; erstens durch Staatsverträge, die auch von Preußen mit mehreren deutschen Staaten geschlossen sind;[1] zweitens durch stillschweigende Uebereinkunft, indem durch die Gesetzgebung und richterliche Entscheidungen die richtigen Grundsätze gleichmäßig anerkannt und festgestellt werden. Die meisten Gesetzgebungen enthalten in dieser Beziehung gar keine oder wenig durchgreifende Bestimmungen, was bei der immer noch herrschenden Verschiedenheit der Ansichten als ein Glück zu betrachten ist. Auch das Landrecht enthält nur einige ziemlich allgemein gehaltene und zum Theil eine verschiedene Deutung zulassende Bestimmungen. Die Hauptsache ist daher bei uns, wie in anderen Staaten, der richterlichen und rechtswissenschaftlichen Einwirkung überlassen. Den Gerichten und Rechtslehrern liegt es hienach wesentlich ob, die Grundsätze aufzusuchen und geltend zu machen, deren Anwendung nothwendig erscheint, um das vorerwähnte Ziel der Gleichheit und Gegenseitigkeit zu erreichen.

Die ausschließliche oder vorzugsweise Anwendung der Gesetze des Wohnsitzes der betheiligten Person, oder des Orts, wo das Recht geltend gemacht wird, oder des Orts, wo das Recht entstanden ist, steht mit dieser Aufgabe in Widerspruch, ist aber auch aus anderen Gründen nicht haltbar. Der Wohnsitz ist zwar das

---

[1]) Mit Sachsen-Weimar (Gesetzs. 1824 S. 119 und 1852 S. 125); Sachsen-Altenburg (Gesetzs. 1832 S. 105); Sachsen-Koburg-Gotha (Gesetzs. 1834 S. 9); Reuß-Gera (ebend. S. 24); Königreich Sachsen (Gesetzs. 1839 S. 353); Schwarzburg-Rudolstadt (Gesetzs. 1840 S. 239); Anhalt-Bernburg (Gesetzs. 1840 S. 250); Braunschweig (Gesetzs. 1842 S. 1); Schwarzburg-Sondershausen (Gesetzs. 1844 S. 1); Reuß-Greiz (Gesetzs. 1845 S. 819); Anhalt-Dessau (Gesetzs. 1853 S. 465).

Band, welches die Person mit einem bestimmten Rechtsgebiete verknüpft, und der dauernde Mittelpunkt für die Lebensverhältnisse und Geschäfte dieser Person. Daraus folgt aber nicht, daß die Gesetze dieses Rechtsgebiets auch dann, wenn die Person in einem anderen Rechtsgebiete Handlungen vornimmt, auf Form, Inhalt und Wirkung dieser Handlungen zur Anwendung kommen müssen. Das Gegentheil erhellt vielmehr schon daraus, daß, wenn die betheiligten Personen in verschiedenen Rechtsgebieten ihren Wohnsitz haben, ein unauflöslicher Widerspruch sich herausstellen würde. Der Ort, wo das Recht geltend gemacht wird, könnte ferner nur dann entscheidend sein, wenn angenommen werden müßte, daß jeder Gesetzgeber alle in seinem Rechtsgebiete zur richterlichen Beurtheilung kommenden Rechtsverhältnisse, ohne Rücksicht auf ihr inneres Wesen, den Landesgesetzen stillschweigend unterworfen habe. Diese Annahme ist aber mindestens nach gemeinem und preußischem Rechte nicht gerechtfertigt, und, abgesehen von den bestehenden Gesetzgebungen, spricht dagegen schon die Erwägung, daß der Ort der anzustellenden Klage oft von zufälligen Umständen, z. B. dem Wechsel des Wohnsitzes, oder der Wahl des Klägers abhängt. Auf den Ort endlich, wo das Recht entstanden ist, kann schon deßhalb kein ausschließlich entscheidendes Gewicht gelegt werden, weil ohne willkührliche Voraussetzungen nicht anzunehmen ist, daß die Partein sich den Gesetzen dieses Orts in allen Beziehungen haben unterwerfen wollen.

Der Grundgedanke, von welchem ausgegangen werden muß, um zu dem Ziele zu gelangen, ist vielmehr:

> Jedes Rechtsverhältniß ist nach den Gesetzen des Rechtsgebiets zu beurtheilen, dem es seinem Wesen nach angehört oder unterworfen ist. Bei allen Rechtsgeschäften muß mithin in Beziehung auf die betheiligten Personen, den Gegenstand, die Handlung und deren Folgen dieses Rechts-

gebiet aufgesucht und danach bestimmt werden, welche Gesetze in den gedachten verschiedenen Beziehungen anzuwenden sind.

Denn nur wenn man von diesem, aus der Natur der Sache folgenden und zugleich allen Betheiligten gleichmäßig gerecht werdenden, Grundgedanken ausgeht, ist die gleiche Behandlung und die wahre Gegenseitigkeit zu erzielen.

Von diesem Grundgedanken muß daher auch der preußische Richter ausgehen; in jedem Falle also, in welchem die Anwendung verschiedener Gesetze denkbar ist, das Rechtsgebiet, dem das zu beurtheilende Verhältniß angehört, aufsuchen, und die Gesetze dieses Rechtsgebiets darauf anwenden. Dabei ergeben sich jedoch folgende Maaßgaben:

1. Die Bestimmungen unserer Gesetze über einzelne Kollisionsfälle, insbesondere auch die Bestimmungen, welche darüber in den vorerwähnten Staatsverträgen enthalten sind, müssen befolgt werden, auch wenn sie unrichtig erscheinen sollten.

2. Aus einem nach auswärtigen Gesetzen zu beurtheilenden Rechtsverhältnisse können Rechte, denen ein unbedingt zwingendes inländisches Gesetz entgegensteht, bei uns nicht geltend gemacht werden.

3. Soweit das Wiedervergeltungsrecht gegen andere Staaten nach unseren Gesetzen überhaupt zulässig ist, kommt dasselbe auch hier zur Anwendung. [1])

4. Die Personen, welche in ein Rechtsverhältniß treten, können sich, wenn nicht besondere Gesetze oder Gründe ihrer freien

[1]) Einleit. zum A. L.-R. §§ 42. 43; Allgem. Ger.-Ordn. I. 50 § 162. Zufolge § 44 der Einleit. sollen Unterrichter ohne Genehmigung ihrer Vorgesetzten, gegen Fremde niemals auf Retorsion erkennen. Hinsichtlich der Obergerichte ist eine solche Beschränkung nur für einzelne Fälle vorgeschrieben (II. 8 § 935 A. L.-R.; § 379 Anhang zur Allg. Ger.-Ordn.). Gegenwärtig bedürfen auch Untergerichte keiner Genehmigung, da sie in Beziehung auf die Urtelsfällung völlig frei gestellt sind; cf. Entscheid. Bd. 11 S. 151.

Bestimmung entgegenstehen, den Gesetzen eines bestimmten Rechtsgebietes ausdrücklich oder stillschweigend unterwerfen, und die Beurtheilung muß dann nach diesen Gesetzen erfolgen.

5. Für den Prozeß, dessen Formen und Regeln dienen lediglich die Gesetze des Landes, in welchem der Prozeß geführt wird, zur Richtschnur. Dies ist jedoch keine Ausnahme, sondern eine Anwendung der allgemeinen Regel, und wird hier nur vorweg bemerkt, weil darauf in der Folge hin und wieder zu verweisen sein wird.

Nach diesen Vorbemerkungen haben wir die verschiedenen Rechtsverhältnisse ins Auge zu fassen. Es wird dabei hauptsächlich das Verhältniß der ausländischen und inländischen Gesetze ins Auge gefaßt werden. Die darüber aufzustellenden Grundsätze gelten aber auch für das Verhältniß der in den verschiedenen Landestheilen des preußischen Staats bestehenden, von einander abweichenden Gesetze.

II. Der Zustand der Person (Rechts- und Handlungs-Fähigkeit).

Der **Wohnsitz** ist das Band, welches die Person mit einem bestimmten Rechtsgebiete verknüpft, und der dauernde Mittelpunkt für ihre Lebensverhältnisse und juristischen Handlungen. Jede Person gehört daher als solche dem Rechtsgebiete an, in welchem sie ihren Wohnsitz hat. Daraus folgt grundsätzlich:

> **Die persönlichen Zustände eines Menschen und die dadurch bedingte Rechts- und Handlungs-Fähigkeit sind überall nach den Gesetzen seines Wohnsitzes (den Personalstatuten) zu beurtheilen; und zwar nicht bloß im Allgemeinen, sondern auch in Ansehung der besondern durch persönliche Eigenschaften bedingten Fähigkeit zu gewissen juristischen Handlungen.**

Dies bestimmt auch das Landrecht, mit ausdrücklicher Hervorhebung der „persönlichen Eigenschaften und Befugnisse,“ für Inländer und Ausländer; hinsichtlich der Ausländer jedoch mit der Maaßgabe, daß die Handlungsfähigkeit derselben, wenn sie in hiesigen Landen über hier befindliche Sachen Verträge schließen, nach denjenigen Gesetzen (der Heimath oder unseren Gesetzen) beurtheilt werden soll, nach welchen die Handlung am besten bestehen kann.[1]) Diese Ausnahme ist, nach den Vorarbeiten zum Landrecht, deßhalb gemacht, weil Niemand alle auswärtigen Gesetze kennen und wissen könne, wann jeder Ausländer großjährig werde, und ob seine Handlungsfähigkeit aus anderen gesetzlichen Gründen beschränkt sei. Die Ausnahme bezweckt daher wesentlich die Erleichterung des Verkehrs zum Besten beider Theile, und will zugleich den Inländer gegen die Folgen der Unredlichkeit oder eines unverschuldeten Irrthums schützen.[2]) Anwendungen der Regel sind:

1. Ob Kinder, welche in einer als Ehe sich darstellenden Verbindung erzeugt worden, die Eigenschaft ehelicher Kinder haben, ist lediglich nach den Gesetzen zu beurtheilen, unter welchen die Ehe geschlossen worden, denen also der Vater zur Zeit der Eheschließung unterworfen war. Sind die Kinder hienach für eheliche

---

[1]) Einleitung §§ 23. 24. 35; Präj. 967 (Präj.-S. S. 3): Entscheid. Bd. 10 S. 148. Die §§ 24—27 enthalten nähere Bestimmungen für den Fall, wenn Jemand noch gar keinen oder einen doppelten Wohnsitz hat. Der § 23 muß übrigens gegenwärtig, nach Aufhebung des eximirten Gerichtsstandes, zufolge § 15 der Verordn. vom 2. Januar 1849, für Inländer dahin ausgedrückt werden, daß die persönlichen Eigenschaften und Befugnisse eines Menschen nach den Gesetzen der Gerichtsbarkeit zu beurtheilen sind, welcher derselbe nach seinem Wohnsitze und Stande unterworfen sein würde, wenn der eximirte Gerichtsstand nicht wäre aufgehoben worden.

[2]) v. Savigny a. a. O. S. 144. Durch diese Maaßgabe werden die Schwierigkeiten beseitigt, welche Manchen zu der Annahme bewogen haben, daß die persönlichen Eigenschaften oder deren Wirkungen immer oder unter gewissen Umständen nach den Gesetzen des Orts, wo das Geschäft vorgenommen worden oder das Recht geltend gemacht wird, zu beurtheilen seien.

zu achten, so müssen sie überall als solche angesehen werden. Ihnen müssen daher auch in einem Rechtsgebiete, in welchem die Ehe nicht hätte geschlossen werden können, alle Rechte zugestanden werden, welche die in diesem Rechtsgebiete geltenden Gesetze ehelichen Kindern einräumen. Hienach müssen z. B. die Kinder eines Ausländers, welche in einer nach den Gesetzen seines Wohnsitzes gültigen Ehe erzeugt worden, auch in Bezug auf inländische Lehne für lehnsfähig erachtet werden, wenngleich die Ehe bei uns nicht hätte geschlossen werden können oder, um gültig zu sein, der landesherrlichen Dispensation bedurfte.[1])

2. Ein Preuße, der nach unseren Gesetzen minderjährig, für einen Verschwender erklärt ist, oder zu den Rasenden oder Blödsinnigen gehört, muß in den preußischen Gerichtshöfen nach diesen Eigenschaften und den nach unseren Gesetzen damit verbundenen Rechten, auch in Bezug auf die Handlungen, beurtheilt werden, die er im Auslande vorgenommen hat. In Ansehung der Ausländer müssen dagegen die ausländischen Gesetze berücksichtigt werden, mit der schon angedeuteten in dem § 35 der Einleitung enthaltenen Maaßgabe, wenn sie hier Verträge geschlossen haben, und daraus bei einem inländischen Gerichte belangt werden können.

3. Die Befugniß einer Person weiblichen Geschlechts zur Uebernahme von Bürgschaften, einer Ehefrau zur Abschließung von lästigen Verträgen ohne Zustimmung des Ehemanns, eines Kindes unter väterlicher Gewalt zur Uebernahme von Verbindlichkeiten ohne Genehmigung des Vaters ist, mit der hinsichtlich der Ausländer in Bezug auf inländische Geschäfte im § 35 der Einleitung gemachten Ausnahme, lediglich nach den Gesetzen zu beurtheilen, welche an dem Wohnsitze der betreffenden Personen gelten.[2])

---

[1]) Entscheid. Bd. 10 S. 143.

[2]) Das Gegentheil ist in Bezug auf Bürgschaften der Frauen mit Unrecht in dem in den Rechtssprüchen von Simon rc. Bd. 2 S. 425 abgedruckten Rechtsfalle des damaligen Oberlandesgerichts zu Halberstadt angenommen.

4. Auch die Wechselfähigkeit ist, nach der neuen deutschen Wechselordnung Art. 84—86, nach den Gesetzen des Staats zu beurtheilen, welchem der Erklärende angehört. Ein nach den Gesetzen seines Vaterlandes nicht wechselfähiger Ausländer wird jedoch durch Wechselverbindlichkeiten, die er innerhalb des Gebiets der deutschen Wechselordnung übernimmt, verpflichtet, sofern er nach den Bestimmungen derselben wechselfähig ist, mithin sich nach den Gesetzen seines Vaterlandes durch Verträge verpflichten kann (Art. 1). Dabei ist, wenn die Uebernahme der Verbindlichkeit in Preußen erfolgt ist, wiederum der § 35 der Einleitung zum Landrecht zu berücksichtigen.[1])

5. Bei einer Veränderung des Wohnsitzes, mit welcher der Uebergang aus dem Gebiet einer Gesetzgebung in das Gebiet einer anderen Gesetzgebung verbunden ist, wirkt letztere auf die persönliche Rechts- und Handlungsfähigkeit für die Zukunft sofort ein. Alle Handlungen, welche die betreffende Person vor der Veränderung des Wohnsitzes vorgenommen hat, sind daher in Beziehung auf die persönliche Fähigkeit nach den Gesetzen des früheren Wohnsitzes, die späteren Handlungen nach den Gesetzen des neuen Wohnsitzes zu beurtheilen, gerade so wie dies bei einer Veränderung der Gesetzgebung innerhalb desselben Rechtsgebiets der Fall ist.[2]) Die Fähigkeit einer Person weiblichen Geschlechts zur Uebernahme von Bürgschaften z. B. muß, nach einer Ueber-

---

[1]) Gesetzs. 1849 S. 67. 68. Die jetzt beseitigte unrichtige Bestimmung des Landrechts (II. 8 §§ 936—938), wonach die Wechselfähigkeit der Inländer bei auswärts übernommenen Wechselverbindlichkeiten, auch in den preußischen Gerichtshöfen, nach den Gesetzen des Orts, wo die Wechselerklärung erfolgt ist — den Fall eines zwischen einem Inländer und einem anderen Inländer geschlossenen Wechselgeschäfts ausgenommen — beurtheilt werden soll, hat anscheinend ihren Grund in der engen landrechtlichen Begrenzung der Wechselfähigkeit. Den Inländern sollte durch die Bestimmung wahrscheinlich der Wechselkredit im Auslande eröffnet werden.

[2]) Cf. Abhandlung über die zeitlichen Grenzen der Herrschaft der Gesetze S. 12.

siedelung von dem Auslande in das Rechtsgebiet des Landrechts, in Bezug auf ältere Verbürgungen nach den Gesetzen des Auslandes, in Bezug auf spätere Verbürgungen nach den Bestimmungen des Landrechts beurtheilt werden. Eben so muß die Befugniß einer Ehefrau zur Abschließung von Verträgen ohne Zustimmung des Ehemannes, bei einer solchen Veränderung des Wohnsitzes, in Bezug auf ältere Verträge nach den Gesetzen des damaligen Wohnsitzes, in Bezug auf spätere Verträge nach den Gesetzen des neuen Wohnsitzes beurtheilt werden. Haben Ehegatten bei einer solchen Uebersiedelung Kinder mitgebracht, welche nach den Gesetzen des bisherigen Wohnsitzes noch minderjährig sind, so finden unsere Gesetze in Ansehung des Eintritts der Volljährigkeit und Testaments-Mündigkeit sofort auf dieselben Anwendung. Dagegen fallen Kinder, welche nach den Gesetzen des früheren Wohnsitzes bei der Uebersiedelung bereits volljährig waren, das bei uns erforderliche Alter aber noch nicht erreicht hatten, in die Minderjährigkeit nicht zurück. [1])

6. Persönliche Zustände, welche bei uns abgeschafft sind, und nicht bestehen dürfen, wie Sklaverei und Leibeigenschaft, können der Natur der Sache nach auch dann, wenn sie im Auslande entstanden sind, bei uns nicht fortbestehen. Alle Sklaven (Leibeigene), welche ein Preuße oder ein Fremder, der sich bei uns niederlassen will, in das Land bringt, werden daher sofort frei. Sie müssen aber ihrem bisherigen Herrn so lange unentgeltlich als Gesinde dienen, bis sie die auf ihren Ankauf verwendeten Kosten abgedient haben. [2]) Fremde, welche sich nur eine Zeit lang in Preußen aufhalten, behalten ihre Rechte über die mitgebrachten Sklaven. Diese sollen jedoch gegen lebensgefährliche Mißhandlungen geschützt werden. [3])

---

[1]) Dieser in mehreren Rescripten anerkannte Grundsatz wird kaum noch bezweifelt; cf. die Abhandlung über die zeitlichen Grenzen ꝛc. S. 12. 13.

[2]) II. 5 §§ 201 ff. [3]) ebend. §§ 199. 200.

7. Die Gesetze, welche aus staatlichen oder kirchlichen Rücksichten die Rechts- und Handlungsfähigkeit, insbesondere die Erwerbsfähigkeit, gewisser einzelner oder juristischer Personen beschränken, haben auf allgemeine Anerkennung keinen Anspruch, weil sie nur in den besonderen Verhältnissen des betreffenden Staats gegründet und lediglich dazu bestimmt sind, diesen und seine Angehörigen gegen vermeintliche Nachtheile zu schützen, oder hergebrachte Vorrechte oder Zurücksetzungen des einen oder anderen Standes aufrecht zu erhalten. Die Beschränkungen, denen z. B. Juden, nichtkatholische Christen, Bürger, Bauern, Kirchen, Stadt- und Dorfgemeinden, in Bezug auf den Erwerb von Grundstücken rc. in anderen Staaten unterworfen sind, dürfen daher bei den in Preußen zu machenden Erwerbungen nicht berücksichtigt werden. Dagegen sind die dieserhalb bei uns bestehenden Beschränkungen, z. B. die der Mennoniten bei dem Erwerb von Grundstücken,[1]) auch auf Ausländer anzuwenden, sofern nicht in Ansehung derselben, wie z. B. in Betreff der ausländischen Kirchen und öffentlichen Korporationen oder Anstalten geschehen ist, besondere Bestimmungen getroffen sind,[2]) oder aus dem Zweck des Gesetzes erhellt, daß es sich nur auf Inländer beziehen soll.

8. Was von beschränkenden ausländischen Gesetzen bemerkt worden, gilt auch von ausländischen Gesetzen, die aus staatlichen oder kirchlichen Rücksichten gewissen Einwohner-Klassen, z. B. dem Adel, oder gewissen Körperschaften, z. B. dem Fiskus, den Kirchen rc. besondere Vorrechte einräumen. Inländische Gesetze dieser Art sind dagegen in der Regel nur auf inländische Einwohner-

---

[1]) Cf. für Westpreußen, Ostpreußen und Litthauen die Deklaration vom 17. December 1801 (N. C. Const. Tom. XI p. 1277), Kab.-O. v. 24. Novbr. 1803 (Neues Archiv Bd. 4 S. 180), Reskr. vom 10. März 1820 (v. Kamptz Annalen Bd. 4 S. 36), Kab.-O. v. 25. Febr. 1824 (ebend. Bd. 8 S. 475). Für die Rheinprovinz, Westphalen und Brandenburg die Kab.-Ordre vom 16. Mai 1830 (Gesetzs. 1830 S. 82).

[2]) II. 11 §§ 195. 196: Gesetz v. 13. Mai 1833 (Gesetzs. 1833 S. 46).

klassen oder Körperschaften zu beziehen. Denn auch in dieser Hinsicht muß man davon ausgehen, daß jeder Staat nur das Verhältniß seiner Angehörigen vor Augen gehabt und festzustellen beabsichtigt hat.

9. Aus Geschäften, welche für ausländische Pflegebefohlene im Rechtsgebiete des Landrechts geschlossen worden, kann die Restitution, zufolge § 35 der Einleitung zum A. L.-R. nur in dem in unseren Gesetzen nachgelassenen Umfange[1]) in Anspruch genommen werden. Ob aber ausländische Pflegebefohlene aus Geschäften, welche sie in ihrer Heimath geschlossen haben, die Restitution nur in dem beschränkten Umfange des Landrechts verlangen, oder in dem durch die Gesetze ihrer Heimath bestimmten weiteren Umfange geltend machen können, ist bestritten. v. Savigny hat sich, in Uebereinstimmung mit anderen Rechtslehrern, mit Recht für die Unanwendbarkeit der Personalstatuten ausgesprochen, weil die Restitution, nach der Ausdehnung auf die Handlungen der Tutoren und Kuratoren, nicht mehr als eine Beschränkung der Handlungsfähigkeit aufgefaßt werden kann,[2]) und, wie hinzugefügt werden darf, überhaupt eine prozessualische Bedeutung im weiteren Sinne des Worts hat.

III. Die Form der Rechtsgeschäfte.

Für die Form der Rechtsgeschäfte hat ein allgemeines Gewohnheitsrecht längst die Regel ausgebildet: locus regit actum. Danach muß die Form, welche den Gesetzen des Orts der Errichtung des Rechtsgeschäfts entspricht, für genügend angesehen werden, wenngleich an dem Orte, dem das Rechtsgeschäft überhaupt angehört, eine andere Form vorgeschrieben ist. Diese Regel ist in der Prozeßordnung für alle Geschäfte, in dem

---

[1]) I. 9 §§ 430—432. 535—541. 593—595; I. 18 § 786 ff.; Allgem. Ger.-Ordn. I. 16 §§ 12 f.

[2]) v. Savigny l. c. S. 164.

Landrechte für Verträge anerkannt.[1]) Die Regel wird ferner in Bezug auf letztwillige Verordnungen in dem Gesetze vom 3. April 1823 über die Testamente der preußischen Gesandten ꝛc. vorausgesetzt, indem im § 1 bestimmt wird, daß die letztwilligen Verordnungen der preußischen Gesandten „auch ferner, wie bisher" in ihrer äußeren Form gültig sein sollen, wenn sie die Gesetze des Orts, wo sie errichtet werden, erfüllen.[2]) Die Regel wird endlich in den S. 69 erwähnten Staatsverträgen für alle Rechtsgeschäfte unter Lebendigen und von Todeswegen, und zwar nicht als ein besonderes gegenseitiges Zugeständniß, anerkannt. Hienach kann es keinem Zweifel unterliegen, daß auch bei uns die Regel gilt: Zur Gültigkeit eines Rechtsgeschäfts genügt die Form, welche den Gesetzen des Ortes entspricht, an dem das Geschäft vorgenommen ist. Dem Grundgedanken, von welchem in dieser Lehre auszugehen ist, entspricht die Regel anscheinend allerdings nicht, indem danach die Form nach den Gesetzen des Rechtsgebiets beurtheilt werden müßte, dem das Rechtsgeschäft überhaupt angehört. Hin und wieder ist daher auch behauptet worden, daß unsere Gerichtshöfe die Form der Rechtsgeschäfte — mit Ausnahme der Verträge, in Bezug auf welche die ausdrückliche Bestimmung des Landrechts nicht zu beseitigen ist — nach den Gesetzen des zuletzt gedachten Rechtsgebiets beurtheilen müßten.[3]) Die Regel: locus regit actum hat indessen ihren guten Grund. Denn erstens gehört die Form in gewissem

---

[1]) I. 5 §§ 111—115; Allgem. Ger.-Ordn. I. 10 § 115.

[2]) Gesetzs. 1823 S. 40.

[3]) So von Koch: Landrecht I. S. 48—50. Insbesondere nimmt derselbe an, daß die Form der Testamente nach den Personalstatuten, denen der Testator zur Zeit der Testamentserrichtung unterworfen war, beurtheilt werden müsse. Die Worte der Verordnung vom 3. April 1823 „ferner wie bisher" sollen sich nur auf die bisherigen Testamente der Gesandten, also auf eine Ausnahme von der Regel beziehen, obgleich für diese Testamente besondere Vorschriften niemals bestanden haben.

Betracht auch dem Orte an, an welchem das Geschäft errichtet wird. Zweitens würden manche Geschäfte außerhalb des Rechtsgebiets, welchem sie im Ganzen angehören, gar nicht zu Stande kommen können, wenn überall die Gesetze dieses Rechtsgebiets in Bezug auf die Form beobachtet werden müßten. Ein Preuße z. B. würde während seines Aufenthalts in Frankreich oder in einem anderen Staate, in welchem die im Landrecht für Testamente vorgeschriebene Form nicht beobachtet werden kann, gar nicht testiren können. Drittens endlich müssen die Erklärenden, wenn und soweit nicht besondere Gesetze entgegenstehen, für befugt erachtet werden, sich in Bezug auf die Form des Geschäfts den Gesetzen des Orts der Errichtung zu unterwerfen (S. 69). — Ein im Auslande vorgenommenes Geschäft, welches seinem Wesen nach dem Inlande angehört, wird jedoch in unseren Gerichten auch dann als formell gültig angesehen werden müssen, wenn die von den inländischen Gesetzen vorgeschriebene Form beobachtet ist. Die §§ 111—114 Tit. 5 Th. I. A. L.-R. schließen die Zulässigkeit des Gebrauchs dieser Form nicht aus. Man darf daher in der vorliegenden Beziehung auf den Grundgedanken der Lehre zurückgehen. Aus diesem Grundgedanken folgt aber die Zulässigkeit des Gebrauchs jener Form, und eben dahin führt der Grundsatz, daß Willenserklärungen im zweifelhaften Falle so zu deuten sind, daß sie nicht ohne Wirkung bleiben.[1]) Denn mit Grund darf man annehmen, daß bei einseitigen Erklärungen der Erklärende, bei Verträgen die Parteien ein gültiges Geschäft haben vornehmen wollen, und gerade deßhalb als Inländer oder weil das Geschäft bei uns wirksam werden soll, die in unseren Gesetzen vorgeschriebene Form gewählt haben. — Im Einzelnen ist noch folgendes zu bemerken:

1. Die Regel: locus regit actum gilt, wenn das Ober-

---

[1]) I. 4 § 74; cf. 85 der Allg. deutschen Wechselordnung.

tribunal, in Uebereinstimmung mit mehreren Lehrern des gemeinen Rechts, in einer jüngst ergangenen Entscheidung angenommen hat, auch für die Beurtheilung der Form einer Eheschließung. Wenn daher an dem Orte, wo die Ehe geschlossen worden, die priesterliche Trauung nicht erforderlich ist, so kann die Ehe wegen Mangels dieser Form, auch wenn die Parteien preußische Staatsangehörige sind und die Ehe hier angefochten wird, nicht für ungültig erklärt werden. Denn die Ehe wird, wenngleich sie in ihrem Wesen nicht durch die Uebereinkunft der Parteien bestimmt wird, ohne Zweifel durch einen Vertrag geschlossen. Die im § 111 Tit. 5 Th. I. aufgestellte Regel muß daher, da das landrechtliche Eherecht in dieser Beziehung keine abweichende Bestimmung enthält, auch auf die Form der Eingehung einer Ehe angewendet werden. Zwar haben einige neuere Rechtslehrer, und unter diesen v. Savigny, das Gegentheil für den Fall angenommen, daß das Landesgesetz die kirchliche Trauung fordert, indem ein solches Gesetz einen sittlich religiösen Grund, mithin einen zwingenden Charakter habe. Dieser Auffassung, die schon dem gemeinen Rechte fremd ist, kann indessen für das preußische Recht nicht beigestimmt werden. Die Gesetzstellen, welche die Vollziehung und den Anfang der Ehe von der priesterlichen Trauung, oder, wie es an anderen Stellen heißt, von der Trauung abhängig machen (II. 2 §§ 136. 138. 173), bestimmen theils nur die Regel, ohne jede Ausnahme ausdrücklich auszuschließen, theils sind sie dahin aufzufassen, daß nicht erst, wie andere deutsche Landesgesetze wollen, die Beschreitung des Ehebettes, sondern die Eheschließung den Anfang der gegenseitigen Rechte und Pflichten feststelle. Aus jenen Gesetzstellen läßt sich daher eine Ausnahme von der im § 111 Tit. 5 aufgestellten Regel nicht herleiten, und eben so wenig folgt eine solche aus dem § 170 Tit. 2 Th. II. A. L.-R., indem derselbe nur von den Vorschriften über Ehehindernisse, nicht von den Bestimmungen über die Form der Eheschließung zu verstehen ist.[1]) Jede Ehe, welche ein preußischer Staatsangehöriger in einem fremden Rechtsgebiete geschlossen hat, muß aber in unseren Gerichtshöfen auch dann als gültig geschlossen angesehen werden, wenn lediglich eine priesterliche Trauung stattgefunden hat, die in dem fremden Rechtsgebiete neben oder statt der Trauung vorgeschriebene Form dagegen nicht beobachtet ist. Denn alsdann ist jedenfalls der an dem eigentlichen Sitz der Ehe angeordneten Form genügt.

2. Von der Regel locus regit actum macht das Landrecht die, auch in den vorerwähnten Staatsverträgen (S. 69) anerkannte Ausnahme, daß bei Verträgen, welche das Eigenthum, den Besitz oder die Benutzung einer unbeweglichen Sache zum Gegenstand haben, die Form beobachtet werden muß, welche die an dem Orte der belegenen Sache geltenden Gesetze vorschreiben.[2])

3. Ferner soll nach § 148 Tit. 5 Th. I. A. L.-R. die gedachte Regel bei Verträgen, welche kraft des Gesetzes schriftlich abgefaßt werden müssen, nicht unbedingt, sondern nur dann zur Anwendung kommen, wenn außerhalb Landes über bewegliche körperliche Sachen der Vertrag geschlossen worden ist. Die mehrerwähnten Staatsverträge enthalten die Beschränkung auf körperliche Sachen nicht. Dieselbe beruht auch, wie in der Abhandlung: über die Nothwendigkeit schriftlicher Verträge nachgewiesen werden soll, auf einer irrigen Auffassung des vorliegenden Verhältnisses.

4. Die Regel, daß Testamente der Inländer gültig sind, wenn sie der am Orte der Errichtung vorgeschriebenen Form entsprechen, findet nach gemeinem Rechte nicht bloß dann Anwendung, wenn der Inländer im Auslande stirbt, sondern auch dann, wenn derselbe in das Inland zurückkehrt. Unsere Gesetzgebung hat das Gegentheil nicht festgestellt, der gemeinrechtliche Grundsatz ist

---

[1]) Präj. 2595; Entsch. Bd. 29 S. 380.
[2]) I. 5 § 115.

vielmehr in den mehrerwähnten Staatsverträgen anerkannt, indem darin ohne irgend eine Beschränkung bestimmt wird, daß alle Rechtsgeschäfte unter Lebendigen und von Todeswegen, in Ansehung ihrer formellen Gültigkeit, nach den Gesetzen des Orts der Errichtung zu beurtheilen sind. Dessenungeachtet erscheint die unbedingte Annahme des gemeinrechtlichen Grundsatzes bedenklich. Wenn z. B. ein Preuße in Frankreich, nach den dort geltenden Gesetzen, ein eigenhändig ge- und unterschriebenes oder notarielles Testament errichtet hat, und mit demselben in das Inland zurückkehrt, so kann bei dem möglicher Weise erst nach Jahren erfolgenden Tode des Erblassers die Frage aufgeworfen werden, ob auf eine solche im Nachlasse vorgefundene Schrift die testamentarische Erbfolge zu gründen sei. In einigen ähnlichen Fällen — hinsichtlich der privilegirten Testamente der Militärpersonen und Gesandten, bestimmt unsere Gesetzgebung, daß sie noch ein Jahr nach wiederhergestelltem Frieden und beziehungsweise nach der auf geschehene Rückberufung erfolgten Rückkehr des Gesandten bei Kräften bleiben sollen.[1]) In anderen Fällen sollen, zufolge unserer Gesetzgebung, die in einer nachgelassenen privilegirten Form errichteten Testamente schon früher ihre Kraft verlieren.[2]) Ferner verordnen die Patente, durch welche das Landrecht in die Landestheile, in denen eine Zeit lang französisches Recht gegolten hat, wieder oder neu eingeführt ist, daß die bisher gültig gewesenen eigenhändig ge- und unterschriebenen oder vor Notarien aufgenommenen Testamente nur noch ein Jahr nach der Einführung des Landrechts als rechtsbeständig angesehen werden sollen, es könne denn nachgewiesen werden, daß der Erblasser während des ganzen Zeitraums an Errichtung eines Testaments nach den Vorschriften des Landrechts verhindert gewesen.[3]) Alle diese Bestimmungen

---

[1]) I. 12 §§ 196. 201; Gesetzs. 1823 S. 41.

[2]) I. 12 § 207 und Anhang § 38.

[3]) Patente vom 9. Septbr. 1814 § 7 und 9. Novbr. 1816 § 9.

sprechen, in Bezug auf die nach französischen Gesetzen oder in ähnlichen Formen im Auslande errichteten Testamente, für die Verneinung der aufgeworfenen Frage. Dagegen läßt sich freilich einwenden, daß die Ausdehnung der gedachten Bestimmungen auf den vorliegenden Fall, in Ermangelung eines diese Ausdehnung gestattenden Gesetzes, nicht zu rechtfertigen sei. Aber auch abgesehen von jenen Bestimmungen ist aus der Thatsache, daß eine im Auslande, und allem Vermuthen nach unter dringenden Umständen, errichtete Schrift der vorbezeichneten Art unter den Papieren des Erblassers gefunden wird, auf die Fortdauer des Willens kein sicherer Schluß zu machen. Dieser Schluß würde nur gerechtfertigt sein, wenn der Erblasser nach der Rückkehr in die Heimath eine den Inhalt der Schrift bestätigende Erklärung abgegeben hätte. Eine solche Erklärung müßte aber, eben weil sie im Inlande erfolgt, in der durch die inländischen Gesetze für letztwillige Verfügungen vorgeschriebenen Form geäußert werden, und würde dann selbst die Kraft eines Testamentes haben. Es erscheint daher mindestens rathsam, daß der, welcher auswärts ein Testament der vorbezeichneten Art errichtet hat, nach der Rückkehr in die Heimath ein neues Testament errichtet, um dadurch allen Streitigkeiten vorzubeugen.

5. Für das Wechselrecht enthält die allgemeine deutsche Wechselordnung im Art. 85 eine den entwickelten Grundsätzen im Wesentlichen entsprechende Bestimmung. Danach sind die Erfordernisse eines im Auslande ausgestellten Wechsels, so wie jeder anderen im Auslande ausgestellten Wechsel-Erklärung, nach den Gesetzen des Orts zu beurtheilen, an welchem die Erklärung erfolgt ist. Entsprechen jedoch die im Auslande geschehenen Wechsel-Erklärungen den Anforderungen des inländischen Gesetzes, so kann daraus, daß sie nach den ausländischen Gesetzen mangelhaft sind, kein Einwand gegen die Rechtsbeständigkeit der später im Inlande auf den Wechsel gesetzten Erklärungen entnommen werden. Wechsel-

Erklärungen, wodurch ein Inländer sich einem andern Inländer im Auslande verpflichtet, haben Wechselkraft, wenn sie auch nur den Anforderungen der inländischen Gesetzgebung entsprechen. Ueber die Form der mit einem Wechsel an einem ausländischen Platze zur Ausübung oder Erhaltung des Wechselrechts vorzunehmenden Handlungen entscheidet nach Art. 86 der Wechselordnung lediglich das dort geltende Recht. Das Obertribunal hat, in weiterer Anwendung des hier anerkannten Grundsatzes: locus regit actum, angenommen, daß nicht bloß die äußere Form, sondern überhaupt die Nothwendigkeit aller zur Erhaltung des Wechselrechts im Auslande vorzunehmenden Schritte nach den Gesetzen des Auslandes zu beurtheilen sei. Nach Holländischen Wechselgesetzen ist z. B., im Fall der Nichtzahlung eines Wechsels Seitens des Bezogenen, nur diejenige Nothadresse schlechterdings zu beachten, und nur gegen diejenige Nothadresse bei Vermeidung eines Präjudizes Protest aufzunehmen, welche von dem Zieher herrührt, nicht aber gegen eine von einem Indossanten herrührende Nothadresse. Wenn daher ein in Amsterdam zur Annahme und Zahlung zu präsentirender Wechsel daselbst gegen den Bezogenen, Mangels Zahlung, rechtzeitig und in gehöriger Form protestirt worden, der Protest gegen eine in Amsterdam befindliche von einem Indossanten herrührende Nothadresse dagegen unterblieben ist, so wird dadurch der Wechselinhaber, wie das Obertribunal angenommen hat, des Wechselrechts gegen seine Vormänner nicht verlustig, weil nach Holländischen Gesetzen der Protest gegen eine solche Nothadresse zur Erhaltung des Wechselrechts nicht erforderlich ist [1]). Uebrigens muß ein im Auslande aufgenommener Protest, welcher den Forderungen der deutschen Wechselordnung entspricht, so lange für rechtsgültig erachtet werden, bis der andere Theil die Abweichung

[1]) Ungedr. Entscheid. vom 9. Juni 1853.

von der auswärts als nothwendig vorgeschriebenen Form nachweist [1]).

6. Ist die Form wesentlich durch die persönlichen Eigenschaften und Befugnisse der Person bedingt, so müssen auch im Auslande Seitens der Inländer die inländischen Gesetze beobachtet werden, widrigenfalls bei inländischen Gerichten ein Anspruch aus dem Geschäfte nicht hergeleitet werden kann. Hienach muß z. B. bei der von einer Inländerin auswärts übernommenen Bürgschaft die Form beobachtet werden, welche die inländischen Gesetze vorschreiben. Eben so müssen Inländer, welche das achtzehnte Jahr noch nicht zurückgelegt haben, ihre letztwilligen Verordnungen auch außerhalb Landes in der den inländischen Gesetzen (I. Tit. 12 § 17 A. L.-R.) entsprechenden Form errichten. In Bezug auf Ausländer kommt der § 35 der Einleitung zum Landrecht auch hier zur Anwendung.

Nach den vorstehend entwickelten Grundsätzen kommt es bei Beurtheilung der Form eines Geschäfts wesentlich auf den Entstehungsort an. Dieser kann bei Verträgen, welche mittelst eines Boten, durch Schriftwechsel, oder durch eine von verschiedenen Orten datirte Urkunde geschlossen worden, zweifelhaft sein. An und für sich bestimmt der Augenblick, in welchem die Annahme erklärt worden, den Zeitpunkt des geschlossenen Vertrages [2]). Daraus könnte gefolgert werden, daß die Form nach den Gesetzen des Orts, wo die Annahme erfolgt ist, zu beurtheilen sei. Das Landrecht bestimmt jedoch in richtiger Erwägung, daß möglicher Weise die Absicht der Parteien darauf nicht nothwendig gerichtet war: Die Form eines Vertrages solle, wenn derselbe zwischen Personen, die an verschiedenen Orten wohnen, durch Briefwechsel geschlossen worden, oder von verschiedenen Orten datirt ist, nach den Gesetzen derjenigen der mehreren, durch den Wohnsitz oder das Datum be-

[1]) Ungedr. Entscheid. vom 13. September 1854.

[2]) I. 5 §§ 80. 102.

zeichneten, Orte beurtheilt werden, nach welchen der Vertrag am besten bestehen kann [1]). Diese Vorschrift ist, bei ihrer allgemeinen Fassung, auch dann für maaßgebend zu erachten, wenn der eine Ort im Inlande, der andere im Auslande belegen ist.

IV. Das Sachenrecht.

Für das Sachenrecht nahmen die meisten Lehrer des gemeinen Rechts vor dem Erscheinen des Landrechts an, daß auf unbewegliche Sachen die Realstatuten, auf bewegliche Sachen die Personalstatuten Anwendung fänden, indem hinsichtlich der letzteren die Formel gebraucht wurde: mobilia ossibus inhaerent et personam comitantur. Von dieser Regel, die auch in den Brandenburgischen Gerichtshöfen Anwendung gefunden hat [2]), wurden von manchen Rechtslehrern für bewegliche Sachen, welche von ihrem Eigenthümer einen bleibenden Aufenthalt erhalten hatten, z. B. für Bibliotheken, das Inventar eines Landguts, Kunstsammlungen rc. Ausnahmen gemacht. Viele neuere Rechtslehrer, besonders v. Wächter und v. Savigny [3]) haben aber nachgewiesen, daß die ganze Unterscheidung zwischen beweglichen und unbeweglichen Sachen eine unrichtige, und das Recht des Gebiets, in welchem die Sache liegt oder sich befindet, in der Regel für beide Arten von Sachen maaßgebend sei. Das Landrecht schließt sich anscheinend der damaligen Praxis an, indem dasselbe in der Einleitung bestimmt:

§ 28. Das bewegliche Vermögen eines Menschen wird, ohne Unterschied seines gegenwärtigen Aufenthalts, nach den Gesetzen der ordentlichen Gerichtsbarkeit desselben beurtheilt.

---

[1]) I. 5. §§ 112—114.

[2]) Scheplitz consuet. march. Lib. I. p. 3. Tit. 8. § 6; Müller pract. march. resol. 13. No. 1. 2.

[3]) v. Wächter Civil-Archiv Bd. 24. S. 292. Bd. 25. S. 199. 383.; v. Savigny a. a. O. S. 169 ff.

§ 32. In Ansehung des unbeweglichen Vermögens gelten, ohne Rücksicht auf die Person des Eigenthümers, die Gesetze der Gerichtsbarkeit, unter welcher sich dasselbe befindet.

Diese Bestimmungen sind indessen so gefaßt, daß sie, wenn man nicht auf die damalige Praxis zurücksieht, eine verschiedene Deutung zulassen. Sie sprechen insbesondere nur von dem beweglichen und unbeweglichen Vermögen eines Menschen, und können daher streng genommen auf einzelne bewegliche oder unbewegliche Sachen, jedenfalls aber auf Sachen, welche noch nicht in das Vermögen eines Menschen gekommen oder aus demselben wieder herausgekommen sind, nicht bezogen werden. Mit der buchstäblichen Fassung läßt sich sogar die Annahme vereinigen, daß die Bestimmungen nur auf den Zustand des Vermögens an sich, d. h. auf die damit verbundenen Besitz-, Gebrauchs- und Verfügungs-Rechte, nicht auf die Wandlungen im Besitz und im Eigenthum, die Uebergänge aus einer Hand in die andere, anzuwenden sind. Hienach ist der Auslegung freier Raum gelassen. Die einzelnen Verhältnisse können nach ihrem inneren Wesen ins Auge gefaßt werden und dies führt zu der Regel: Für den Erwerb, Verlust, und die Verfolgung des Eigenthums und der dinglichen Rechte sind, in Ansehung beweglicher und unbeweglicher Sachen, die Gesetze des Rechtsgebiets, in welchem sich die Sachen befinden, maaßgebend.

1. Unbedenklich muß die Frage: ob eine Sache in den Verkehr kommen kann, oder zu den vom Verkehr ausgeschlossenen Sachen gehört, desgleichen ob und wie eine herrenlose Sache okkupirt werden darf, lediglich nach diesen Gesetzen beurtheilt werden. Dies ist auch niemals bezweifelt, und z. B. in Bezug auf die Befugniß Bernstein zu graben und sich anzueignen, in welcher Hinsicht in den Provinzen Preußen und Pommern ab-

weichende Provinzialgesetze bestehen, wiederholt stillschweigend anerkannt worden.

2. Die bezeichneten Gesetze (Realstatuten) müssen eben so unbedenklich darüber entscheiden: ob der Besitz einer beweglichen oder unbeweglichen Sache erworben werden kann und erworben worden ist. Denn der Erwerber kann die Sache nur dadurch an sich ziehen und seiner Herrschaft unterwerfen, daß er dieselbe mit seinem Willen durchdringt, und dies kann nur durch eine die Sache an Ort und Stelle erfassende Handlung geschehen. Die Wirksamkeit einer solchen Handlung muß aber nach den an diesem Orte geltenden Gesetzen beurtheilt werden, da eine Handlung, welche nach diesen Gesetzen wirkungslos ist, innerhalb ihres Rechtsgebietes, der Natur der Sache nach, keinen Erfolg haben kann.

3. Daraus folgt weiter, daß die Gesetze des Orts, wo die Sache liegt, auch über die, abgesehen von dem Vertrage, nothwendigen Bedingungen des Ueberganges des Eigenthums aus einer Hand in die andere entscheiden. Denn wenn das in einem Rechtsgebiete geltende Gesetz bestimmt, daß der Wechsel des Eigenthums an beweglichen und unbeweglichen Sachen nur mittelst Tradition, also mittelst Aufhebens des Besitzes von der einen und Ergreifung des Besitzes von der anderen Seite, erfolgen kann; so muß diese Handlung in folgerechter Anwendung des zu 2 aufgestellten Grundsatzes, bei allen in diesem Rechtsgebiete befindlichen Sachen, ohne Rücksicht auf den Ort der Errichtung des Vertrages, für nothwendig erachtet werden. Das Eigenthum an inländischen Sachen kann daher, auch wenn der die Erwerbung vermittelnde Vertrag auswärts geschlossen und nach den daselbst geltenden Gesetzen die Tradition zur Erwerbung des Eigenthums nicht erforderlich ist, zufolge der §§ 1. 4. Tit. 10. Thl. I. A. L.-R., nur durch Tradition übergehen.

4. Aus dem Satze zu 2 folgt ferner, daß die Zulässigkeit

und Dauer der Ersitzung im Allgemeinen nach den Gesetzen, wo die Sache sich befindet, zu beurtheilen ist. Denn die Grundlage der Ersitzung ist der Besitz, und es handelt sich hier um den Erwerb eines Rechts durch fortgesetzte Einwirkung auf die Sache, gewissermaaßen eine allmählige Okkupation von der einen Seite, und den Verlust dieses Rechts durch fortgesetzte Unterlassung jeder Einwirkung, gewissermaaßen eine allmählige Dereliktion, von der anderen Seite. Bei dieser Auffassung der Sachen können die Personalstatuten des einen Betheiligten schon deßhalb nicht zur Anwendung kommen, weil dieselben eine wesentliche Zurücksetzung und Verletzung des anderen Betheiligten nach sich ziehen, und ihn Gesetzen unterwerfen würden, nach denen er sich durchaus nicht zu richten hat. Bei beweglichen Sachen führt indessen der mögliche Wechsel des Orts, wo die Sache sich während des Laufs der Verjährung befindet, im wesentlichen zu denselben näheren Bestimmungen, zu welchen eine Veränderung der Gesetzgebung hinführt. In der Abhandlung über die zeitlichen Grenzen rc. ist bereits bemerkt worden, daß der Erwerb eines Rechts durch Verjährung erst mit deren Vollendung herbeigeführt wird, dann aber mit aller Wirkung, welche das Gesetz feststellt, unter dessen Herrschaft die Verjährung vollendet ist (S. 37). Das nach auswärtigen Gesetzen durch Ersitzung erworbene Eigenthum muß daher, wenn die Sache erst nach deren Vollendung in das Land gebracht wird, auch bei uns anerkannt werden, wenngleich unsere Gesetze andere Bedingungen als die ausländischen aufstellen, z. B. eine längere Frist erfordern, und wenngleich die Sache während des Laufs der Verjährung einem Inländer gehört hat. Anderer Seits greifen, zufolge der in jener Abhandlung enthaltenen Auseinandersetzung, unsere Gesetze in den noch schwebenden Zustand sofort ein, wenn die Sache vor vollendeter Ersitzung in das Land gebracht wird. Die Wirksamkeit der Handlungen, welche vor der Einbringung stattgefunden haben, ist alsdann lediglich nach den ausländischen

Gesetzen, die Wirksamkeit der späteren Handlungen lediglich nach den inländischen Gesetzen zu beurtheilen.

a. Hienach müssen die Erfordernisse des Anfangs der Ersitzung überhaupt, und der ordentlichen Ersitzung insbesondere, welche bei einer im Auslande befindlich gewesenen später in das Inland gebrachten Sache, im Auslande begonnen haben soll, ohne Rücksicht auf den Wohnsitz des bisherigen Eigenthümers, lediglich nach den ausländischen Gesetzen beurtheilt werden. Wenn die Verjährung z. B. auf Grund eines mündlichen Vertrages im Auslande begonnen hat, und nach den dort geltenden Gesetzen jeder mündliche Vertrag ein zur Erlangung des Eigenthums an sich geschickter Titel ist, so muß angenommen werden, daß die ordentliche Ersitzung im Auslande angefangen habe, und im Inlande fortgesetzt werden könne. Denn die mit dem Einbringen der Sache in das Inland eintretenden inländischen Gesetze können nur für die Zukunft in die noch laufende Verjährung eingreifen, auf ältere Thatsachen dagegen keine rückwirkende Kraft äußern, und ihnen daher die Wirkung, die sie nach den derzeit anwendbaren Gesetzen haben konnten, nicht entziehen, so wie umgekehrt solchen Thatsachen auf Grund der inländischen Gesetze eine durch die anwendbar gewesenen ausländischen Gesetze nicht begründete Kraft nicht beigelegt werden kann (S. 43 a. a. O.).

b. Die Fortsetzung einer im Auslande begonnenen Ersitzung wird, nach dem Einbringen der Sache in das Inland, gehemmt und der Erwerb auf diesem Wege ausgeschlossen, wenn unsere Gesetze die nach auswärtigen Gesetzen gestattete Verjährung für durchaus unzulässig erklären. Eben so ist nach dem gedachten Zeitpunkt die Unterbrechung der begonnenen Ersitzung lediglich nach unseren Gesetzen zu beurtheilen.

c. Wenn unsere Gesetzgebung die Ersitzung in Fällen gestattet, in welchen die auswärtigen Gesetze das Gegentheil bestimmen, so kann in solchen Fällen die Ersitzung bei Sachen, die in das Land gebracht werden, sofort beginnen, und zwar wiederum ohne Rücksicht auf den Wohnsitz des Eigenthümers. Wenn also z. B. für einen ausländischen Minderjährigen, gegen den nach den Gesetzen seiner Heimath keine Ersitzung anfangen kann, ein im Inlande belegenes Landgut erworben wird, so muß auf Sachen, welche von dem Auslande in das Landgut gebracht werden, die nach unseren Gesetzen gegen Minderjährige zulässige Verjährung (I. Tit. 9. §§ 593 ff. A. L.-R.) sofort für anwendbar erachtet werden, wenngleich der Minderjährige seinen auswärtigen Wohnsitz beibehält.

d. Eben so müssen die längeren und kürzeren Fristen unserer Gesetzgebung auf Sachen, welche während des Laufs der Ersitzung in das Land gebracht werden, sofort angewendet werden, die kürzeren Verjährungsfristen jedoch mit der S. 37 f. der Abhandlung über die zeitlichen Grenzen ꝛc. gedachten Maaßgabe.

5. Bei der Verfolgung des Eigenthums durch Klage müssen auf den Proceß selbst die Gesetze des Landes, in welchem derselbe geführt wird, angewendet werden; in unseren Gerichten mithin unsere Proceß-Vorschriften (S. 72). Unbedenklich muß ferner ein Inländer, welcher bei einem inländischen Gerichte auf Herausgabe einer Sache belangt wird, in der Regel für befugt erachtet werden, gegen den Kläger alle Rechte geltend zu machen, die ihm nach unseren Gesetzen wegen Erstattung des Kaufpreises, Genusses der Früchte und Entschädigung für Verbesserung zustehen. Denn in diesen mit dem redlichen Besitze verbundenen Rechten muß der Inländer geschützt werden, wenn nicht besondere Umstände eine unten zu berührende Ausnahme begründen. Ob aber ein hier klagender Ausländer Rechte, welche ihm nach den Gesetzen seiner Heimath nicht zustehen, auf Grund unserer Gesetze geltend machen, ob er insbesondere auf Herausgabe einer ihm gehörig gewesenen Sache gegen den dritten Besitzer klagen kann, wenn die Gesetze seiner Heimath die Vindikation ausschließen, ist

eine weniger zweifellose Frage. Nach dem Landrechte ist, um von einem Beispiele auszugehen, die Vindikation gegen jeden Besitzer, wenige Fälle ausgenommen, zulässig. Nach dem französischen Code ist dagegen die Vindikation beweglicher Sachen, wenige Fälle ausgenommen, ganz ausgeschlossen. Kann nun ein Franzose Sachen, die in den Besitz eines im Rechtsgebiet des Landrechts oder gemeinen Rechts lebenden Preußen gekommen sind, bei unseren Gerichten unbedingt vindiciren? v. Savigny bejaht diese Frage, weil die Verfolgung des Eigenthums durch Klage, mit allen dazu gehörenden näheren Bestimmungen, nach den Rechten des Orts, wo der Proceß geführt wird, zu beurtheilen sei [1]) Meines Erachtens ist die Frage nur dann zu bejahen, wenn die Sache in dem Rechtsgebiete des Landrechts oder einem anderen die Vindikation in demselben Umfange zulassenden Rechtsgebiete aus dem Besitze des Franzosen und in den Besitz eines Dritten gekommen ist. Die Frage ist dagegen zu verneinen, wenn der Verlust und Erwerb des Besitzes in Frankreich oder einem anderen die Vindikation nicht zulassenden Rechtsgebiete erfolgt ist. Denn in dem zuletzt gedachten Falle gewährt die zunächst anwendbare Gesetzgebung dem Franzosen gar kein Recht gegen den dritten Besitzer. Es ist daher nicht abzusehen, wie ein Recht, welches der Franzose als früherer Eigenthümer in Folge der Handlung selbst nicht erwerben konnte und nicht erworben hat, durch die zufällig mögliche Wahl des Klageorts sollte entstehen können, wie denn auch eine bloße Proceßvorschrift hier in der That nicht vorliegt. Was hienach hinsichtlich eines bei uns klagenden Franzosen anzunehmen ist, muß aus denselben Gründen auch dann angenommen werden, wenn der klagende frühere Eigenthümer in der Rheinprovinz oder in einem Rechtsgebiete lebt, in welchem der Grundsatz: Hand muß Hand wahren, gilt. Eben so muß, wenn die

---

[1]) a. a. O. S. 187. 188.

bewegliche Sache einer in dem Rechtsgebiete des Landrechts lebenden Person gehörte, der Erwerb dieser Sache Seitens des Dritten aber in dem Rechtsgebiete des Code oder des Grundsatzes: Hand muß Hand wahren, erfolgt ist, angenommen werden, daß der frühere Eigenthümer gegen den dritten Besitzer auf Herausgabe der Sache, auch bei einem im Rechtsgebiete des Landrechts befindlichen Gerichte, mit Erfolg nicht klagen kann. Denn der Verklagte hat in diesem Falle durch die Gesetze seiner Heimath ein wohlerworbenes Recht erlangt, welches ihm dadurch, daß die Klage an einem außerhalb dieses Rechtsgebiets befindlichen Gerichte angestellt wird, nicht entzogen werden kann. Auch die im Eingange dieser Nummer aufgestellte Regel, daß ein bei unseren Gerichten verklagter Inländer gegen den Kläger alle nach dem Landrechte mit dem Besitze verbundenen Rechte geltend machen kann, muß nach dem Vorbemerkten dann eine Ausnahme erleiden, wenn die Sache in einem Rechtsgebiete, in welchem das Landrecht überhaupt oder für den Verklagten nicht gilt, erworben worden ist und sich dort noch befindet. Denn in diesem Falle hat für den Inländer durch den Erwerb nur das Recht entstehen können, welches die an dem Orte geltenden Gesetze damit verbinden, und weitere Rechte könnte er nur durch die Verbindung mit seinem im Inlande befindlichen Vermögen erlangen.

6. Die Kraft und Wirkung dinglicher Rechte soll nach den S. 69 erwähnten Staatsverträgen, bei dem in dem einen oder anderen Staate eröffneten Konkurse, nach den Gesetzen des Orts, wo die Sache belegen ist, beurtheilt werden, ohne daß zwischen beweglichen und unbeweglichen Sachen in dieser Hinsicht ein Unterschied gemacht ist. In Ansehung der dinglichen Rechte an unbeweglichen Sachen kann dies auch keinem Bedenken unterliegen. In Ansehung der dinglichen Rechte an beweglichen Sachen, insbesondere also des Pfandrechts an solchen Sachen, kann dagegen die Frage aufgeworfen werden, ob in den Staatsverträgen ein als richtig

anerkannter allgemeiner Grundsatz hat ausgesprochen werden sollen, oder ob dieselben nur als das Ergebniß einer gegenseitigen Ausgleichung in Bezug auf die Ordnung im Konkurse anzusehen sind. Die Uebereinstimmung sämmtlicher Staatsverträge spricht für die erste Annahme, wie denn auch schon die allgemeine Gerichtsordnung denselben Grundsatz in gewissem Umfange anerkennt [1]). Aber auch abgesehen von den Staatsverträgen gelangt man bei näherer Betrachtung des Verhältnisses zu demselben Grundsatze. Nach gemeinem Rechte, um wieder von einem Beispiele auszugehen, entsteht das Pfandrecht an beweglichen und unbeweglichen Sachen durch bloßen ausdrücklichen oder stillschweigenden Vertrag, und kann, auf Grund eines solchen Vertrages nicht bloß einzelne Sachen, sondern alle gegenwärtig und künftig zu einem Vermögen gehörenden Sachen umfassen. Nach dem Landrechte begründet dagegen der Vertrag nur einen Titel zum Pfandrechte, dieses selbst entsteht bei beweglichen Sachen, auf die es hier allein ankommt, erst durch die Uebergabe, und hört mit der freiwilligen Aufgebung des Besitzes wieder auf. Wird nun angenommen, daß die Entstehung des Pfandrechts überhaupt oder, wie manche Rechtslehrer wollen, des Pfandrechts am ganzen Vermögen [2]), nach den Personalstatuten zu beurtheilen sei, so gelangt man zu dem Satze, daß die unter der Herrschaft des gemeinen Rechts lebenden Ausländer durch einen im In- oder Auslande geschlossenen Pfandvertrag an den beweglichen Sachen, welche sie bei uns besitzen oder künftig erwerben, ohne Uebergabe ein Pfandrecht bestellen können, während den Inländern diese Befugniß entzogen ist. Zu einem ähnlichen Ergebniß führt die Annahme anderer Rechtslehrer, daß die Entstehung des Pfandrechts nach den Ge-

---

[1]) Allgem. Gerichts-Ordnung I. 50. § 162.

[2]) Meißner, vom stillschweigenden Pfandrecht, § 24. Die irrige Voraussetzung, worauf die Meinung von Meißner beruht, hat v. Savigny a. a. O. S. 192 nachgewiesen.

setzen des Orts, wo die Handlung vorgenommen wird, zu beurtheilen sei [1]). Denn aus dieser Annahme folgt, daß jeder In- und Ausländer an einem Orte, wo gemeines Recht gilt, durch bloßes Pfandrecht an den beweglichen Sachen, welche er bei uns besitzt und künftig erwirbt, ein wirksames Pfandrecht bestellen kann. Diese Wirkungen eines bloßen Pfandvertrages würden nun aber, in Bezug auf hier befindliche Sachen, mit unserer Gesetzgebung in dem schroffsten Widerspruch stehen. Eine wesentliche Grundlage unseres Landrechts würde dadurch innerhalb seines eigenen Rechtsgebietes erschüttert, und dritten Personen, die eine bewegliche Sache erwerben wollen, die Rechtssicherheit entzogen werden, welche das Landrecht ihnen gewährt. Die Wirkungen würden überdies nicht zur Gleichberechtigung und Gegenseitigkeit, sondern zu einer Zurücksetzung der Inländer führen, indem dieselben weit weniger frei und umfassend über inländische bewegliche Sachen verfügen könnten als die Ausländer. Aus dem allen läßt sich schon entnehmen, daß die Meinung, welche zu solchen Ergebnissen führt, nicht die richtige sein kann. Ihre Unrichtigkeit ergiebt sich auch bei einer näheren Betrachtung des Verhältnisses. Die Bestellung eines Pfandrechts trifft nicht bloß die unmittelbar betheiligten, sondern auch dritte Personen. In Bezug auf die unmittelbar betheiligten Personen kann und muß der auswärtigen Gesetzgebung ein bestimmender Einfluß zugestanden werden, dergestalt daß z. B. ein unter der Herrschaft des gemeinen Rechts geschlossener Pfandvertrag zwischen den Kontrahenten ein wirksames Pfandrecht begründet, wie denn auch das Landrecht dem bloßen Pfandvertrage in Bezug auf den Pfandbesteller in gewissem Umfange volle Wirkung beilegt [2]). In Bezug auf dritte Personen, oder die eigentlich dingliche Eigenschaft des Pfandrechts, muß dagegen jede Einwirkung einer ausländischen Gesetzgebung

[1]) Schweppe, Röm. Privatrecht.

[2]) I. 20. § 107 ff.

verneint werden. Dritte Personen sind bei Verhältnissen, welche mit dem Besitze zusammenhängen, wie aus dem S. 88 ff. bemerkten folgt, nur verpflichtet, die Gesetze des Rechtsgebiets, in welchem die Sachen sich befinden, zu berücksichtigen, und danach zu beurtheilen, ob die Sachen dem Verkehr und der freien Verfügung des Eigenthümers entzogen sind oder nicht. Machen daher diese Gesetze (die Realstatuten) die Entstehung des dinglichen Pfandrechts von der Einräumung des Besitzes abhängig, so sind dritte Personen befugt, alle Sachen, bei denen die wesentliche Bedingung der Besitzeinräumung fehlt, als vollkommen frei von jedem Pfandverhältnisse anzusehen. In Folge dessen müssen sie für befugt erachtet werden, demjenigen, welcher ein gegen den Pfandbesteller wirksames Pfandrecht, auf Grund einer fremden Gesetzgebung durch bloßen Vertrag erworben hat, den Einwand entgegen zu setzen, daß der ihnen gegenüber erforderliche Besitz nicht vorhanden, und demzufolge die Verfolgung des Pfandrechts durchaus unzulässig sei. Daraus aber folgt, daß ein Pfandrecht, welches an einer in dem Rechtsgebiet des gemeinen Rechts befindlichen Sache lediglich durch Vertrag bestellt worden, dritten Personen gegenüber seine Kraft verliert, wenn die Sache in das Rechtsgebiet des Landrechts gebracht wird. Denn dem wohlerworbenen Rechte des Pfandnehmers steht das durch Gesetz begründete Recht der dritten Personen dergestalt entgegen, daß er sein Recht, welches an und für sich durch die Veränderung der Gesetzgebung nicht berührt wird, gegen diese Personen nicht geltend machen kann [1]).

7. Eine bloß vorübergehende Entfernung beweglicher Sachen von dem einen an den anderen Ort, kann auf die Frage, welches Gesetz auf die verschiedenen Verhältnisse hinsichtlich solcher Sachen anzuwenden ist, in der Regel keinen bestimmenden Einfluß haben, und in sofern ist der Wohnsitz des Eigenthümers auch in der

[1]) v. Savigny a. a. O. S. 196 ff.

vorliegenden Beziehung nicht ohne Bedeutung. Ob aber die Entfernung als eine vorübergehende anzusehen, und ob von der Regel aus inneren Gründen des Rechtsgeschäfts, z. B. weil die in dem betreffenden Rechtsgebiet geltenden Gesetze dem dritten Erwerber gegen den Eigenthümer Schutz gewähren, eine Ausnahme zu machen sei, ist Sache der richterlichen Beurtheilung.

Ist alles Vorbemerkte richtig, so wird der Umfang der Anwendbarkeit des § 28 der Einleitung, und der damit in Verbindung stehenden §§ 29—31, welche für die Fälle eines doppelten Wohnsitzes und des Mangels eines Wohnsitzes im gesetzlichen Sinne Bestimmungen treffen, äußerst beschränkt. Sie muß hinsichtlich einzelner Sachen wesentlich auf die Befugnisse, welche den Besitz, das Nutzungs- und Verfügungsrecht betreffen, mithin auf die Einwirkungen des Eigenthümers auf die Sache, beschränkt werden. Dieser Beschränkung stehen aber auch, wie schon bemerkt, die Worte des Gesetzes nicht entgegen.

V. Das Forderungs- (Obligationen) Recht.

Sehr bestritten ist die Frage, nach welchen Gesetzen der Inhalt und die Wirkungen der Obligationen, insbesondere der Verträge, zu beurtheilen sind. Das Landrecht schweigt darüber gänzlich. Die Gerichtsordnung und die S. 69 erwähnten bis zum Jahre 1839 geschlossenen Staatsverträge enthalten nur Bestimmungen über den Gerichtsstand, aus denen für die vorliegende Frage kein Schluß gezogen werden kann.[1]) Erst in dem Art. 21

[1]) Die Gerichtsordnung bezeichnet I. 2 § 148. 149 als Gerichtsstand des Vertrages den Ort, wo die übernommene Verbindlichkeit nach der Bestimmung des Vertrages erfüllt werden soll, in Ermangelung einer solchen Bestimmung den Ort, wo der Vertrag seine verbindliche Kraft erhalten hat. In den Staatsverträgen wird auf die ausdrückliche Bestimmung des Erfüllungsorts kein Gewicht gelegt, vielmehr angeordnet, daß der Gerichtsstand des Vertrages der Gerichtsbezirk sei, in welchem der Vertrag geschlossen worden oder in Erfüllung gehen soll.

des mit dem Königreich Sachsen geschlossenen Staatsvertrages, so wie in den späteren Staatsverträgen, findet sich unter der Abtheilung: „Allgemeines Konkursgericht" die nachstehende Bestimmung: „Hinsichtlich der Gültigkeit persönlicher Ansprüche entscheiden, wenn es auf die Rechtsfähigkeit eines der Betheiligten ankommt, die Gesetze des Staats, dem er angehört; wenn es auf die Form eines Rechtsgeschäfts ankommt, die Gesetze des Staats, wo das Geschäft vorgenommen worden; bei allen anderen als den vorangeführten Fällen die Gesetze des Staats, wo die Forderung entstanden ist." [1]) Bei dieser Bestimmung ist ohne Zweifel die herrschende Ansicht maaßgebend gewesen. Die meisten Rechtslehrer nehmen nämlich an, daß der Ort, an welchem die obligatorische Handlung entstanden ist — ubi quis contraxerit — der eigentliche Sitz der Obligation sei, und daß daher das an diesem Orte geltende Recht auf Inhalt und Wirkungen der Obligation angewendet werden müsse. Abgesehen von verschiedenen für einzelne besondere Rechtsverhältnisse anerkannten Ausnahmen, werden indessen von allen oder mehreren Rechtslehrern, welche die vorgedachte Regel aufstellen, drei allgemeine Ausnahmen gemacht. Erstens nämlich sollen, wenn Seitens der Kontrahenten die Erfüllung an einem gewissen Orte ausdrücklich bestimmt worden, die Gesetze dieses Orts zur Anwendung kommen. Zweitens sollen die Gesetze des Orts, wo geklagt wird, maaßgebend sein, wenn und so weit dieselben gebietend oder verbietend den Ansprüchen aus dem Vertrage entgegenstehen. Drittens sollen, wenn und so weit aus den Umständen erhellt, daß die Parteien sich den Gesetzen eines anderen als des Entstehungsorts, insbesondere also den Gesetzen des stillschweigend angenommenen Erfüllungsorts, haben unterwerfen wollen, die Gesetze dieses Orts entscheidend sein. [2]) In neuester Zeit hat besonders v. Wächter die Meinung verthei-

[1]) Gesetzs. 1839. S. 358.

[2]) Holzschuher Theorie rc. Bd. I S. 62 ff.

digt, daß in der Regel die Gesetze des Entstehungsorts der Obligationen das auf ihren Inhalt und ihre Wirkungen anwendbare Recht seien.[1]) v. Savigny ist dagegen dieser Meinung entgegen getreten.[2])

v. Savigny geht davon aus, daß der Sitz der Obligation, und als Folge desselben der Gerichtsstand der Obligation, so wie das darauf anwendbare örtliche Recht, gleichmäßig durch freiwillige Uebereinkunft oder Unterwerfung der Parteien bestimmt würden. Diese Unterwerfung liege in den meisten Fällen nicht in einer ausdrücklichen, sondern in einer stillschweigenden Willenserklärung, und werde daher stets durch eine entgegengesetzte ausdrückliche Erklärung ausgeschlossen. Hienach sei in jedem Falle zu erforschen, auf welchen Ort die Erwartung der Parteien gerichtet gewesen, welchen Ort sie sich als den Sitz der Obligation gedacht haben. An diesem Orte sei der Gerichtsstand der Obligation, vermöge freier Unterwerfung, anzunehmen, und das Recht dieses Orts als das auf die Obligation anwendbare Recht zu erachten. Da aber die Obligation an sich, als Rechtsverhältniß ein unkörperliches, nicht räumliches Dasein habe, so müsse in dem natürlichen Entwicklungsgange derselben die sichtbare Erscheinung aufgesucht werden, an welche die Unterwerfung der Parteien der Natur der Sache angeschlossen worden sei. In jeder Obligation träten nur vorherrschend zwei sichtbare Erscheinungen hervor, der Entstehungsgrund und die Erfüllung. Der Entstehungsgrund sei an sich zufällig, vorübergehend, dem Wesen der Obligation und ihrer ferneren Entwickelung und Wirksamkeit fremd. Es lasse sich daher nicht annehmen, daß daran eine bestimmte Erwartung der Parteien geknüpft worden. Die Erfüllung falle dagegen mit dem eigensten Wesen der Obligation zusammen, sie sei die zur That gewordene Obligation. Auf die Erfüllung sei auch die ganze

[1]) Archiv für civ. Praxis Bd. 25 S. 41 ff.

[2]) a. a. O. S. 200 ff. und besonders 246 ff.

Erwartung gerichtet, und es liege daher im Wesen der Obligation, daß der Ort der Erfüllung als Sitz derselben gedacht, und damit der Gerichtsstand so wie das anwendbare örtliche Recht bestimmt werde.

Hiernach nimmt v. Savigny an, daß das örtliche Recht der Obligation begründet werde:

a. Wenn die Obligation einen fest bestimmten Erfüllungsort hat, durch diesen Erfüllungsort, ohne Unterschied, ob derselbe ausdrücklich oder durch die Natur der Sache dergestalt bestimmt worden, daß ein anderer Ort der Erfüllung gar nicht gedacht werden kann, was z. B. bei dem Verkauf einer unbeweglichen Sache hinsichtlich des Orts, wo die Sache liegt, der Fall ist.

b. Wenn die Obligation hervorgegangen ist aus einer fortlaufenden Geschäftsführung des Schuldners, durch den Ort, an welchem diese Geschäftsführung ihren bleibenden Sitz hat, indem die Erwartung der Erfüllung ohne Zweifel auf diesen Ort gerichtet war.

c. Wenn die Obligation aus einer einzelnen Handlung des Schuldners an dessen Wohnsitz entstanden ist, durch den Ort der Handlung, also den damaligen Wohnsitz des Handelnden, so daß eine spätere Veränderung desselben hierin nichts ändert.

d. Wenn die Obligation aus einer einzelnen Handlung des Schuldners außer dessen Wohnsitz, aber unter solchen Umständen entstanden ist, welche da, wo die Handlung vorgenommen worden, die Erfüllung erwarten lassen, durch den Ort dieser Handlung.

e. Wenn keine dieser Voraussetzungen vorhanden ist, durch den Wohnsitz des Schuldners, an den präsumtiv in Bezug auf die Erfüllung nur gedacht sein kann.

f. Das nach diesen Regeln an sich anwendbare örtliche Recht muß jedoch, wie v. Savigny hinzufügt, zurücktreten, wenn es mit einem am Orte des urtheilenden Richters geltenden zwingenden, streng positiven Gesetze in Widerspruch steht, indem in solchen

Fällen der freie Wille der Parteien überhaupt keinen Einfluß haben kann; ingleichen wenn die Vermuthung einer freiwilligen Unterwerfung durch eine ausdrückliche abweichende Erklärung ausgeschlossen wird.

g. Die von manchen Seiten aufgestellte Behauptung, daß von mehreren an sich denkbaren örtlichen Rechten jedesmal das angewendet werden müsse, nach welchem das Geschäft am besten aufrecht erhalten werden könne, verwirft v. Savigny dem Prinzip nach. Er ist jedoch der Meinung, daß der Satz dann wohl begründet erscheine, wenn ein nach dem an sich anwendbaren örtlichen Rechte ungültiger Vertrag nach dem Rechte des Wohnsitzes gültig sein würde, indem nicht zu vermuthen sei, daß sich die Parteien einem örtlichen Rechte haben unterwerfen wollen, welches mit ihrer Absicht in völligem Widerspruch steht.[1])

Bei allem Scharfsinn, mit welchem v. Savigny die von ihm aufgestellte, hier in wenige Worte zusammengedrängte Theorie entwickelt hat, erscheinen dennoch die daraus abgeleiteten Sätze nicht haltbar. Ohne Zweifel muß man mit v. Savigny davon ausgehen, daß, wie bei anderen Rechtsverhältnissen, so auch bei Obligationen das Rechtsgebiet entscheidend ist, welchem dieselben angehören oder wo sie, mit anderen Worten, ihren Sitz haben. Unbedenklich muß man ferner mit v. Savigny anerkennen, daß der Sitz der Obligation, welche aus einem Vertrage entsteht, hauptsächlich durch freiwillige Uebereinkunft oder Unterwerfung der Parteien bestimmt wird.[2]) Die daraus v. Savigny abgeleiteten Sätze erscheinen aber dennoch bedenklich. Einige Beispiele werden dies bestätigen. Hat z. B. ein Inländer sich in einem im Inlande geschlossenen Schenkungsvertrage verpflichtet, an einem im Auslande befindlichen ausdrücklich bestimmten Orte eine Summe zu

---

[1]) v. Savigny l. c. S. 200 ff. und besonders 246 ff.

[2]) Davon ist auch von einem in den Entscheid. Bd. 18. S. 146 ff. abgedruckten Erkenntnisse des Obertribunals ausgegangen.

zahlen, so wird man, obgleich der Erfüllungsort fest bestimmt ist, nicht annehmen können, daß der Versprechende die Gültigkeit und Widerruflichkeit der Schenkung, so wie die Wirkungen derselben, von anderen als den inländischen Gesetzen (den Gesetzen des Entstehungsortes) habe abhängig machen wollen. Die ausdrückliche Bestimmung des Erfüllungsortes kann in einem solchen Falle sehr verschiedene Gründe haben, und schon deßhalb kann daraus nicht gefolgert werden, daß der Versprechende, von dessen Willen hier alles abhängt, die Absicht gehabt habe, sich den ausländischen Gesetzen zu unterwerfen. Die Natur der Sache führt vielmehr dahin, daß der Versprechende die Gesetze des Inlandes, unter denen er lebt und den Vertrag geschlossen hat, vor Augen gehabt habe. Dasselbe wird, nach der vermuthlichen Absicht des Versprechenden, von dem preußischen Richter selbst dann anzunehmen sein, wenn der Schenkungsvertrag bei einem Aufenthalt im Auslande geschlossen ist, und zwar ohne Unterschied, ob die Erfüllung an dem Orte des geschlossenen Geschäfts oder an einem anderen Orte im Inlande oder Auslande geschehen soll. Eben so wird, wenn der Inländer A sich dem Inländer B im Inlande verpflichtet, an einem Orte des Auslandes einen Auftrag zu vollziehen, oder einen Bau auszuführen, oder eine andere Handlung vorzunehmen, die zwischen beiden Theilen entstandene Obligation selbst dann, wenn die Gegenleistung gleichfalls im Auslande erfolgen soll, nach den inländischen Gesetzen zu beurtheilen sein. Denn auch in diesen Fällen liegt nicht der entfernteste Grund zu der Annahme vor, daß der eine oder andere Theil bei Abschließung des Vertrages die Gesetze des Auslandes, in welchem die Erfüllung erfolgen soll, vor Augen gehabt habe. Nach der kaum zu verkennenden Absicht beider Theile ist vielmehr anzunehmen, daß sie bei Abschließung des Vertrages auf die inländischen Gesetze, also die Gesetze des Entstehungsorts, gesehen und dieselben zur Richtschnur genommen haben. Wenn ferner zwei inländische

Kaufleute im Inlande einen Kaufvertrag über Waaren geschlossen und darin festgesetzt haben, daß die Uebergabe der Waaren und die Zahlung des Kaufgeldes während der Leipziger Messe erfolgen soll, so wird daraus allein nicht geschlossen werden können, daß die Parteien die Beurtheilung des Vertrages den ausländischen Gesetzen haben unterwerfen wollen. Mit bei weitem mehr Wahrscheinlichkeit ist vielmehr anzunehmen, daß Leipzig lediglich deßhalb als Erfüllungsort gewählt worden, weil der Käufer dort die Waaren wieder absetzen will.

Diese Beispiele werden die Ueberzeugung gewähren, daß schon die erste von v. Savigny aufgestellte und anscheinend am wenigsten anfechtbare Regel bedenklich ist. Aehnliche Bedenken stellen sich den anderen Regeln entgegen, sofern dieselben darauf beruhen, daß der Ort, an welchem nach der aus den Umständen zu schließenden Absicht der Parteien die Erfüllung erwartet wird, auch der Ort sei, nach dessen Gesetzen die Obligation zu beurtheilen ist, so wie daß der Gerichtsstand der Obligation und das darauf anwendbare örtliche Recht nach denselben Grundsätzen bestimmt wird. Es lassen sich hier, wie aus den angeführten Beispielen erhellen dürfte, gar keine, alle Verhältnisse treffende, allgemeine Regeln aufstellen. In jedem besonderen Falle muß vielmehr auf die Natur des Rechtsverhältnisses, die obwaltenden Umstände, und die aus denselben sich ergebende Absicht der Parteien gesehen werden, um zu einem richtigen Urtheil zu gelangen. Bei der Ermittelung dieser Absicht ist nicht allein oder hauptsächlich auf die ausdrückliche oder stillschweigende Feststellung des Erfüllungsorts, die sehr verschiedene, mit der Obligation selbst in gar keinem Zusammenhange stehende Gründe haben kann, zu sehen. Das Augenmerk ist vielmehr wesentlich auf Erforschung des örtlichen Rechts zu richten, welches bei lästigen Verträgen beide Theile, bei wohlthätigen Verträgen die, welche eine Verpflichtung übernehmen, allen Umständen nach als Grundlage des zu begründenden Rechtsverhältnisses angesehen haben; mit anderen Worten auf Erforschung des örtlichen Rechts, nach welchem die Obligation unter den Parteien, zufolge ihrer aus den vorliegenden Erklärungen oder Umständen sich ergebenden Absicht, hat wirksam werden sollen. Diese Ermittelung wird in manchen Fällen auf den Erfüllungsort, in anderen Fällen auf den Wohnsitz, den die eine oder andere Partei bei Begründung des Rechtsverhältnisses hatte, in anderen und vielleicht den meisten Fällen auf den Entstehungsort führen. Als Regel läßt sich daher nur der Satz aufstellen:

> Das örtliche Recht, nach welchem die Gültigkeit und Wirkung einer Obligation zu beurtheilen ist, wird nicht durch den Gerichtsstand derselben, auch nicht durch den ausdrücklich oder stillschweigend festgestellten Erfüllungsort, sondern durch Beantwortung der Frage bestimmt: Von welchem Rechte sind die Parteien als Grundlage ihrer Vereinbarung allen Umständen nach ausgegangen, welches Recht haben dieselben als dasjenige, nach welchem das zu begründende Rechtsverhältniß unter ihnen wirksam werden soll, vor Augen gehabt?

Hieraus erklären sich die scheinbaren Abweichungen in den Entscheidungen des Obertribunals, welche sich auf die vorliegende Lehre beziehen. In dem Präjudiz 903 wird ganz allgemein die Regel aufgestellt, daß die durch einen Kontrakt begründeten Rechte und Pflichten nach den Gesetzen des Orts, wo der Kontrakt geschlossen ist, beurtheilt werden müssen, ohne Rücksicht darauf, ob die Kontrahenten an eben diesem Orte oder anderswo ihren persönlichen Gerichtsstand haben.[1]) In dem Präjudiz 1895 wird dagegen der Rechtssatz aufgestellt: „Wenn von zwei Inländern

---

[1]) Präj.-S. S. 9. Der Fall, welcher diesem Präjudiz zum Grunde liegt, wird an einer anderen Stelle angeführt werden.

ein Kontrakt, der im Inlande in Wirkung treten soll, im Auslande geschlossen ist, so tritt für die Frage: was Rechtens sei, wenn der Kontrakt unerfüllt geblieben, wofern in dem Kontrakte selbst darüber nichts bestimmt ist, die inländische Gesetzgebung in Wirkung." [1]) Es lag damals ein im Auslande von zwei Inländern geschlossenes Ehegelöbniß vor, in welchem ausdrücklich bestimmt war, daß die Ehe im Inlande bestehen und hier der feste Wohnsitz genommen werden solle. In einem solchen Falle müsse, wie in dem Urtel des Obertribunals ausgeführt wird, angenommen werden, daß nach der Absicht der Parteien die Gesetze des Inlandes bei Beurtheilung der rechtlichen Folgen des Rücktritts von dem Vertrage zur Anwendung kommen sollten. Das gemeine Recht stimme damit überein, und das Landrecht stelle, wenn es sich gleich im Allgemeinen darüber nicht ausspreche, doch einzelne damit übereinstimmende Grundsätze auf. [2]) In einem späteren Präjudiz 2170 wird ferner festgestellt, daß die Wirkungen eines über bewegliche Sachen von Inländern im Auslande geschlossenen und dort sofort erfüllten Vertrages nach den Gesetzen des Auslandes zu beurtheilen seien. Der Vertrag, um dessen Folgen es sich handelte, war der Kauf eines Pferdes, welcher zwischen zwei Inländern im Königreich Sachsen abgeschlossen, und durch Uebergabe des Pferdes gegen Zahlung des Kaufpreises sofort erfüllt worden war. Nach der Behauptung des Käufers hatte sich innerhalb vier Wochen nach der Uebergabe der Dummkoller bei dem Pferde hervorgethan. Der Käufer wurde daher auf Grund des § 14 des Anhangs zum Allgem. Landrecht gegen den Verkäufer auf Rückzahlung des Kaufpreises gegen Rücknahme des Pferdes und auf Erstattung der Kur- und Fütterungskosten klagbar, mit dieser Klage jedoch durch zwei gleichlautende Erkenntnisse abgewiesen, weil nicht die preußischen, sondern die sächsischen Gesetze

[1]) Präj.-S. S. 9.

[2]) Rechtsfälle Bd. 2 S. 105.

anzuwenden seien, die letzteren aber eine gleiche Vermuthung wegen des Dummkollers, wie der § 14 a. a. O., nicht enthielten. Auch die dagegen eingelegte Nichtigkeitsbeschwerde wurde von dem Obertribunal verworfen, und zugleich das vorgedachte Präjudiz aufgestellt. Denn über den Ort, welcher als Sitz eines Rechtsverhältnisses anzusehen sei, müsse bei Verträgen hauptsächlich die freiwillige Unterwerfung der Parteien entscheiden. Diese werde in Ansehung der Wirkung des Vertrages in der Regel da, wo der Vertrag seine Wirkung äußern solle, angenommen werden können. Von Inländern im Auslande geschlossene Verträge, welche erst im Inlande wirksam werden sollen, würden also unter gewöhnlichen Umständen zu der Annahme berechtigen, daß die Kontrahenten sich in Ansehung derjenigen Wirkungen, deren Bestimmung von ihrem freien Willen abgehangen habe, den inländischen Gesetzen haben unterwerfen wollen. Bei Verträgen über bewegliche Sachen, welche von beiden Theilen sofort erfüllt worden, und namentlich bei einem auf einem auswärtigen Viehmarkte geschlossenen von beiden Theilen sofort erfüllten Pferdehandel könne dies aber gewiß nicht angenommen werden. Hier sei die beabsichtigte Wirkung des Vertrages sofort eingetreten, und wenn nun nachher aus dem Vertrage aus irgend einem Grunde ein Prozeß vor dem inländischen Richter entstehe, so könne dieser Umstand das im Ausland einmal eingetretene materielle Recht nicht mehr ändern.[1]) In dem Präjudiz 2403 endlich wird festgestellt, daß das kontraktliche Verhältniß einer ausschließlich preußischen Eisenbahn, welche Güter übernommen, die einer auswärtigen Eisenbahn aufgegeben waren, und durch eine auswärtige Eisenbahn weiter in das Ausland transportirt werden sollen, sich dem Absender gegenüber, nach den preußischen Gesetzen richte. Denn der Abschluß des Frachtvertrages mit der preußischen Eisen-

[1]) Entscheid. Bd. 18 S. 146.

bahngesellschaft und die Erfüllung desselben falle, wenngleich die Waaren ursprünglich in dem Auslande auf die Eisenbahn gegeben, und nach dem Auslande bestimmt seien, unter einem Ort, wo preußisches Recht gelte, und dieser Frachtvertrag, so wie dessen Erfüllung bilde ein selbstständiges Verhältniß.[1])

Die Regel, daß eine Obligation nach den Gesetzen des Rechtsgebiets, welchem sie angehört oder wo sie ihren Sitz hat, zu beurtheilen ist, bezieht sich nicht bloß auf die Gültigkeit der Obligation im Allgemeinen, sondern auch auf deren Inhalt, ihre Wirkungen, und die mit dem Rechtsgeschäft gesetzlich verbundenen Anfechtungsgründe; z. B. wegen Verletzung über die Hälfte, und auf Grund der actio redhibitoria oder quanti minoris. Die Regel erleidet indessen folgende Ausnahmen.

1. Wenn das Eigenthum oder ein dingliches Recht an unbeweglichen Sachen Gegenstand des Vertrages ist, so müssen, wie alle Rechtslehrer annehmen, die Gesetze des Rechtsgebiets, in welchem die Sache belegen ist, auch auf die causa praecedens angewendet werden. Dieser Rechtssatz darf jedoch kaum als eine Ausnahme von der Regel angesehen werden, da das Geschäft nur in dem Rechtsgebiete der belegenen Sache wirksam werden kann, und die Parteien nicht wohl an andere als die Gesetze dieses Rechtsgebiets gedacht haben können. Für unsere Gesetzgebung würde der Rechtssatz auch aus dem § 32 der Einleitung zum A.L.-R. folgen, wenn diese Gesetzstelle von Realstatuten im weiteren Sinne, d. h. von Gesetzen zu verstehen wäre, welche an dem Orte der belegenen Sache überhaupt gelten. Das Präjudiz 663 hat indessen festgestellt, daß im § 32 unter den Gesetzen des fori rei sitae eigentliche Realstatuten, d. h. solche Gesetze zu verstehen sind, welche speziell auf Immobilien sich beziehende Vorschriften enthalten.[2]) In der ungedruckten Entscheidung vom 17. Mai 1839, aus welcher

[1]) Entscheid. Bd. 24 S. 21.

[2]) Präj.-S. S. 4.

das Präjudiz entnommen ist, wird dasselbe, unter Bezugnahme auf einige Lehrer des gemeinen Rechts, insbesondere auf eine Revisionsbemerkung von Suarez zum ungedruckten Entwurf gegründet, in welcher als statuta realia die Gesetze bezeichnet werden, quae rem principaliter afficiunt et circa rem aliquid disponunt. Derselbe Rechtssatz wird aus dieser Revisionsbemerkung in einer späteren Entscheidung vom 8. November 1844 gefolgert.[1] Der auf die gedachte Revisionsbemerkung gegründete Schluß erscheint indessen sehr bedenklich, wenn man auf die Quelle zurückgeht, aus welcher Suarez jene Worte ohne Zweifel entnommen hat. Voet braucht, in Uebereinstimmung mit andern Rechtslehrern, an der S. 67 angezogenen Stelle, gerade dieselben Worte, keinesweges aber in dem Sinne, welcher in den vorerwähnten Entscheidungen Suarez untergelegt ist, sondern, wie aus den bei Voet nachfolgenden Worten und dem Zusammenhange mit der Erklärung der statuta personalia und mixta erhellt, als Bezeichnung aller Gesetze, aus deren Inhalt die Absicht des Gesetzgebers zu entnehmen ist, nicht zunächst die Person und deren Eigenschaften, sondern zunächst das Sachenrecht, und nur per consequens die Person zu treffen. Es folgt dies besonders noch daraus, daß Voet auf die Erklärung des Ausdrucks statuta realia die Worte folgen läßt: Quo pertinent jura successionum ab intestato; quonam ordine ad bona quaeque ab intestato quisque in capita, vel stirpes, vel lineas, vel jure primogeniturae admittendus sit; qua ratione legitimi, aut illegitimi, agnati, cognati, vocentur. Auch stehen die Worte des § 32 der Einleitung zum A. L.-R. einer Einschränkung, wie sie jenes Präjudiz feststellt, nicht undeutlich entgegen. Denn es heißt darin nicht, daß auf das unbewegliche Vermögen die Gesetze Anwendung finden sollen, welche besonders in Ansehung desselben gegeben sind. Es wird vielmehr darin bestimmt, daß in

[1] Entscheid. Bd. 10 S. 146.

Ansehung des unbeweglichen Vermögens, also in Bezug auf dasselbe, die Gesetze der Gerichtsbarkeit gelten sollen, unter welcher dieses Vermögen sich befindet. Diese Gesetze sind aber dem einfachen Wortsinne nach alle Gesetze, welche überhaupt in dem Rechtsgebiete Rechtskraft haben, wenn sie auch nicht ausdrücklich für unbewegliche Sachen eine Bestimmung treffen. [1])

2. Einer nach ausländischen Gesetzen zu beurtheilenden Obligation müssen unsere Gerichte den Rechtsschutz versagen, wenn der Handlung, welche durch die Klage geltend gemacht wird, verbietende oder gebietende inländische Gesetze entgegen stehen (S. 69).

Demgemäß kann z. B. das, was zu einem nach unseren Gesetzen unerlaubten Zweck versprochen worden, bei uns nicht eingeklagt werden, wenngleich das Geschäft, aus welchem der Anspruch hergeleitet wird, nach ausländischen Gesetzen zu beurtheilen, und in denselben der Zweck als ein unerlaubter nicht bezeichnet ist. Eben so wenig können auswärts kontrahirte und nach den dort bestehenden Gesetzen klagbare Spielschulden bei uns eingeklagt werden, da das Landrecht die gerichtliche Klage wegen Spielschulden überhaupt verbietet. [2]) Desgleichen dürfen höhere Zinsen, als unsere Gesetze gestatten, von unseren Gerichten nicht zugesprochen werden, wenngleich die Zinsen in einem nach ausländischen Gesetzen zu beurtheilenden Vertrage versprochen sind. [3]) Dagegen müssen unsere Gerichte jeden nach unseren Gesetzen klagbaren Anspruch aus einem nach ausländischen Gesetzen zu beurtheilenden Geschäfte zulassen, wenn diese Gesetze nicht die Abschließung des Geschäfts selbst verbieten, sondern nur dem daraus hergeleiteten Anspruch in dem geltend gemachten Umfange, z. B. der Forderung von Zinsen ultra alterum tantum, die Rechtshülfe

---

[1]) Koch Landrecht I. S. 43 scheint daher das Präjudiz 663 nicht mit Unrecht zu tadeln.

[2]) I. 11. § 577.

[3]) Cf. die Abhandlung über die zeitlichen Grenzen ꝛc. S. 44.

versagen. Denn die Zinsenforderung selbst ist deßhalb, auch nach den ausländischen Gesetzen, noch keine unerlaubte.

3. Haben zwei Inländer im Auslande einen Vertrag geschlossen, welcher im Allgemeinen nach den ausländischen Gesetzen zu beurtheilen ist, so wird dennoch in unseren Gerichten angenommen werden müssen, daß die Parteien bei den inländischen Gesetzen haben stehen bleiben wollen, sofern nach diesen Gesetzen der nach ausländischen Gesetzen, z. B. wegen Verletzung über die Hälfte, anzufechtende Vertrag aufrecht erhalten werden kann. Denn man darf voraussetzen, daß die Parteien einen wirksamen Vertrag haben schließen, und mit gutem Grund die Vorschrift § 74 Tit. 4 Th. I. A. L.-R. analog auf den in Rede stehenden Fall anwenden wollen.

4. Die Auslegung der Willenserklärungen und Verträge muß, ohne Rücksicht auf den Ort des Abschlusses und des anwendbaren örtlichen Rechts, nach dem Sprachgebrauch der Erklärenden, und wenn damit nicht zum Ziele zu gelangen ist, nach den allgemeinen Auslegungsregeln erfolgen. Unsere Gerichte haben als solche die in unseren Gesetzen niedergelegten Auslegungsregeln anzusehen, und sonach auf alle Rechtsgeschäfte anzuwenden. Denn diese Regeln sind nach der Absicht des Gesetzgebers keine eigenthümliche Bestimmungen, sondern das Ergebniß allgemeiner Denkgesetze. [1])

VI. Unerlaubte Handlungen.

Das Landrecht enthält darüber keine Bestimmung, nach welchen Gesetzen die Entschädigungsverbindlichkeit aus einer die Person oder den Rechtskreis eines Andern verletzenden unerlaubten Handlung zu beurtheilen ist. In Uebereinstimmung mit den meisten Lehrern des gemeinen Rechts hat das Obertribunal angenommen, daß die Obligation aus unerlaubten Handlungen nach

---

[1]) v. Savigny l. c. S. 264 ff.

den Gesetzen des Orts, wo die Handlung vorgefallen, zu beurtheilen sei.[1]) v. Savigny ist dagegen der Meinung, daß die Gesetze des Orts, wo die Klage erhoben wird, maaßgebend seien, weil die auf Delikte bezüglichen Gesetze stets zu den zwingenden, streng positiven zu rechnen seien.[2]) Dieser Schluß erscheint nicht gerechtfertigt. Die zwingende Natur der Gesetze über Delikte hat die Folge, daß jede innerhalb des Rechtsgebiets solcher Gesetze vorgenommene Handlung, sie mag von einem Inländer oder Ausländer ausgegangen und gegen einen Inländer oder Ausländer gerichtet sein, nach diesen Gesetzen zu beurtheilen ist. Daraus folgt aber nicht, daß die civilrechtlichen Ansprüche aus einer im Auslande vorgenommenen Handlung unbedingt anzuerkennen oder zu verwerfen sind, je nachdem unsere Gesetze die Handlung als ein civilrechtliche Ansprüche begründendes Delikt bezeichnen oder nicht. Es läßt sich z. B. gar nicht absehen, wie ein Ausländer gegen einen andern nach Preußen übergesiedelten vormaligen Ausländer aus einer vorher im Auslande von dem letzteren vorgenommenen Handlung, auf Grund unserer Gesetze einen Civilanspruch sollte herleiten können, wenn ihm solcher nach den Gesetzen, denen beide damals unterworfen waren und die an dem Orte der That galten, nicht zustand. Denn ein Recht, welches aus der Handlung zu der Zeit, als sie vorgenommen wurde, nicht entstanden ist und nicht entstehen konnte, kann durch die Veränderung des Wohnsitzes und des dadurch begründeten Gerichtsstandes nicht erzeugt werden. Es braucht daher nicht einmal auf die Härte hingewiesen zu werden, welche darin liegen würde, wenn der, welcher eine nach den derzeit anwendbaren Gesetzen erlaubte Handlung vorgenommen hat, dafür in Folge einer Veränderung seines Wohnsitzes zur Verantwortung gezogen werden könnte. Anderer Seits, wenn der Civilanspruch aus einer im Auslande vorgenommenen Hand-

[1]) Präj. 1321 (Präj.-S. S. 19 und Entscheid. Bd. 9. S. 381).
[2]) v. Savigny l. c. S. 278.

lung, welche unsere Gesetze nicht als Delikt bezeichnen, durch die ausländischen Gesetze begründet war, würden unsere Gesetze, bei einer Seitens des Verpflichteten erfolgten Uebersiedelung, dem Kläger doch nur dann entgegen stehen, wenn sie nicht bloß gegen die Vornahme der bei uns als unerlaubt bezeichneten Handlungen gerichtet wären, sondern auch jeden Civilanspruch aus einer anderswo vorgenommenen darin nicht begriffenen Handlung ausschlössen. So weit geht aber die zwingende, streng positive Natur der Gesetze über Delikte in keinem Staate, und für unsere Gesetzgebung spricht noch die Analogie des § 19 der Einleitung dagegen. Auf Civilansprüche aus unerlaubten Handlungen findet hienach die Regel Anwendung:

> In Bezug auf das Civilrecht ist die Frage: ob eine Handlung für eine unerlaubte zu achten, und welche Folgen dieselbe nach sich zieht, nach den Gesetzen des Rechtsgebiets zu beurtheilen, in welchem die Handlung vorgenommen ist.

Von dieser Regel muß jedoch eine Ausnahme gemacht werden, wenn eine nach unseren Gesetzen als Delikt bezeichnete Handlung von einem Inländer gegen einen anderen Inländer im Auslande vorgenommen wird. Denn Inländer bleiben sich auch im Auslande zu dem durch die inländische Gesetzgebung gebotenen gegenseitigen Verhalten verpflichtet. Auf bloße Polizeigesetze darf jedoch diese Ausnahme nicht bezogen werden.

VII. Die erlöschende Verjährung.

Sehr bestritten ist die Frage: nach welchen Gesetzen die erlöschende Verjährung zu beurtheilen sei. Einige Rechtslehrer halten die Gesetze des Orts, wo der Anspruch geltend gemacht wird, Andere die Gesetze, welche auf die Obligation überhaupt Anwendung finden, Andere die Gesetze des Wohnsitzes des Verpflichteten für entscheidend. v. Savigny hat, in Uebereinstimmung mit vielen Anderen, die zweite Meinung vertheidigt.[1]) Diese Meinung hat auch der vormalige Rheinische Revisions- und Kassationshof als die ausschließlich richtige in einem Erkenntnisse bezeichnet. Die andere Meinung, daß die Gesetze des Orts, wo der Prozeß geführt wird, maaßgebend seien, müsse schon deßhalb verworfen werden, weil in vielen Fällen der Kläger die Wahl zwischen mehreren Gerichtsständen habe, und daher, im Widerspruch mit allen Rechtsgrundsätzen, die Anwendung des einen oder anderen Verjährungsgesetzes von seiner Willkühr abhängen würde.[2]) Das Obertribunal hat sich dagegen in mehreren Entscheidungen dahin ausgesprochen, daß das Eintreten der Verjährung als eine rechtliche Folge und Wirkung des Vertrages nicht anzusehen, und dieselbe bei einer im Inlande angestellten Klage lediglich nach den inländischen Gesetzen zu beurtheilen sei.[3]) Diesen allgemeinen Satz hat das Obertribunal in dem Präjudiz 1524 näher dahin bestimmt, daß die Verjährung einer persönlichen Schuld nach den im ordentlichen persönlichen Gerichtsstande des Verklagten geltenden Gesetzen beurtheilt werden müsse. Dies soll nach dem Präjudiz selbst dann stattfinden, wenn nicht bloß die Schuld unter der Herrschaft anderer Gesetze entstanden ist, sondern der Verklagte damals auch seinen Wohnsitz unter anderen Gesetzen hatte. Auch in diesem Falle soll die Verjährung, wenn sie bei der Verlegung des Wohnsitzes noch nicht abgelaufen, der Anspruch mithin noch nicht erloschen war, lediglich nach den Gesetzen des letzten Wohnsitzes beurtheilt werden. Dem Präjudiz sind jedoch die folgenden Maaßgaben beigefügt:

a. Bestimmen die Gesetze des neuen Domicils eine kürzere Verjährungsfrist, so kann der Verklagte auf diese kürzere Verjäh-

---

[1]) a. a. O. S. 274. Ueber das preußische Recht s. Graeff Ergänzungen I. S. 113 ff.

[2]) Arnsberg. Archiv Bd. 2. S. 73.

[3]) Präj. 1461 (Präj.-S. S. 40; Entsch. Bd. 10 S. 102).

rung nur in sofern sich stützen, als der volle kürzere Zeitraum derselben von der Begründung des neuen Domicils bis zur Anstellung der Klage abgelaufen ist.

b. Auch kann der Verklagte auf diese kürzere Verjährung nur dann sich gründen, wenn er nachzuweisen vermag, daß der Kläger von der Veränderung des Wohnsitzes des Verklagten so zeitig Kenntniß erhalten hat, daß er noch vor Ablauf der kürzeren Verjährungsfrist die Klage gegen den Schuldner in dem Gerichtsstande des neuen Domicils hätte anstellen können.[1])

In einer ferneren Entscheidung vom 14. Februar 1854 wird, unter wiederholter Anerkennung des allgemeinen Grundsatzes, den obgedachten Maaßgaben die hinzugefügt:

c. Wenn ein Inländer, nach Kontrahirung einer der kürzeren Verjährung des Gesetzes vom 31. Mai 1838 unterliegenden Schuld, seinen Wohnsitz in das Ausland, und demnächst wieder in das Inland verlegt, so ist bei Berechnung der kürzeren Verjährungsfrist die Zeit des auswärtigen Wohnsitzes nicht mitzuzählen.[2])

Endlich wird in einer Entscheidung vom 19. Juli 1854 der schon aus dem Präj. 1524 sich ergebende Rechtssatz anerkannt: daß der allgemeine Grundsatz wegen Anwendung unserer Gesetze auf die Verjährung nicht statt habe, wenn der Kläger vor der Seitens des Verklagten erfolgten Veränderung des Wohnsitzes nach den in dem früheren Wohnsitze desselben geltenden Gesetzen sein Klagerecht durch Verjährung bereits verloren hatte.[3])

Die Gründe, welche bei diesen Entscheidungen leitend gewesen

---

[1]) Präj.-S. S. 36 und Entscheid. Bd. 11 S. 232; cf. Rechtsfälle Bd. 4 S. 27.

[2]) Archiv für Rf. Bd. 12 S. 135 ff.

[3]) Entscheid. Bd. 28 S. 71. Die Ueberschrift ist nicht ganz richtig, indem darin auf die vor der Wohnsitzveränderung des Verklagten an dem Wohnsitz des Klägers geltenden Gesetze Gewicht gelegt ist, während doch nur die an dem Wohnsitz des Verklagten geltenden Gesetze in Betracht kommen können.

sind, lassen sich in folgende Sätze zusammenfassen: „Die Meinung, derzufolge das örtliche Recht, nach welchem die Obligation zu beurtheilen ist, auch das auf die Verjährung anzuwendende Gesetz bestimmen soll, wird wesentlich auf die Annahme gegründet, daß die Einrede der Verjährung, wie jede andere Einrede, einen Bestandtheil der Obligation selbst bilde oder doch mit dem Wesen derselben eng zusammenhänge, was insbesondere auch durch die verschiedene Abmessung der Verjährungsfristen für die verschiedenen Obligationen bestätigt werde. Gegen diese Annahme sprechen, in Bezug auf unsere Gesetzgebung, schon die Publikations-Patente und das Gesetz vom 31. März 1838 wegen Einführung kürzerer Verjährungsfristen. Denn die darin enthaltenen Vorschriften wegen Anwendbarkeit der neuen kürzeren Verjährungsfristen auf die schon bestehenden Obligationen würden dem Grundsatz, daß kein Gesetz rückwirkende Kraft haben soll, geradezu widersprechen, mithin unerklärbar und ungerecht sein, wenn der Gesetzgeber jene Annahme für richtig gehalten hätte. Aber auch die Natur der Verjährung steht jener Annahme entgegen. Die Verjährung ist, wenngleich sie die Aufhebung der Verbindlichkeit als Folge nach sich zieht, ihrem Grunde und Wesen nach kein Bestandtheil oder Anhang des Vertragsrechts. Sie läßt die rechtlichen Folgen, welche aus der Obligation herzuleiten sind, an und für sich unberührt, indem sie diese Folgen weder bestimmt, noch denselben als solchen gleich anderen auf die Gültigkeit oder die Wirkungen der Obligation bezüglichen Einreden entgegentritt. Ihr Einfluß auf die Obligation besteht vielmehr darin, daß sie nach gemeinem Recht eine Einrede begründet, wenn das Recht im Wege der Klage nicht mehr verfolgt werden könne, sowie daß nach dem Landrecht die Vermuthung entsteht, die ehemals bestandene Verbindlichkeit sei auf die eine oder andere Weise gehoben worden. Diese Einwirkung auf die Obligation ist die rechtliche Folge einer davon durchaus unabhängigen außerhalb derselben liegenden Thatsache, der Nachlässigkeit des Berechtigten, welcher im öffentlichen Interesse jene Wirkungen beigelegt sind. Eben deßwegen muß bei der vorliegenden Frage von dem örtlichen Rechte ganz abgesehen werden, und zwar nicht bloß bei den gewöhnlichen Verjährungsfristen, bei deren Abmessung das Wesen der einzelnen Obligationen gar nicht in Betracht gekommen ist, sondern auch bei den kürzeren Verjährungsfristen, bei denen die besonderen Eigenthümlichkeiten der betroffenen Obligationen allerdings mit ins Auge gefaßt sind, indem auch bei den letzteren die außerhalb der Obligation liegende Nachlässigkeit des Berechtigten der bestimmende Grund ist. Als der entscheidende Gesichtspunkt ergiebt sich nach dem Vorbemerkten die processualische Bedeutung der Verjährung. Es handelt sich immer darum, ob eine Klage innerhalb einer bestimmten Frist noch zuzulassen ist. Darüber bestimmen der Natur der Sache nach die Gesetze, welche für das zur Entscheidung kompetente Gericht maaßgebend sind. Die Kompetenz wird aber nach allgemeinen Grundsätzen durch den Wohnsitz begründet. Die Gesetze des Wohnsitzes des Verklagten müssen daher bei der vorliegenden Frage als die maaßgebenden angesehen werden. Jede Veränderung des Wohnsitzes des Verklagten muß hienach, wie jede Veränderung in der Gesetzgebung, auf die noch laufende Verjährung ihren Einfluß äußern. Zwischen beiden Arten der Veränderung waltet aber doch in einer Beziehung ein wesentlicher Unterschied ob. Neue Gesetze werden nämlich öffentlich bekannt gemacht, und dadurch wird jeder in den Stand gesetzt, dieselben nach Eintritt ihrer Rechtskraft sofort zu befolgen, weshalb denn auch neue Gesetze in die noch laufende Verjährung sofort eingreifen können. Die Veränderung des Wohnsitzes ist dagegen eine Thatsache, welche dem anderen Theile verborgen bleiben und daher nach § 516 Tit. 9 Th. I. A. L.-R. erst von dem Tage, an welchem der Andere von der Veränderung Kenntniß erhalten hat, ihre Wirkung äußern kann."[1])

[1]) Cf. Archiv für Rf. Bd. 10 S. 57. Die nähere Ausführung, welche

Von dem Endergebniß der Ausführung könnte behauptet werden, daß es mit dieser selbst nicht durchaus übereinstimme, indem die Ausführung dahin führe, daß nicht die Gesetze des Wohnsitzes des Verklagten, sondern die Gesetze des Klageorts, wenn dieser auch von dem Wohnsitze verschieden ist, für maaßgebend zu achten seien.[1]) Darauf läßt sich indessen entgegnen, daß zwar die processualische Bedeutung der Verjährung der leitende Grundgedanke ist, daraus aber nicht folgt, daß die Gesetze jedes zufälligen Klageorts anzuwenden sind, daß vielmehr, um eine feste Grundlage zu gewinnen, und jede Willkühr des Klägers auszuschließen, nur der ordentliche persönliche Gerichtsstand des Verklagten, der an sich zuständige Gerichtsstand also, als der bestimmende Ort angesehen werden muß. Nur dieser Ort darf daher von dem preußischen Richter ins Auge gefaßt werden, wie derselbe von dem Gesetzgeber, wenn der letztere eine Bestimmung getroffen hätte, würde ins Auge gefaßt worden sein.[2])

Koch hat die Ausführung des Obertribunals angefochten. Die Verjährung sei, meint Koch, allerdings eine rechtliche Folge und Wirkung des Vertrages. Den Parteien sei im § 565 Tit. 9 Th. I. gestattet, über die Verjährung beliebige Bestimmung zu

---

der Herausgeber vermißt, findet sich in Bd. 11 S. 203 der Entscheidungen. In dem Bd. 11 S. 232 der Entscheidungen (Präj. 1524) wird die ausschließliche Anwendung der Gesetze des Wohnsitzes des Verklagten daraus gefolgert, daß der Streit über die Verjährung einer persönlichen Schuld einen Gegenstand betreffe, der sich auf die persönlichen Eigenschaften und Befugnisse eines Menschen, so wie dessen bewegliches Vermögen beziehe, und daher zufolge der §§ 23. 28 der Einleitung zum A. L.-R. nach den Gesetzen des Wohnsitzes zu regeln sei. Dieser Grund stimmt indessen mit den Gründen anderer Entscheidungen nicht überein, und kann daher als der eigentlich leitend gewesene Grund nicht angesehen werden.

[1]) Dies ist auch angenommen in dem Bd. 4 S. 27 der Rechtsfälle abgedruckten Erkenntnisse.

[2]) Das Bedenken des vormaligen Revisions- und Kassationshofes S. 47 wird dadurch gehoben.

treffen. Geschehe dies in dem Vertrage, so entstehe dadurch ein Accidentale; geschehe es nicht, so bleibe es bei den Naturalien, d. h. bei derjenigen Verjährung, welche durch das Gesetz für das Geschäft auf den Fall, daß nichts besonderes verabredet worden, bestimmt sei. Dessenungeachtet könne der Hauptsatz, daß die inländischen Gesetze maaßgebend seien, nicht durchaus bestritten werden, jedoch lediglich zufolge eines Grundsatzes des öffentlichen Rechts. Denn die ausdrückliche oder stillschweigende Verabredung der Parteien über die Verjährung berühre die absolute Berechtigung der Staatsgewalt. Rechtlich bindend sei für jede Staatsobrigkeit nur die von ihr selbst für ihr Forum im Voraus bestimmte Zeit. Vermöge ihres Hoheitsrechts könne jede Staatsobrigkeit den in einem Nachbarlande bestimmten längeren Fristen jede Beachtung versagen. Sie müsse sich aber dann auch gefallen lassen, daß in dem Nachbarlande eben so verfahren werde. Daraus entstehe dann eine Art von Kriegszustand zwischen beiden Ländern. Auf diesem Fuße ständen aber die deutschen Bundesstaaten zu einander nicht, mithin sei in Bezug auf diese Staaten die Auffassung des Obertribunals nicht gerechtfertigt. [1])

Meines Erachtens ist dieser Angriff ein verfehlter. Zu den Naturalien eines Rechtsgeschäfts gehören alle Ansprüche und Gegenansprüche, welche, auf Grund einer ausdrücklichen Bestimmung der Gesetze oder der Natur des Geschäfts, als natürliche Folgen desselben sich darstellen, und ohne besondere Festsetzung der Parteien als darin begriffen erachtet werden, von den Parteien aber anders bestimmt werden können. Zu diesen Naturalien gehören die Verjährungsfristen nicht. Denn eines Theils treffen sie gar keine Bestimmung in Ansehung der aus den Rechtsgeschäften ohne Verabredung der Parteien entstehenden Ansprüche oder Gegenansprüche. Anderen Theils sind sie, als dem öffentlichen Recht

[1]) Koch Beurtheilung der Entscheidungen des Obertribunals S. 682 ff.

angehörend, nach gemeinem Rechte der Privatwillkühr gänzlich entzogen, [1]) **und können auch nach dem Landrecht nur durch eine gerichtliche Erklärung ausgeschlossen oder abgeändert werden.** [2]) Demzufolge kann auch von einer stillschweigenden Unterwerfung der Parteien unter die Gesetze eines bestimmten Staatsgebiets in der vorliegenden Beziehung nicht die Rede sein; abgesehen davon, daß die Parteien bei der Eingehung eines Rechtsgeschäfts in der Regel nur an die Erwerbung der dadurch zu begründenden Rechte, nicht an das mögliche Erlöschen dieser Rechte durch Nichtgebrauch denken. Mit Recht hat daher das Obertribunal angenommen, daß die Verjährung und die gesetzlichen Fristen derselben kein Bestandtheil oder Anhang des Vertragsrechts seien. Dies vorausgeschickt muß auch die weitere, aus dem Rechte der Staatsgewalt hergeleitete, Ausführung von Koch meines Erachtens als eine ungenügende und nicht zutreffende bezeichnet werden. Es ist schon bemerkt, daß jeder Staat, auch für sein Recht, ein unabhängiges und selbstständiges Ganze bildet, und an und für sich die Gesetze anderer Staaten nicht zu berücksichtigen hat (S. 69). Dies gilt ohne Zweifel auch in Ansehung der die Verjährung betreffenden Gesetze. Für diese wie für andere Gesetze gilt aber eben so gewiß die fernere Bemerkung, daß jeder Staat in seinem und seiner Angehörigen Interesse dahin trachten muß, durch Anerkennung und Befolgung gleichmäßiger, in der Natur und dem Wesen der verschiedenen Verhältnisse begründeter Grundsätze dem Kriegszustande in Bezug auf das Recht entgegen zu wirken (S. 69). So weit dies vom Gesetzgeber nicht geschehen ist, sind die Gerichte befugt und verpflichtet, die zu diesem Ziele führenden Grundsätze aufzusuchen und anzuwenden. Auch in Bezug auf die Verjährung darf man sich daher nicht mit der Redensart abfinden, daß jede Staatsobrigkeit den in einem Nachbarlande bestimmten Verjährungsfristen

[1]) Nach der richtigen Meinung; cf. v Savigny System Bd 5 S. 411

[2]) I. 9 §§ 565—567 669.

jede Beachtung versagen könne. Man muß vielmehr aus dem inneren Wesen der Verjährung die Grundsätze schöpfen, welche als die wahren und auf alle mit einander verkehrenden Staaten gleich anwendbaren erscheinen, und die eben deßwegen auch der Gesetzgeber, bei richtiger Würdigung der Verhältnisse, würde festgesetzt haben. Es kann sich daher nur fragen, ob die Auffassung des Obertribunals dieser Anforderung entspricht. Im allgemeinen muß diese Frage meines Erachtens bejaht werden, da in der That die processualische Bedeutung der Verjährung der wesentlich ins Auge zu fassende Punkt ist. Als Regel muß demnach der Grundsatz aufgestellt werden:

Die erlöschende Verjährung ist nach den Gesetzen zu beurtheilen, welche an dem Wohnsitze des Verpflichteten gelten.

Im Einzelnen drängen sich jedoch einige Bedenken auf.

1. Nach der dem Präjudiz 1524 zum Grunde liegenden Entscheidung sollen die in dem Gesetze vom 31. März 1838 und anderen Gesetzen bestimmten kurzen Verjährungsfristen auch bei den im Auslande von einem Ausländer kontrahirten Schulden zur Anwendung kommen, wenn der Ausländer demnächst seinen Wohnsitz in das Inland verlegt und hier verklagt wird [1]). Gegen diese Annahme läßt sich in Ansehung mancher unter jene Gesetze fallenden Geschäfte der Zweifel aufwerfen, ob die auswärtigen Verhältnisse von der Art sind, daß eine Gleichstellung der in- und ausländischen Gesetze zulässig, und daher die Anwendung der kürzeren Verjährungsfristen auf die zuletzt gedachten Geschäfte gerechtfertigt erscheint. Dieser Zweifel kann indessen nicht für genügend erachtet werden, um von dem von dem höchsten Gerichtshofe festgestellten Grundsatze abzuweichen, weil die ganze Frage mindestens eine solche ist, über welche sich, wie die verschiedenen

---

[1]) Entscheid. Bd. 11. S. 232.

Auffassungen der ausgezeichnetsten Rechtslehrer ergeben, pro und contra streiten läßt, eben deßwegen aber kein preußischer Richter sich beengt finden kann, wenn er, um zu einer Uebereinstimmung im ganzen Lande zu gelangen, die Praxis des höchsten Gerichtshofes zu der seinigen macht. In Uebereinstimmung mit der Ausführung S. 39. 40 der Abhandlung über die zeitlichen Grenzen ꝛc. wird jedoch die Anwendung der inländischen Geschäfte auf ausländische Geschäfte auszuschließen sein, wenn dieselben von den inländischen Geschäften, ungeachtet derselben Benennung, ihrem ganzen Wesen nach verschieden, mithin in der That andere Rechtsgeschäfte sind.

2. Nach dem Präjudiz 1349 soll es anscheinend genügen, wenn der Kläger von der Veränderung des Wohnsitzes des Verklagten kurze Zeit vor Ablauf der Verjährungsfrist Kenntniß erhalten hat, sofern ihm nach dem Ermessen des Richters nur hinreichende Zeit geblieben ist, die Klage in dem neuen Wohnsitze des Schuldners anzustellen. Ist dies wirklich anzunehmen, so scheint das Präjudiz zu eng gefaßt zu sein. Denn wenn einmal der § 516 Tit. 9. Thl. I. A. L.-R. auf den vorliegenden Fall für anwendbar erachtet wird, so folgt aus demselben, daß die neue kürzere Verjährung erst mit dem Tage, an welchem der Berechtigte von der Verlegung des Wohnsitzes des Verpflichteten Kenntniß erhalten hat, anfangen kann. Dies ist auch in dem Bd. 10 S. 74 des Archivs für Rf. abgedruckten Rechtssatze anscheinend anerkannt, und wird in den Gründen der Entscheidung, aus der das Präjudiz 1349 entnommen ist, nicht undeutlich ausgesprochen.

3. Es kann die Frage aufgeworfen werden, ob die von dem Obertribunal aufgestellten Rechtssätze auch dann zur Anwendung zu bringen sind, wenn nicht das Erlöschen des durch die Obligation begründeten und hinsichtlich seines früheren Bestehens nicht angefochtenen Forderungsrechts, sondern das Erlöschen des Rechts, die Obligation selbst als ungültig oder ganz oder theilweise un-

verbindlich anzufechten, in Frage ist. Es versteht sich von selbst, daß diese Frage nur aufgeworfen werden kann, wenn das Forderungsrecht selbst noch nicht erloschen ist, indem dieselbe entgegengesetzten Falls gar keine Bedeutung hat. In der ungedruckten Entscheidung vom 25. Juli 1840, welche dem S. 105 angezogenen Präjudiz 903 zum Grunde liegt, ist die Frage in Bezug auf die actio redhibitoria und quanti minoris verneint worden. Der Verklagte hatte in dem damals vorliegenden Falle an einem Orte, wo das jus culmense ex ultima revisione galt, Ochsen gekauft. Als nun der Verkäufer den rückständig gebliebenen Theil des Kaufgeldes einklagte, setzte Käufer demselben den Einwand entgegen, daß die Ochsen mit der Klauenseuche und Mundfäule behaftet gewesen, und daher einen zu einem Abzuge berechtigenden minderen Werth hätten. Die beiden ersten Richter verwarfen diesen Einwand, besonders auch aus dem Grunde, weil der Vertrag nach den Gesetzen des Orts, wo er geschlossen worden, zu beurtheilen sei, und deßhalb die im kulmischen Rechte für die actio quanti minoris und redhibitoria bestimmte Verjährung von einem Monate hier angewendet werden müsse, der Einwand aber erst nach Ablauf des Monats erhoben worden sei. In der gegen diesen Entscheidungsgrund gerichteten Nichtigkeitsbeschwerde behauptete der Käufer die unpassende Anwendung des kulmischen Rechts, indem vielmehr das in seinem Wohnsitz geltende preußische (Provinzial-) Landrecht von 1721 oder das an dem Wohnsitz des Verkäufers geltende allgemeine Landrecht zur Anwendung kommen müsse. Das Obertribunal verwarf aber die Beschwerde, weil das in dem vorliegenden Falle auf den Vertrag überhaupt anwendbare kulmische Recht unstreitig auch bei der vorliegenden Frage maaßgebend sein müsse. — Die bereits angeführten späteren Entscheidungen stehen dieser Ansicht nicht entgegen. Dieselben sprechen sich nur darüber aus, nach welchen Gesetzen das Erlöschen des durch die Obligation an sich begründeten Forderungsrechts zu beurtheilen ist, und sind daher nicht ohne Weiteres auf den vorliegenden Fall, so wie überhaupt auf die Anfechtungsgründe der Obligation zu beziehen. Auch die Gründe dieser späteren Entscheidungen passen darauf nicht. Die gesetzlichen Anfechtungsgründe einer Obligation gehören zu den Naturalien des Geschäfts, und es muß angenommen werden, daß die Parteien sich in Bezug auf dieselben den Gesetzen unterworfen haben, welche nach ihrem ausdrücklich oder stillschweigend ausgesprochenen Willen auf das Geschäft überhaupt maaßgebend sind. Ist dies aber der Fall, dann müssen diese Gesetze auch für die Verjährungsfristen, welche sich auf die Anfechtungsgründe beziehen und mit diesen auf das genaueste zusammenhängen, bestimmend sein. Dem steht zwar anscheinend entgegen, daß die gesetzlichen Vorschriften über die Verjährung der Privatwillkühr — nach gemeinem Rechte ganz, nach unserem Rechte wenigstens in Bezug auf die Form der Erklärung — entzogen sind (S. 119. 120). Dadurch wird indessen die Berücksichtigung des örtlichen Rechts der Obligation, sofern die Natur und das Wesen des Verhältnisses dazu führt, nicht unbedingt ausgeschlossen. In Fällen der vorliegenden Art führt aber die Natur und das Wesen der Sache zu dieser Berücksichtigung. Denn die Anfechtungsgründe, insbesondere wegen Verletzung über die Hälfte, so wie auf Grund der actio redhibitoria und quanti minoris, sind in den verschiedenen Rechtsgebieten so verschieden gestaltet, daß die gemeinschaftliche Anwendung des örtlichen Rechts der Obligation und des örtlichen Rechts des Wohnsitzes des Verpflichteten, des ersteren nämlich auf die Zulässigkeit und Beschaffenheit der Anfechtungsgründe, des letzteren auf die Verjährungsfrist zu den bedenklichsten Mißverhältnissen führen würde. Das Ergebniß dieser neben einander gehenden Anwendung und Einwirkung beider örtlichen Rechte würde in den meisten Fällen keinem Rechte entsprechen. Es läßt sich daher annehmen, daß der Gesetzgeber, wenn er diesen Fall bestimmt hätte, die Anwendung des örtlichen Rechts der Obligation würde angeordnet haben. Auch der Richter muß demnach dieses Recht zur Anwendung bringen.

4. Nach den Entscheidungen des Obertribunals sind die Gesetze des Wohnsitzes oder ordentlichen Gerichtsstandes des Verpflichteten, nicht die Gesetze des zufälligen Klageorts für anwendbar zu achten. Wenn daher z. B. ein Ausländer bei uns in dem Gerichtsstande des Vertrages belangt wird oder sich, auf Grund unserer Proceßordnung Thl. I. Tit. 2 § 119 und Anhang § 34, auf eine bei einem inländischen Gerichte gegen ihn angestellte Klage einlassen muß, so darf der von dem Verklagten erhobene Einwand der Verjährung des Forderungsrechts bloß aus dem Grunde, weil der Ausländer hier hat verklagt werden können, nach den inländischen Gesetzen nicht beurtheilt werden. Denn ein Mehreres, als daß der Ausländer sich dem Gerichtsstande und den in demselben geltenden Procesvorschriften unterworfen, so wie daß derselbe sich die Befriedigung des Klägers aus seinem hier befindlichen Vermögen gefallen lassen muß, ist aus der Vorschrift der Proceßordnung und der Natur des Verhältnisses nicht herzuleiten.

VIII. Testamentarische Erbfolge.

Bei der testamentarischen Erbfolge muß man

1. In Ansehung der persönlichen Fähigkeit zu testiren, wie in Bezug auf die Veränderungen der Gesetzgebung geschehen, zwischen Beschränkungen, die in persönlichen Eigenschaften ihren Grund haben, und Beschränkungen, welche in anderen Verhältnissen beruhen, unterscheiden [1]). In der ersten Beziehung ist die persönliche Fähigkeit nach den Gesetzen zu beurtheilen, welche zur Zeit der Errichtung des Testaments an dem damaligen Wohnsitze

---

[1]) Abhandlung über die zeitlichen Grenzen rc. S. 46. 47.

des Erblassers galten, so daß eine spätere Veränderung des Wohnsitzes auf die Gültigkeit oder Ungültigkeit des Testaments keinen Einfluß hat. In der zweiten Beziehung genügt es nach unserer, mit den streng richtigen Grundsätzen allerdings nicht übereinstimmenden Gesetzgebung, wenn dem Testator bei der Errichtung des Testaments oder am Todestage keine solche Beschränkung entgegenstand, so daß ein ursprünglich ungültiges Testament durch die Veränderung des Wohnsitzes gültig werden kann. Ueberhaupt ist hier auf das S. 46 ff. der Abhandlung über die zeitlichen Grenzen rc. Bemerkte zurückzuweisen.

2. Die Form letztwilliger Verordnungen richtet sich, wie schon auseinander gesetzt worden (S. 78. 82), nach den Gesetzen des Orts ihrer Errichtung mit der Maaßgabe, daß ein von einem Inländer auswärts errichtetes Testament auch dann gültig ist, wenn es der in unseren Gesetzen vorgeschriebenen Form entspricht.

3. Der Inhalt der Testamente muß in Bezug auf die Regeln über Enterbung, Präterition und den Pflichttheil, aus den in der Abhandlung über die zeitlichen Grenzen rc. S. 48 ff. angeführten Gründen, nach den Gesetzen beurtheilt werden, welche am letzten Wohnsitze des Erblassers galten; sofern nicht hinsichtlich des unbeweglichen Vermögens die Gesetze der belegenen Sache anzuwenden sind (s. Nr. IX.).

4. Die Fähigkeit des eingesetzten Erben, Legatars, Substituten ist nach den Personalstatuten zu beurtheilen, denen sie zur Zeit des Erbanfalls unterworfen sind [1]).

5. Für die Auslegung der Testamente gilt das S. 111 Bemerkte.

IX. Gesetzliche Erbfolge.

Die meisten älteren Rechtslehrer haben angenommen, daß die gesetzliche Erbfolge in das bewegliche Vermögen nach den Gesetzen

[1]) I. 12. §§ 43. 460.

des letzten Wohnsitzes des Erblassers (den Personalstatuten), die Erbfolge in das unbewegliche Vermögen nach den Gesetzen des Rechtsgebiets, in welchem dieses Vermögen belegen ist (den Realstatuten) zu beurtheilen sei. Die meisten neueren Rechtslehrer sind dagegen der Meinung, daß auch unbewegliche Sachen bei der gesetzlichen Erbfolge nur als Bestandtheile des ganzen Vermögens aufzufassen seien, und daß sich daher das Erbrecht in bewegliche und unbewegliche Sachen lediglich nach den Realstatuten richte. Die Richtigkeit dieser Meinung kann nach römischem Rechte nicht bezweifelt werden. Darüber aber, ob sie auch unserer Gesetzgebung entspricht, ist früher lebhaft gestritten worden. Als das Landrecht abgefaßt wurde, war die ältere Meinung zwar schon angefochten, in den Gerichtshöfen aber angenommen, wie Koch im Traktat de successione ab intestato bezeugt. Dieselbe wurde auch noch während der Abfassung unseres Gesetzbuchs in einer durch Rescript vom 20. December 1782 bestätigten Entscheidung der Gesetz-Kommission vom 17. December 1782 anerkannt, indem darin bestimmt wurde, daß legitima nicht nach den Gesetzen des Orts, wo der Erblasser das Testament errichtet, sondern in Ansehung des Immobiliar-Nachlasses nach den Gesetzen des Orts, wo dieser Immobiliar-Nachlaß belegen, in Ansehung des Mobiliar-Nachlasses nach den Gesetzen des Orts, wo der Erblasser zur Zeit des Absterbens sein Domicil gehabt, zu bestimmen und festzusetzen seien[1]). Die ältere Meinung galt ferner im Königreich Sachsen, und ist dort auch nach Aufhebung aller die Erbfolge betreffenden, Lokalrechte festgehalten worden, dergestalt daß die Erbfolge hinsichtlich des in Sachsen befindlichen unbeweglichen Vermögens, ohne Rücksicht auf den Wohnsitz des Erblassers, nach sächsischen Gesetzen geordnet wird[2]). In der Regel haben nun die Ver-

---

[1]) Rabe Bd. I. Abthl. 7. S. 337; Klein Annalen Bd. 1. S. 69; Samml. der Entscheidungen der Gesetz-Kommission Bd. 1. S. 48.

[2]) Haubold, Lehrbuch des sächsischen Privatrechts. 3. Auflage. I. § 306a

fasser des Landrechts, wenn sie eine von der bisherigen Praxis abweichende Bestimmung haben treffen wollen, sich darüber deutlich ausgesprochen. Dies ist in dem vorliegenden Falle nicht geschehen, vielmehr in § 32 der Einleitung die Regel, welche in Bezug auf das unbewegliche Vermögen gelten soll, so allgemein gefaßt worden, daß sie sich ganz ungezwungen auch auf die gesetzliche Erbfolge, und nicht bloß auf die eigentlichen Rechtsstatuten, sondern auf die Gesetze beziehen läßt, welche überhaupt an dem Orte der belegenen Sache gelten. Demzufolge, so wie aus mehreren andern Gründen, bin ich der Meinung gewesen, daß nach § 32 der Einleitung über die gesetzliche Erbfolge in das unbewegliche Vermögen die Gesetze des Rechtsgebiets entscheiden, in welchem dasselbe belegen ist [1]). Für diese Meinung hat sich auch das Obertribunal in dem Erkenntnisse vom 6. April 1839 ausgesprochen, aus welchem das Präjudiz 655 entnommen ist [2]). In einer späteren ungedruckten Entscheidung vom 17. Mai 1839, welche dem Präjudiz 663 zum Grunde liegt, so wie in einer ferneren Entscheidung vom 8. November 1844 ist dagegen die Meinung, daß auch die Erbfolge in den unbeweglichen Nachlaß eines Erblassers sich nach dessen letztem Wohnsitz richte, für die richtige erklärt, und dafür folgendes angeführt worden: „Der § 32 der Einleitung sage nicht, daß nach der darin enthaltenen Bestimmung auch die Erbfolge geordnet werden solle, und schließe eine solche Disposition nicht in sich. Bei der Universal-Succession müßten in der Regel die Gesetze des fori hereditatis auch in

S. 495; Holzschuher l. c. Bd. 3. S. 31 Anmerk. Eben so in Frankreich, England und Nordamerika. In allen diesen Ländern hat man sonach die Vertheilung des Nachlasses nach verschiedenen Gesetzen nicht für unzulässig oder gar unmöglich gehalten.

[1]) Mein System, 2te Aufl. Bd. 1. S. 54 ff.

[2]) Arnsberg. Archiv Bd. 6. S. 504 ff. Der Rechtsfall betraf ein eigentliches Realstatut, die Gründe der Entscheidung sprachen sich aber ganz allgemein für die Gesetze des Orts aus, wo die Sache belegen ist.

Bezug auf Immobilien entscheiden, weil die Erbmasse als solche ein Ganzes bilde, und eine Behandlung der Erbfolge, die nur unter Einem Gesetze stehen könne, nach den verschiedenen Orten, wo das Vermögen des Verstorbenen zerstreut liege, folgerecht unmöglich sei. Die Regel müsse daher auch bei uns anerkannt, und eine Ausnahme von derselben dürfe nur auf Grund eigentlicher Realstatuten, d. h. solcher in foro rei sitae bestehender Gesetze gemacht werden, welche nicht bloß für die Erbfolge überhaupt, sondern für die Erbfolge in Bezug auf Immobilien besondere Bestimmungen enthalten, die, wie Suarez sich in einer Revisionsbemerkung ausdrücke, rem principaliter afficiunt et circa rem aliquid disponunt" [1]). Es ist schon an einer anderen Stelle bemerkt worden, daß Suarez mit diesen Worten keinesweges die eigentlichen Realstatuten hat bezeichnen wollen (S. 109 f.). Es ließe sich auch gegen die anderen Gründe, so wie gegen die Ausführung, auf welche v. Savigny die neuere Meinung gründet [2]), noch manches Bedenken erheben. Die Praxis aller Gerichtshöfe hat sich indessen dem Obertribunal angeschlossen, jeder fernere Streit muß daher als ein unfruchtbarer bezeichnet, und zufolge der Entscheidung des Obertribunals die Regel aufgestellt werden:

> Die gesetzliche Erbfolge richtet sich in Bezug auf das bewegliche und unbewegliche Vermögen nach den Gesetzen, welche an dem letzten Wohnsitze des Erblassers gelten [3]).

Hat Jemand einen doppelten Wohnsitz, so kann der zweite im Inlande oder Auslande belegen sein.

1. In dem ersten Falle kann die Frage, nach welchen Gesetzen die Intestaterbfolge zu ordnen sei, überhaupt nur dann entstehen, wenn an beiden Orten oder an einem derselben Rechts-

[1]) Entscheid. Bd. 10. S. 143.

[2]) a. a. O. S. 316 ff.

[3]) v. Daniels Lehrb. Bd. 1. S 153 vertheidigt gegenwärtig noch die entgegengesetzte Meinung.

bestimmungen über die Erbfolge gelten, welche von den Vorschriften des Landrechts abweichen, und denen der Erblasser an sich unterworfen ist: z. B. wenn der Erblasser einen Wohnsitz in der Mark Brandenburg, einen zweiten in Pommern hat. Für die Erbfolge der Eheleute wird in einem solchen Falle, auf Grund einer analogen Anwendung des § 496 Tit. 1. Thl. II. A. L.-R. anzunehmen sein, daß der überlebende Ehegatte die Wahl habe, ob er nach den Gesetzen des einen oder anderen Wohnsitzes erben wolle. Bei anderen Erben kann von einem solchen Wahlrechte schon deßhalb nicht die Rede sein, weil dasselbe, bei den voraussichtlich entgegengesetzten und sich durchkreuzenden Interessen und Wahlen der verschiedenen Erbprätendenten, zu unauflöslichen Widersprüchen führen würde. Wenn man den von dem Obertribunal aufgestellten Grundsatz, daß die Erbfolge nur nach Einem Gesetze behandelt werden könne, festhält, so kann auch von einer Theilung des Nachlasses in der Art nicht die Rede sein, daß die Gesetze des Rechtsgebiets, zu welchem jeder Wohnsitz gehört, auf die innerhalb dieses Rechtsgebiets befindlichen beweglichen und unbeweglichen Sachen zur Anwendung zu bringen seien. Bei Festhaltung jenes Grundsatzes kann es sich vielmehr nur fragen, ob die Gesetze des Wohnsitzes, an welchem sich der Erblasser zuletzt aufgehalten hat, oder die Gesetze des Wohnsitzes, welche mit den Vorschriften des Landrechts am meisten übereinstimmen, anzuwenden sind. Der erste Ausweg kann schon deßhalb als der richtige nicht angesehen werden, weil der letzte Aufenthalt des Erblassers von zufälligen Umständen abhängt, und möglicher Weise ein dritter Ort gewesen ist. Es bleibt daher, wenn man den Grundsatz der Unzulässigkeit einer gesetzlichen Erbfolge nach zwei verschiedenen Gesetzen festhält, nur der zweite Ausweg übrig, und für diesen spricht solchen Falls noch die Erwägung, daß an und für sich jedes der beiden örtlichen Gesetze zur Anwendung gleich berechtigt ist, und eben deßwegen das überall hülfsweise einwirkende Landrecht auch hier erläuternd und entscheidend eintreten muß. Hienach wird, wenn an dem einen Orte das römische Recht oder ein die Erbfolge regelndes Provinzial- oder Statutar-Recht gilt, an dem anderen Orte das Landrecht besteht, die Erbfolge lediglich nach den Bestimmungen des letzteren geordnet werden müssen. In anderen Fällen wird der Richter feststellen müssen, welches von beiden örtlichen Gesetzen mit dem Landrecht am meisten übereinstimmt. Dies kann unter Umständen äußerst schwierig sein, und zur richterlichen Willkühr führen, ist aber unvermeidlich, wenn man den mehrgedachten Grundsatz, daß die Erbfolge nach zwei verschiedenen Gesetzen unzuläsig sei, festhält.

2. In dem zweiten Falle, wenn der Erblasser einen Wohnsitz im Inlande, einen zweiten im Auslande hat, muß dieser Grundsatz jedenfalls bei Seite gelassen werden. Die Erbberechtigten des einen Staats können nicht genöthigt werden, sich den Gesetzen des anderen Staats zu unterwerfen, und dadurch vielleicht von der Erbschaft ganz ausschließen zu lassen. In Ermangelung von Staatsverträgen, welche die Sache ordnen, bleibt daher kein anderer Ausweg, als daß jedes Erbschaftsforum die Sachen, welche innerhalb seines Staatsgebiets befindlich sind, an sich zieht, und darin die Erbfolge nach den in seinem Gerichtsbezirke geltenden, auf den Erblasser an sich anwendbaren Gesetzen eröffnet, dabei aber den einzelnen Erben das anrechnet, was sie in dem anderen Erbschaftsforum nach den dort geltenden Gesetzen erhalten [1]).

X. Eherecht.

Der Sitz des ehelichen Verhältnisses ist der Wohnsitz des Ehemannes. Dies wird allgemein anerkannt, und daraus folgt als Regel der Grundsatz:

---

[1]) Weiske Rechtslexicon Bd. 4 S. 734. Die mehrerwahnten Staatsverträge enthalten über den vorliegenden Gegenstand keine Bestimmung. Die in mehreren Staatsverträgen sich findende Vorschrift (Art. 25 und stip. 27), daß alle bewegliche Sachen, einschließlich der persönlichen und hypothekarischen Forderungen, so angesehen werden sollen, als befänden sie sich an dem Wohnsitze des Erblassers, bezieht sich nur auf das Forum der Erbschaftsklagen.

Durch den Wohnsitz des Ehemannes wird das örtliche Recht bestimmt, nach welchem die ehelichen Verhältnisse zu beurtheilen sind.

Besondere Verhältnisse können jedoch eine Ausnahme von dieser Regel begründen.

1. Die Regel: locus regit actum findet, wie schon bemerkt, auch auf die Form der Eheschließung Anwendung, so daß eine zwischen preußischen Staatsangehörigen im Auslande nach der dort geltenden Form geschlossene Ehe als rechtsgültig anerkannt werden muß (S. 80. 81).

2. Nach v. Savigny und anderen Rechtslehrern sind, zufolge des vorgedachten allgemeinen Grundsatzes, die Gesetze, welche an dem Wohnsitze des Mannes gelten, auch für die Ehehindernisse maaßgebend; und zwar dergestalt, daß diese Gesetze, da sie auf sittlichen Rücksichten beruhen, und deßhalb eine streng positive Natur haben, schlechthin und ausschließlich bindend sind, ohne Rücksicht auf die vielleicht abweichenden Gesetze in der Heimath der Frau, oder an dem Orte, wo die Trauung vorgenommen wird [1]). Daraus würde streng genommen folgen, daß ein Ausländer, welcher sich in Preußen mit einer Inländerin verheirathen will, die Trauung verlangen kann, wenn der zu schließenden Ehe die gesetzlichen Hindernisse des Landrechts entgegenstehen, diese Hindernisse aber im Auslande nicht anerkannt sind, dort z. B. die Ehe in einem bei uns verbotenen Verwandtschaftsgrade gestattet ist. Dies kann indessen nicht zugegeben werden, scheint auch nicht die Meinung von v. Savigny zu sein. Denn gerade, weil die fraglichen Gesetze eine politisch-sittliche Grundlage haben, und für Männer und Frauen unbedingt bindend sind, dürfen Trauungen, welche diesen Gesetzen widerstreiten, in dem Gebiete derselben nicht vorgenommen werden, wenn auch nur der eine

---

[1]) a. a. O. S. 326.

von beiden Theilen denselben unterworfen ist. Es kommt jedoch für uns wesentlich darauf an, ob eine im Auslande geschlossene Ehe wegen Ehehindernisse, die ihr nach unseren Gesetzen entgegenstehen, bei unseren Gerichten angefochten werden kann? Diese Frage muß unbedenklich bejaht werden, wenn der Mann ein Inländer ist [1]). Sie muß dagegen eben so unbedenklich verneint werden, wenn Mann und Frau Ausländer sind, und später ihren Wohnsitz nach Preußen verlegen. War die Frau Inländerin und hat sich mit einem Inländer im Auslande verheirathet, so wird schon dadurch, daß die inländischen Gesetze wegen Betheiligung des Mannes anzuwenden sind, die Frau mit betroffen. Hat sie sich im Auslande mit einem Ausländer verheirathet, so müßte nach dem von v. Savigny aufgestellten Grundsatze angenommen werden, daß die Ehe, auch wenn eine Klage bei uns möglich ist, wegen Verletzung unserer Ehegesetze nicht angefochten und für ungültig erklärt werden kann. Das Gegentheil folgt indessen meines Erachtens schon aus der angedeuteten Natur der Ehehindernisse, denen auch die Frau bis zu ihrer Verheirathung unterworfen bleibt; überdies aber für unsere Gesetzgebung insbesondere aus dem § 170 Tit. 2 Thl. I. A. L.-R., indem nach dieser Bestimmung durch eine Trauung im Auslande die gesetzlichen Ehehindernisse nicht unwirksam gemacht werden. Nehmen Ausländer, welche auswärts eine Ehe geschlossen haben, ihren Wohnsitz in Preußen, so kann die Ehe streng genommen angefochten werden, wenn die im Auslande bestehenden Ehehindernisse verletzt worden sind. Für diejenigen Personen, welche den Staat in dieser Beziehung zu vertreten haben, liegt aber zu einer solchen Anfechtung, wenn die Ehe nach inländischen Gesetzen als eine erlaubte anzusehen ist, gar keine Veranlassung vor.

3. Das eheliche Güterrecht richtet sich, in Folge des

[1]) II. 1. § 170.

an die Spitze dieser Nummer gestellten Grundsatzes, nach den Gesetzen des Orts, an welchem die Eheleute nach vollzogener Ehe ihren ersten Wohnsitz genommen haben; und zwar aus den in der Abhandlung über die zeitlichen Grenzen rc. S. 42. 43 angeführten Gründen auch in Ansehung der an anderen Orten belegenen unbeweglichen Güter [1]). Aus denselben Gründen wird durch die Verlegung des Wohnsitzes an einen anderen Ort nichts in dem rechtlichen Verhältnisse geändert, welches durch den ersten Wohnsitz begründet war [2]). Wenn jedoch Eheleute ihren Wohnsitz von einem Orte, wo keine Gütergemeinschaft gilt, nach einem Orte verlegen, wo Gütergemeinschaft stattfindet, so sollen alle von ihnen an diesem letzteren Orte vorgenommenen Handlungen, in Beziehung auf einen Dritten, nach den Regeln der Gütergemeinschaft beurtheilt werden [3]). Für den entgegengesetzten Fall, wenn die Eheleute ihren Wohnsitz von einem Orte, wo Gütergemeinschaft obwaltet, nach einem Orte, wo dieselbe gesetzlich nicht besteht, verlegen, hat das Landrecht keine ausdrückliche Bestimmung. Durch unsere Gesetzgebung über die eheliche Gütergemeinschaft zieht sich aber der Grundsatz, daß dem nicht wissenden, in gutem Glauben befindlichen Dritten das Fortbestehen der Gütergemeinschaft nicht schaden soll [4]). Gestützt auf diesen Grundsatz und die Analogie des § 365 Tit. 1 Thl. II. A. L.-R. hat das Obertribunal angenommen: daß bei einer solchen Verlegung des Wohnsitzes dem Dritten die eheliche Gütergemeinschaft nicht entgegensteht, wenn derselbe über ein Grundstück, welches unter der Herrschaft der die eheliche Gütergemeinschaft begründenden Gesetze nicht liegt, nach den an dem neuen Wohnsitze der Eheleute geltenden Gesetzen mit dem Ehemann allein kontrahirt, und ihm eine Wissen-

---

[1]) v. Savigny l. c. S. 327; II. 1. §§ 350. 365—369.

[2]) II. 1. § 350.

[3]) II. 1. §§ 352. 353.

[4]) II. 1. §§ 352. 365. 367. 422 ff.; II. 18. § 789

schaft des Bestehens der Gütergemeinschaft nicht nachgewiesen werden kann; daß daher auch die Ehefrau nicht befugt ist, einen solchen Vertrag wegen Mangels ihrer Einwilligung anzufechten [1]).

4. Die Handlungsfähigkeit einer Ehefrau und die Befugniß der Eheleute einander Geschenke zu machen ist aus den in der Abhandlung über die zeitlichen Grenzen ꝛc. S. 14. 53 angeführten Gründen nach den Gesetzen des Wohnsitzes zu beurtheilen, welchen die Eheleute bei Vornahme der Handlung hatten.

5. Aus den daselbst S. 50 ff. angeführten Gründen richten sich ferner die Ehescheidungsgründe nach den Gesetzen, denen die Eheleute bei Anstellung der Klage unterworfen sind. Aber auch in dem vorliegenden Falle dürfen Thatsachen, welche sich vor der Veränderung des Wohnsitzes, also namentlich vor der Verlegung desselben nach Preußen, ereignet haben, als Ehescheidungsgrund nicht geltend gemacht werden, wenn sie einen solchen nach den Gesetzen des früheren Wohnsitzes nicht begründeten.

6. Die Intestaterbfolge endlich ist, wie bei anderen Personen, nach dem letzten persönlichen Gerichtsstande des Verstorbenen zu regeln. Bei einer während der Ehe erfolgenden Veränderung des Wohnsitzes hat der Ueberlebende jedoch, wie bei einer Veränderung der Gesetzgebung, die Wahl: ob er nach den Gesetzen des letzten persönlichen Gerichtsstandes des Verstorbenen oder nach den Gesetzen des Orts, an welchem die Eheleute ihren ersten Wohnsitz genommen haben, erben wolle [2]).

XI. Väterliche Gewalt.

Aus den in der Abhandlung über die zeitlichen Grenzen S. 58 entwickelten Gründen ist der Grundsatz aufzustellen:

---

[1]) Präj. 1736 (Präj.-S. S. 142; Entscheid. Bd. 13. S. 297).

[2]) II. 1. §§ 495. 496; cf. Abhandlung über die zeitlichen Grenzen ꝛc. S. 54.

Die Entstehung und Aufhebung der väterlichen Gewalt ist nach den Gesetzen, denen der Vater zur Zeit der das Verhältniß begründenden Thatsachen (Geburt, Ehe, Legitimation, Begründung eines eigenen Hausstandes) unterworfen war, zu beurtheilen. Auf die Rechte der Eltern an dem Vermögen der Kinder und deren Handlungsfähigkeit äußert jede Veränderung des Wohnsitzes des Vaters sofort ihren Einfluß.

XII. Außerehelicher Beischlaf.

Auch hier muß man, wie bei einer Veränderung der Gesetzgebung, zwischen den Rechten der Mutter und denen des Kindes unterscheiden. Die Rechte der Mutter sind als Folge eines Quasidelikts im Sinne unserer Gesetzgebung nach den Gesetzen des Orts, wo die Handlung vorgenommen worden, zu beurtheilen. Hinsichtlich der Rechte des Kindes hat das Obertribunal früher geschwankt [1]). In Uebereinstimmung mit dem Plenarbeschluß vom 21. November 1849 (Präj. 2158) muß der Grundsatz aufgestellt werden:

Die Rechte des Kindes sind nach den Gesetzen des Rechtsgebiets zu beurtheilen, in welchem die Mutter zur Zeit der Geburt des Kindes ihren Wohnsitz und persönlichen Gerichtsstand hatte.

Denn bei dem Kinde kann, seinem Erzeuger gegenüber, nicht von einem Quasidelikt die Rede sein. Das Verhältniß zwischen Vater und Kind gründet sich vielmehr in dem durch die Geburt des Kindes entstandenen natürlichen Verhältnisse desselben zu demjenigen, welcher als Vater angesehen werden muß. Nach den Vorschriften des Landrechts kann es wenigstens keinem Zweifel unterliegen,

[1]) Gleich der gemeinrechtlichen Praxis cf. v. Savigny a. a. O. S. 280; Holzschuher Theorie 2c. I. S. 70.

daß dasselbe das Recht des Kindes gegen seinen Erzeuger als ein solches ansieht, welches nach den §§ 82. 84 der Einleitung durch die Geburt und das durch letztere entstandene persönliche Verhältniß zu dem Erzeuger unmittelbar aus dem Gesetze erworben wird. Es handelt sich mithin hier um die persönlichen Befugnisse eines Menschen, indem dazu die durch Geburt erworbenen Rechte unbedenklich gehören. Die Rechte des Kindes gegen seinen Erzeuger müssen daher, nach der Auffassung des Landrechts zufolge § 23 der Einleitung, nach den Gesetzen des Rechtsgebiets beurtheilt werden, welchem das Kind bei der Geburt in Folge des Wohnsitzes der Mutter angehört. Hieraus folgt, daß die nach dem Landrechte einem unehelichen Kinde gegen seinen Erzeuger zustehenden Rechte nur einem Kinde erworben werden, dessen Mutter zur Zeit seiner Geburt ihren Wohnsitz und persönlichen Gerichtsstand in dem Rechtsgebiete des Landrechts hatte. War dies nicht der Fall, so kann eine spätere Veränderung des Wohnsitzes kein Grund zur Erwerbung von Rechten werden, die dem Kinde nicht zustanden. Ebenso wenig kann der Umstand, daß der Erzeuger in dem Rechtsgebiete des Landrechts seinen Wohnsitz hat oder später nimmt, und hier belangt werden kann, in Betracht kommen. Hatte die Mutter dagegen bei der Geburt des Kindes ihren Wohnsitz in dem Rechtsgebiete des Landrechts, so stehen dem Kinde die dadurch erworbenen Rechte zu, wenngleich der Erzeuger in einem anderen Rechtsgebiete seinen Wohnsitz hat oder dorthin verlegt. Es ist möglich, daß das Kind diese Rechte gegen den Erzeuger nicht geltend machen kann, weil die Verfolgung derselben, z. B. in Frankreich und der Rheinprovinz, durch ein jede Klage ausschließendes Gesetz gehindert wird. Dadurch werden indessen die Rechte des Kindes selbst nicht berührt, und können jederzeit geltend gemacht werden, wenn die Klage gegen den Erzeuger bei einem altländischen Gerichte möglich wird [1]). — In Ueberein-

[1]) Entscheid. Bd. 18. S. 39.

stimmung mit dem Plenarbeschluß vom 21. November 1849 ist in einer späteren, jedoch vor dem Gesetze vom 24. April 1854 ergangenen, Entscheidung angenommen worden, daß für ein außerehelich erzeugtes Kind, welches von einer unter der Herrschaft des gemeinen Rechts (Mecklenburg) wohnenden Mutter geboren worden, kein Anspruch gegen den Vater des Erzeugers auf Unterhalt geltend gemacht werden kann, da das gemeine Recht, nach der richtigen Meinung, einen solchen Anspruch nicht anerkennt [1]).

XIII. Handelsbücher.

Die Beweiskraft der Handelsbücher ist nach den Gesetzen des Orts zu beurtheilen, wo dieselben geführt werden. Auch die nach den ausländischen Gesetzen gehörig geführten Handlungsbücher auswärtiger Kaufleute haben daher rücksichtlich ihrer Handlungsgeschäfte auch bei uns volle Beweiskraft [2]).

XIV. Proceß.

Für den Proceß und dessen Formen und Regeln dienen lediglich die Gesetze des Landes, in welchem der Proceß geführt wird, zur Richtschnur. Hienach müssen z. B. die Erfordernisse der Justifikation eines Arrestes nach unserer Proceßordnung beurtheilt werden, wenn der Arrest als provisorische Maaßregel in der Rheinprovinz angelegt ist, die nach der rheinischen Gesetzgebung im Domicil des Arrestes erforderliche Justifikation aber bei einem altländischen Gerichte erfolgen muß [3]).

1. In den S. 69 erwähnten Staatsverträgen wird die Vollstreckbarkeit der richterlichen Erkenntnisse gegenseitig anerkannt, dafern diese nach den dieserhalb getroffenen näheren Bestimmungen

[1]) Entscheid. Bd. 20. S. 300. Die Ueberschrift ist nicht richtig. Nicht auf den Ort der Schwängerung, sondern auf den Wohnsitz der Mutter zur Zeit der Geburt kommt es an.

[2]) Entscheid. Bd. 11. S. 375; v. Savigny l. c. S. 353.

[3]) Angenommen in einer Entscheid. des Obertribunals vom 17. Mai 1850.

von einem beiderseits als kompetent anerkannten Gericht gesprochen worden sind, und nach den Gesetzen des Staates, von dessen Gericht sie gefällt worden, die Rechtskraft bereits beschritten haben. Auch unsere Gerichtsordnung läßt die Vollstreckung auswärtiger Urtheile zu, wenn von dem fremden Gerichte darum geziemend nachgesucht wird, und sich nicht etwa wegen dessen Kompetenz oder sonst bei der Sache selbst ein Anstand ereignet [1]). Das erste Erforderniß setzt voraus, daß in dem anderen Staate, wie bei uns, die Exekution von den Gerichten verfügt wird, und diese sich mit der Exekution befassen. Dies ist jedoch nicht überall der Fall, es kann daher die Frage aufgeworfen werden, ob solchen Falls die Exekution auch auf Ansuchen der Partei vollstreckt werden darf. Meines Erachtens muß die Frage bejaht werden, da die Bestimmung unserer Proceßordnung als eine solche anzusehen ist, welche den damaligen gewöhnlichen Zustand ins Auge gefaßt hat. Von dem Exekutionssucher wird aber die Vollstreckbarkeit des Urtels nachgewiesen, und wenn darüber Zweifel obwalten, die andere Partei gehört werden müssen. Das zweite Erforderniß scheint sich, abgesehen von der Kompetenzfrage, mit Rücksicht darauf, daß der diesseitige Richter die Rechtmäßigkeit des Urtels nicht zu prüfen hat, nur auf die Möglichkeit der Retorsion, so wie darauf zu beziehen, daß eine bei uns verbotene Handlung auch durch Exekution aus einem auswärts ergangenen rechtskräftigen Erkenntnisse nicht erzwungen werden darf. Sollten hinsichtlich der Retorsion Zweifel obwalten, so müssen unsere Gerichte für befugt und verpflichtet erachtet werden, den Nachweis zu fordern, daß die von ihnen gefällten Erkenntnisse in dem auswärtigen Staate gleichfalls vollstreckt werden.

2. Die auswärtigen Gesetze, nach denen die Vollstreckbarkeit eines auswärts gefällten Erkenntnisses zu beurtheilen ist, sind

---

[1]) I. 24. § 30.

nicht eben so für die Art und Weise maaßgebend, wie die Exekution zu vollstrecken ist. Denn eines Theils kann den auswärts ergangenen Erkenntnissen keine größere Kraft und Wirkung beigelegt werden, als den im Inlande ergangenen, anderen Theils sind die Formen und Regeln der Exekutions-Vollstreckung als eine mit dem Proceß zusammenhängende Handlung zu betrachten. Ueber die Art und Weise, wie die Exekution zu vollstrecken, können daher nur die Gesetze entscheiden, welche an dem Orte gelten, wo der Proceß geführt wird. Mit Recht ist daher in mehreren Rescripten des Justiz-Ministeriums angenommen, daß die Exekution aus einem auswärts gefällten Erkenntnisse nur binnen Jahresfrist stattfinde [1]). Ein auswärts gefälltes Erkenntniß, welches nach den auswärtigen Gesetzen eine beschränktere Wirkung als nach unseren Gesetzen hat, kann auch bei uns nur die beschränktere Wirkung äußern.

3. Die S. 69 erwähnten Staatsverträge bestimmen, daß ein von einem zuständigen Gericht gefälltes rechtskräftiges Erkenntniß vor den Gerichten des anderen Staates die Einrede der rechtskräftig entschiedenen Sache mit denselben Wirkungen begründet, als wenn das Erkenntniß von einem Gericht desjenigen Staates, in welchem die Einrede geltend gemacht wird, gesprochen wäre. Hienach und da aus den Staatsverträgen hervorgeht, daß die beiderseits gefällten Erkenntnisse überhaupt gleiche Kraft und Wirkung haben sollen, wird auch angenommen werden müssen, daß aus Erkenntnissen, welche in den betreffenden Staaten gefällt werden, die Judikatklage bei uns zulässig ist. Im Allgemeinen findet aber, nach einer Entscheidung des Obertribunals vom 2. Dezember 1837, die Judikatklage aus Erkenntnissen ausländischer Gerichte nicht statt [2]).

---

[1]) Rescr. vom 24. April 1833 (Mannkopff A. G.-O. Bd. 2. S. 363); Rescr. vom 14. Februar 1841 (Justiz-Minist.-Blatt 1841 S. 107).

[2]) Entscheid. Bd. 3. S. 277. Die Frage ist nicht ohne Zweifel.

4. Die seit 1839 geschlossenen Staatsverträge enthalten noch die Bestimmung, daß das, was in Ansehung der Exekutions-Vollstreckung aus rechtskräftigen Erkenntnissen darin bestimmt worden, auch hinsichtlich der in Processen vor dem zuständigen Gericht geschlossenen und nach den Gesetzen des letzteren vollstreckbaren Vergleiche stattfinden soll. Zu Gunsten anderer Staaten findet dasselbe nicht statt, da der § 1 der Verordnung vom 4. März 1834 über die Exekution in Civilsachen die Exekution aus gerichtlichen Vergleichen über rechtshängige Sachen auf die vor einem inländischen Richter geschlossenen Vergleiche beschränkt [1]).

XV. Der Wohnsitz.

Zum Schluß noch einige Worte über den Wohnsitz eines Menschen, der nicht bloß für die persönlichen Befugnisse und Eigenschaften, sondern auch in vielen anderen Fällen das örtliche Recht bestimmt, und dessen rechtliche Feststellung eben deßwegen nicht der Proceßordnung, in welcher diese Lehre sich bei uns befindet, sondern dem materiellen Rechte angehört [2]). Nach der römischen Umschreibung ist der Wohnsitz da, ubi quis larem, rerumque ac fortunarum summam constituit, unde non sit discessurus, si nihil avocet, unde cum profectus est peregrinari videtur, quo si rediit, peregrinari jam destitit [3]). Zur Begründung desselben gehört wesentlich die Absicht an einem Orte beständig zu wohnen, verbunden mit der wirklichen Wohnung; mithin:

1. Die Niederlassung an einem bestimmten Ort;
2. eine Person, welche ihren Willen in dieser Beziehung frei erklären kann;

---

[1]) Gesetzs. 1834. S. 31.

[2]) Allgem. Ger.-Ordn. I. §§ 9 ff.

[3]) l. 7. c. de incolis (10. 39.).

3. die von dieser Person erklärte Absicht an dem bestimmten Orte dauernd zu bleiben.

Diese Erklärung kann ausdrücklich oder stillschweigend erfolgen; nach unseren Gesetzen besonders dadurch, daß Jemand ein Amt übernimmt, welches seine Gegenwart an dem Orte, wo er die Wohnung nimmt, erfordert, oder daß er daselbst Handel oder Gewerbe in Person treibt, oder eine eingerichtete Wirthschaft anschafft, oder eine mit dem persönlichen Aufenthalt verbundene Pacht übernimmt [1]). Die Absicht kann aber auch aus andern Umständen geschlossen werden, sofern daraus nur erhellt, daß die Wohnung zu dem Zweck genommen worden, um dauernd an dem Orte zu bleiben. Sie darf dagegen aus einem, wenn auch geraume Zeit dauernden, Aufenthalt zu vorübergehenden Zwecken — z. B. wegen Studirens, Wiederherstellung der Gesundheit, Genügung des Kriegsdienstes — nicht gefolgert werden [2]). Auch der Besitz eines Grundstücks begründet für sich allein einen Wohnsitz nicht. Eben so wenig wird durch den Gesindedienst oder den Betrieb eines Gewerbes als Geselle für sich allein der Wohnsitz begründet [3]).

Ehefrauen und Kinder unter väterlicher Gewalt haben den Wohnsitz des Ehemannes oder Vaters. Nach dem Tode des Vaters bleiben die Kinder dem Gerichtsstande des letzten Wohnsitzes des Vaters und den Gesetzen desselben (dem foro originis) so lange unterworfen, bis sie einen eigenen Wohnsitz genommen haben, was Seitens bevormundeter Personen nur mit Genehmi-

---

[1]) Allgem. Ger.-Ordn. I. 2. §§ 11. 12.

[2]) Allgem. Ger.-Ordn. I. 2. § 14.

[3]) Im § 142 Tit. 1. Th. II. ist dies vorausgesetzt, und im § 2 des Gesetzes über die Verpflichtung zur Armenpflege vom 31. Dezember 1842 anerkannt. Die Gerichtsordnung I. 2. § 17 spricht nur vom Gerichtsstande. In den Präjudizien 489. 513 (Präj.-S. S. 230) scheint jedoch das Gegentheil festgestellt zu sein; cf. auch Rescript 12. Mai 1819 (v. Kamptz Annalen Bd. 3. S. 144).

gung der Vormundschaft geschehen kann [1]). Das forum originis unehelicher Kinder wird durch den Wohnsitz der Mutter begründet [2]).

Die bloße Entfernung aus dem bisherigen Wohnsitz läßt noch nicht auf ein Aufgeben dieses Wohnsitzes schließen. Die Aufgebung muß dagegen angenommen werden, wenn Jemand seinen bisherigen Wohnsitz gänzlich verläßt, und einen anderen Wohnsitz wirklich begründet. Die Absicht, den früheren Wohnsitz gänzlich aufzugeben kann, nach Begründung eines anderen Wohnsitzes, durch ausdrückliche Erklärung festgestellt oder auch aus den Umständen geschlossen werden; z. B. aus dem Fortschaffen der Wirthschaft nach dem neuen Wohnsitz [3]). Ist diese Absicht als vorhanden nicht anzunehmen, so entsteht ein doppelter Wohnsitz. Die Errichtung eines solchen zweiten Wohnsitzes darf aber nach dem Vorbemerkten noch nicht angenommen werden, wenn Jemand neben seinem Wohnsitz eine Wohnung an einem anderen Orte miethet, und sich in derselben von Zeit zu Zeit aufhält [4]).

---

[1]) Allgem. Ger.-Ordn. I. 2. §§ 17—20. 87 ff.; Allgem. Landrecht II. 2. §. 60.

[2]) Allgem. Ger.-Ordn. I. 2. § 21.

[3]) Allgem. Ger.-Ordn. I. 2. §§ 16 ff. u. Einleit. § 24 zum A. Landrecht.

[4]) Rescr. vom 11. Januar 1806 (Amelang Archiv Bd. 4. S. 286; Rabe Bd. 8. S. 434.

Ueber die schriftliche Form der Verträge.

Th. I. Tit. 5 §§ 116—170. 185.

I. Vorbemerkungen.

Nach gemeinem Rechte ist die Gültigkeit und Klagbarkeit der Verträge bekanntlich an keine Form gebunden. Viele Landesgesetze forderten jedoch schon vor dem Erscheinen der neueren Gesetzbücher die gerichtliche oder obrigkeitliche Bestätigung gewisser, besonders solcher Verträge, bei denen Bauern betheiligt waren.[1]) Für die preußischen Lande ist das Stempel-Edikt vom 13. Mai 1766 das erste allgemeine Gesetz, welches für gewisse Verträge die schriftliche Form vorgeschrieben hat.[2]) Dasselbe verordnete:

> Daß Kauf-, Pacht- und Miethverträge, welche über fünfzig Thaler betragen, nicht mehr mündlich, sondern zur mehreren Sicherheit der Kontrahenten und Verhütung der sonst daraus entstandenen Processe, bei Strafe der Nichtigkeit schriftlich geschlossen werden sollten. Aus einem bloß mündlich errichteten Vertrage der Art sollte daher keine Klage oder Einrede, mithin auch kein Retentionsrecht an den Sachen des Pächters oder Miethers statthaben, noch die Zurückforderung der etwa von

---

[1]) Struben Recht-Bed. ed. 1760. Bd. 1 S. 136 ff.

[2]) Nov. Corp. Const. Tom. IV p. 404.

dem Pächter geleisteten Kaution oder andere Schadloshaltung zulässig sein.

Noch viel weiter ging das Edikt vom 8. Februar 1770.[1]) In dem Eingange wird hervorgehoben:

der schleunigen und gerechten Entscheidung der Processe werde, wie die Erfahrung zeige, in den aus Verträgen entstehenden Processen ein nicht geringes Hinderniß dadurch in den Weg gelegt, daß die Kontrahenten darüber entweder gar nichts schriftliches verfassen, oder neben den schriftlich verfaßten Kontrakten noch mündliche Verabredungen treffen, über deren Wirklichkeit und Verbindlichkeit nachher gestritten und Beweis durch Zeugen geführt werde, daß die Zeugen aber gemeiniglich weder die vorhergegangenen Unterhandlungen von dem Kontrakte selbst zu unterscheiden, noch sich der dabei vorgefallenen Worte genau zu erinnern wüßten.

Sodann verordnete das Edikt:

die schriftliche Errichtung bei allen Verträgen und Versprechungen, deren Gegenstand die Summe von fünfzig Thalern übersteigt, widrigenfalls sie als nicht geschlossen angesehen werden, und keine Klage und Einrede begründen, wie denn auch mündliche Nebenabreden bei dergleichen schriftlich geschlossenen Verträgen unverbindlich sein sollten. Von dieser Vorschrift wurden nur gewisse Verträge, insbesondere alle Verträge über bewegliche Sachen ausgenommen, wenn sie sogleich oder in der Folge von beiden Seiten erfüllt worden. In den nicht ausgenommenen Fällen sollte der mündlich geschlossene Vertrag auch durch eidliche Bestärkung oder Geben eines Angeldes nicht verbindlich werden. Der Geber des Angeldes sollte desselben vielmehr verlustig gehen, und der, welcher auf den Vertrag etwas gegeben habe, nur solche Sachen, welche vindicirt werden können, mittelst

[1]) ebendas. Tom. IV p. 6669.

der Eigenthumsklage zurückzufordern befugt sein; bewegliche Sachen der Art überdies nur binnen sechs Monaten und auch innerhalb dieser Frist nicht von dem dritten Erwerber. Die Zurückforderung gezahlter Summen, z. B. eines mündlich gegebenen Darlehns, mündlich bedungenen Kaufpreises, Miethzinses 2c. sollte gar nicht stattfinden.

Hinsichtlich der Neben-Abreden und -Bedingungen wurde besonders bestimmt:

daß sie nur gültig und verbindlich sein sollten, wenn sie entweder gleichfalls schriftlich abgefaßt oder von der Beschaffenheit seien, daß sie aus der Natur des Kontraktes oder aus den im schriftlichen Kontrakt enthaltenen Bedingungen von selbst folgen. Wenn aber in dem schriftlichen Vertrage etwas unleserlich geschrieben oder unverständlich ausgedrückt, oder auch der Ort und die Zeit, da der Vertrag geschlossen, ausgelassen worden, so solle der Sinn der unleserlichen oder unverständlichen Worte, sowie der Ort und die Zeit des geschlossenen Vertrages, auch durch Zeugen und Eidesantrag erwiesen werden können. Auf gleiche Weise solle auch der Beweis der vorgeschützten Gefährde des Zwanges, des Betrugs, der Bezahlung, und überhaupt aller derjenigen Einwendungen, welche nicht die Wirklichkeit des Vertrages und der dabei eingegangenen Bedingungen betreffen, durch Zeugen und Eidesantrag geführt werden können.

Die äußerst harten und ungerechten Bestimmungen, durch welche die Rückforderung des auf Rechnung des Vertrages Gegebenen oder Geleisteten ganz ausgeschlossen oder in hohem Grade beschränkt wurde, waren anscheinend in der Erwartung getroffen, daß jeder sich wegen der ihm drohenden Verluste dem Gesetze fügen und fortan die vorgeschriebene Form beobachten werde. Die Gewöhnung war indessen stärker als das Gesetz. Nach wie vor wurden mündliche Verträge geschlossen, und die unerträglichen Härten des Gesetzes mußten sich, wenn daraus von dem, welcher seiner Seits erfüllt hatte, geklagt wurde, als völlig unhaltbar darstellen. Auf eine Vorstellung der damaligen pommerschen Regierung wurde denn auch durch ein Rescript vom 10. März 1781 vorläufig, d. h. bis zum Erscheinen des neuen Gesetzbuchs bestimmt:

daß nur, wenn der Vertrag noch von keiner Seite erfüllt worden, es bei der wörtlichen Vorschrift des Edikts von 1770 bewenden solle. Wer dagegen einen solchen Vertrag ganz oder zum Theil erfüllt habe, der solle berechtigt sein, zu verlangen, daß der Andere entweder den Vertrag schriftlich errichte und solchergestalt perficire oder aber das in Rücksicht auf den Vertrag Gegebene oder Geleistete erstatte. Denn der Weigerung, das eine oder andere zu thun, werde in den meisten Fällen dolus oder die Absicht zum Grunde liegen, sich mit dem Schaden des Andern zu bereichern; dem einen oder anderen könne aber niemals irgend ein Gesetz zur Schutzwehr dienen.[1])

In der Folge bestimmte noch ein auf Beschluß der Gesetz-Kommission gegründetes Rescript vom 12. Mai 1788:

daß nach den Grundsätzen des Rescripts vom 10. März 1781 die Zurückforderung des Gegebenen nicht bloß binnen sechs Monaten, sondern innerhalb der gewöhnlichen Verjährungsfrist zuläßig sei.[2])

Die Verfasser des Landrechts fanden hienach eine ziemlich ausgebildete Gesetzgebung über die Nothwendigkeit der Schrift bei Verträgen über mehr als fünfzig Thaler und die Folgen der unterbliebenen Beobachtung der Form bereits vor. Mehrere Monenten sprachen sich nun zwar für die Rückkehr zu dem gemeinen Rechte aus. Suarez erklärte sich indessen dagegen mit dem Hinzufügen, daß aller Vorwurf der Unbilligkeit fortfalle, wenn das Gesetz dafür sorge, daß Niemand durch Unterlassung der schrift-

[1]) Nov. Corp. Const. Tom. VIII p. 3299.

[2]) Klein Annalen Bd. 2 S. 290 ff.

lichen Form ein damnum positivum leide. Die vorgefundene Gesetzgebung wurde demnach im Wesentlichen beibehalten, in mehrfacher Hinsicht jedoch, besonders auch in sofern weiter ausgebildet, daß die gegenseitigen Rechte und Pflichten der Parteien nach theilweiser Erfüllung des Vertrages genauer festgestellt wurden.

Zweck der schriftlichen Form ist, wie aus dem Edikte von 1770 und den Aeußerungen von Suarez und v. Goßler in der Schrift: Unterricht über die Gesetze für die Einwohner des preußischen Staats erhellt, die Rechtssicherheit.

Die Gültigkeit der Verträge ist, wie es in dieser Schrift heißt, deßhalb an eine gewisse Form gebunden worden, damit bei Schließung derselben alle Uebereilung und Mißverständnisse desto gewisser verhütet, und zu Zweifeln, Streitigkeiten und Processen über die eigentliche Willensmeinung und Verabredung der Parteien desto weniger Anlaß gegeben werde.

Durch die Schrift soll also bei den Verträgen, bei welchen sie vorgeschrieben ist, erstens der ernste Wille und zweitens die wirklich stattgefundene Verabredung dauernd festgestellt werden, und nur durch die Schrift soll hinsichtlich solcher Verträge das eine wie das andere dargethan werden können.

Die landrechtliche Gesetzgebung besteht nunmehr seit sechszig Jahren. Es kann daher die Frage aufgeworfen werden: ob dadurch das Ziel, welches die Verfasser des Landrechts vor Augen gehabt haben, wirklich erreicht worden ist? Nach den Erfahrungen, die ich in meiner praktischen Laufbahn, besonders seit meinem Eintritt in das Obertribunal gemacht habe, bin ich immer mehr dahin gedrängt worden, diese Frage zu verneinen. Ich werde darauf in einer Schlußbetrachtung zurückkommen. Zuvörderst soll jedoch die landrechtliche Lehre, wie sie durch das Gesetz und die Rechtsanwendung gestaltet worden, dargestellt werden. Es sind dabei folgende Punkte ins Auge zu fassen:

1. Die Rechtsgeschäfte, bei welchen die Schriftlichkeit kraft des Gesetzes erforderlich ist.
2. Die Form der schriftlichen Erklärung.
3. Die Bedeutung der mündlichen Verabredungen neben der Schrift.
4. Die Wirkungen eines beiderseits vollständig erfüllten Vertrages.
5. Die Wirkungen eines theilweise erfüllten mündlichen Vertrages:
   a) wenn der Hauptgegenstand Sachen sind;
   b) wenn der Hauptgegenstand Handlungen sind.
6. Die Folgen der Handlungen eines mündlich Bevollmächtigten.

II. Rechtsgeschäfte, bei welchen die Schrift kraft des Gesetzes erforderlich ist.

Das Landrecht schreibt die schriftliche Form bei manchen Verträgen unbedingt, bei anderen nur dann vor, wenn der Gegenstand die Summe von fünfzig Thalern in Silbergeld übersteigt.[1])

I. Ohne Unterschied der Summe müssen schriftlich geschlossen werden:

1. Verträge, welche die eigenthümliche Ueberlassung eines Grundstücks oder Rechte auf eine unbewegliche Sache — Grundgerechtigkeiten, Pfandrechte, beständige Lasten — zum Gegenstand haben.[2]) Auf Grund des § 15 Tit. 22 Th. I. A. L.-R. ist wiederholt angenommen

---

[1]) Manche Verträge müssen überdies gerichtlich oder notariell vollzogen werden.

[2]) § 135 h. t.; I. 10 §§ 15—17; I. 11 § 75; I. 16 § 407; I. 20 §§ 90—103. 227—233; I. 21 §§ 401. 402; Gesetz vom 23. April 1821 (Gesetzs. 1821 S. 431). — Entscheid. Bd. 1 S. 363; Bd. 4 S. 221; Bd. 17 S. 132; Bd. 27 S. 37.

worden, daß Grundgerechtigkeiten auch durch stillschweigende Willenserklärung, insbesondere durch eine im belasteten Grundstücke gemachte Anlage der im § 15 bezeichneten Art erworben werden könnten. Der § 15 enthält indessen lediglich eine nähere Bestimmung des im § 14 a. a. O. erforderten Beweises, und ist daher auf den Erwerb von Grundgerechtigkeiten durch Willenserklärungen nicht zu beziehen.[1]) Auch wenn der Eigenthümer zweier benachbarter Grundstücke in dem einen zum Besten des anderen eine Anlage nach Art der Grundgerechtigkeiten gemacht, z. B. in einem Grundstücke einen Durchgang zu dem anderen eingerichtet, oder von dem einen Grundstücke einen das Wasser ab- oder zuleitenden Kanal in das andere Grundstück gezogen hat, und demnächst das eine dieser Grundstücke veräußert, so folgt aus dem Fortbestehen der Anlage nach der Veränderung und deren Benutzung zu dem früheren Zwecke nicht, daß dem veräußerten Grundstücke eine Grundgerechtigkeit eingeräumt oder auferlegt worden. Die Auslegung der Veräußerungs-Verträge kann indessen, unter Berücksichtigung der obwaltenden Verhältnisse zu der Annahme berechtigen, daß die Begründung der Grundgerechtigkeit für das veräußerte oder zurückbehaltene Grundstück vereinbart worden, daß also der Veräußerungs-Vertrag zugleich die schriftliche Einräumung einer Grundgerechtigkeit enthält.[2])

2. Verträge, wodurch Jemand zu fortdauernden oder auf unbestimmte Zeit versprochenen wiederkehrenden persönlichen Leistungen verpflichtet wird.[3]) Ausgenommen sind jedoch die Miethverträge mit gemeinem

---

[1]) Präj. 1400 (Präj.-S. S. 130); Archiv für Rechtsf. Bd. 11 S. 188.

[2]) Archiv für Rechtsf. Bd. 1 S. 159; Bd. 7 S. 228; Bd. 11 S. 188; Präj. 2608 (Entscheid. Bd. 29 S. 470). In dem Bd. 1 S. 159 des Archivs abgedruckten Falle ist die Sache zwar an das Plenum gebracht, ein Plenarbeschluß aber nicht gefaßt worden, da das Vorhandensein eines Konflikts nicht anerkannt wurde.

[3]) §. 135 h. t.

Gesinde, bei welchen das Geben und Nehmen des Miethgeldes die Stelle des schriftlichen Vertrages vertritt.[1]) Miethverträge mit Hausoffizianten müssen dagegen immer schriftlich errichtet werden.[2])

3. Verträge über ein von beiden Seiten gewagtes Geschäft, z. B. wenn, wie es in einer Revisionsbemerkung von Suarez heißt, der Ertrag der künftigen Ernte gegen den Ertrag eines Bergwerks-Antheils eingesetzt wird. Ist das Geschäft nur von einer Seite gewagt, so soll nicht auf die mögliche Größe des ungewissen Gewinns, sondern nur auf das gesehen werden, was dagegen gesetzt oder versprochen worden.[3]) — Bodmerey- und Versicherungs-Verträge müssen jedoch immer schriftlich geschlossen werden.[4])

4. Schenkungsverträge, welche überdies ohne Unterschied der Summe gerichtlich geschlossen werden müssen.

5. Bürgschafts-Erklärungen, sofern sie nicht kraft des Gesetzes stillschweigend entstehen, und Expromissionen.[5]) In Bezug auf letztere hat das Obertribunal darüber, in welcher Beziehung die Schrift erforderlich ist, verschieden erkannt. Das Wesen der Expromission als Art der Intercession besteht darin, daß Jemand eine fremde Verbindlichkeit mit Bewilligung des Gläubigers in Stelle des ursprünglichen Schuldners übernimmt, und in Folge dessen der letztere aus dem Schuldverhältnisse ganz ausscheidet. Die Expromission ist demnach ein Vertrag zwischen dem Gläubiger und demjenigen, welcher die Schuld des früheren Schuldners übernimmt, so daß nach römischem Recht selbst die Mitwirkung dieses Schuldners nicht erforderlich ist. Faßt man

[1]) § 137 h. t.; Gesindeordn. vom 8. November 1810 §§ 22 ff. (Gesetzs. 1810 S. 101).

[2]) II. 5 §§ 177 ff.

[3]) §§ 138. 139 h. t.

[4]) II. 8 §§ 2064. 2790.

[5]) I. 11 § 1063; I. 14 §§ 203. 401 ff.

diesen Begriff der Expromission, wie wir ihn von den Römern überkommen und äußerlich festgehalten haben, ins Auge, so kann die Annahme gerechtfertigt erscheinen, daß unter dem schriftlichen Vertrage, welchen der § 400 Tit. 14 Th. I. A.L.-R. zu dergleichen Uebernahme erfordert, der Vertrag zwischen dem Gläubiger und Uebernehmer zu verstehen sei. Die Worte des § 400 stehen indessen dieser Annahme entgegen. Denn wenn der Gesetzgeber den im § 400 erforderten schriftlichen Vertrag auf das Verhältniß zwischen dem Uebernehmer und Gläubiger bezogen hätte, so würde er neben demselben nicht noch die ausdrückliche Einwilligung des Gläubigers als fernere Bedingung gefordert haben. In dem § 400 kann daher, wie auch das Obertribunal wiederholt angenommen hat, nur der wegen Uebernahme der Schuld zwischen dem Uebernehmer und dem alten Schuldner geschlossene Vertrag gemeint sein.[1]) Dies entspricht auch dem Verhältnisse, wie es sich im Verkehr darstellt, indem dasselbe in der Regel, und besonders bei dem Hauptfalle der Uebernahme von Schulden eines Verkäufers Seitens des Käufers, mit einem Vertrage zwischen dem Uebernehmer und dem alten Schuldner beginnt. Die Zuziehung des letzteren ist dann bei der Verhandlung des Uebernehmers mit dem Gläubiger, wodurch seine Entlassung aus der Verbindlichkeit herbeigeführt wird, nicht weiter erforderlich. Es genügt vielmehr die auf dem einen oder anderen Wege beschaffte Einwilligung des Gläubigers, und es fragt sich nur noch, ob diese Einwilligung schriftlich erfolgen muß? Meines Erachtens muß diese Frage bejaht werden. Denn die Absicht der Parteien geht bei einer wahren Expromission nicht, wie bei einer selbstschuldnerischen Bürgschaft, bloß dahin, daß der Gläubiger neben dem fortbestehenden Rechte gegen den alten Schuldner ein Recht gegen den Dritten erwerben soll, in welchem Fall die stillschweigende Annahme

---

[1]) Jur. Wochenschrift 1841 S. 230 bs. S. 235; Entsch. Bd. 29 S. 66.

der Erklärung dieses Dritten genügt. Bei einer Expromission soll vielmehr der Gläubiger auf sein Recht gegen den alten Schuldner verzichten, und dagegen die in dem Uebernahme-Vertrage bestimmten Rechte gegen den Dritten erwerben. Die Uebernahme der Schuld Seitens des Dritten ist mithin dem Gläubiger gegenüber eine bedingte, und dieser kann aus dem darüber errichteten Vertrage nur Rechte herleiten, wenn er der gestellten Bedingung sich unterwirft, und dies in rechtsgültiger Form erklärt. Aus Handlungen läßt sich nun auf den Verzicht, welcher Bedingung des Erwerbes des Rechts gegen den Dritten ist, nicht mit Sicherheit schließen. Die Erklärung des Gläubigers muß daher, wie auch der § 400 a. a. O. bestimmt, ausdrücklich und, bei dem Vorhandensein eines schriftlichen Vertrages, durch welchen das dem Gläubiger bedingt eingeräumte Recht festgestellt wird, nach den für den vorliegenden Fall nicht ausgeschlossenen allgemeinen Grundsätzen unserer Gesetzgebung, schriftlich erfolgen. In älteren Entscheidungen des Obertribunals ist auch davon ausgegangen, daß der Gläubiger aus dem Schuld-Uebernahme-Vertrage nur berechtigt und verpflichtet werde, wenn er demselben durch schriftliche Erklärung seiner Einwilligung beigetreten ist.[1]) Neuerdings hat jedoch ein Senat des Obertribunals, ohne die Frage an das Plenum zu bringen, im Präj. 2581 sich dahin ausgesprochen, daß die Schriftlichkeit der Einwilligung des Gläubigers in die Schuldübernahme nicht nothwendig, und selbst eine stillschweigende Einwilligung im Sinne der §§ 85 ff. Tit. 4 Th. I. A. L.-R. für genügend zu achten sei. Denn die Einwilligung des Gläubigers sei nicht als ein Vertrag zwischen demselben und dem neuen Schuldner anzusehen; sie falle auch nicht unter den rechtlichen Gesichtspunkt der Erklärung des Beitritts zu einem unter anderen Personen zum Vortheil des Gläubigers geschlossenen Vertrage im

[1]) Jur. Wochenschrift 1841 S. 230 bes. 235; Entscheid. Bd. 12 S. 236; Archiv für Rechtsf. Bd. 8 S. 102.

Sinne der §§ 74. 75 Tit. 5 Th. I. A. L.-R.; sie sei eben so wenig als eine Entsagung oder als ein einseitiger Vertrag aufzufassen. Die Einwilligung sei vielmehr eben nur, wie sie das Gesetz bezeichne, eine Einwilligung, ein lediglich das Interesse des Gläubigers berührender Konsens, eine Erklärung des Einverständnisses, wie solche an vielen Stellen des Landrechts vorkommen. Als solche bedürfe sie zu ihrer Rechtsgültigkeit nicht der schriftlichen Form. Der § 400 a. a. O. welcher in dieser Beziehung als besonderes Gesetz die allgemeinen Grundsätze ausschließe, verlange auch nur eine ausdrückliche Einwilligung; und zwar, nachdem unmittelbar vorher die Schriftlichkeit des Uebernahme-Vertrages als wesentliche Bedingung aufgestellt worden, woraus um so mehr erhelle, daß bei der Einwilligung des Gläubigers die Schriftlichkeit nicht für nothwendig erachtet worden. Selbst die Ausdrücklichkeit könne nicht als wesentliche Bedingung der formellen Rechtsgültigkeit der Expromission angesehen werden, da sie im § 400 nicht schlechterdings vorgeschrieben sei, an und für sich aber eine stillschweigende Erklärung mit einer ausdrücklichen gleiche Kraft habe.[1]) — Derselbe Senat hat in mehreren früheren und späteren Entscheidungen angenommen, daß die Erklärung des Gläubigers, welche das Gesetz im § 205 a. a. O. bei einer nur bedingungsweise oder unter Vorbehalt übernommenen Bürgschaft verlangt, ausdrücklich und schriftlich erfolgen müsse.[2]) Bei einer Expromission wird aber mindestens eben so wie bei einer bedingungsweise übernommenen Bürgschaft das Rechtsverhältniß zwischen dem Gläubiger und Hauptschuldner berührt. Bei der Expromission geschieht dies sogar in einem noch höheren Grade, indem der Gläubiger auf alle Rechte gegen den ursprünglichen Schuldner verzichten soll. Eben deßwegen liegt auch kein gewöhnlicher

---

[1]) Entscheid. Bd. 29 S. 66 ff.

[2]) Ungedr. Entscheid. vom 19. September 1850; 29. April 1851; 27. März 1855.

Konsens, sondern eine Entsagung vor, von welcher der Erwerb des Rechts gegen den Dritten abhängig ist, und bei der die allgemeinen Grundsätze über die Nothwendigkeit der Schrift schon deßhalb zur Anwendung kommen müssen, weil sie nicht ausdrücklich ausgeschlossen sind.[1])

6. Gesellschaftsverträge.[2]) Ist ein Gesellschaftsvertrag bloß mündlich geschlossen, durch die gemeinschaftliche Verwendung aber etwas erworben worden, so wird ein solcher Erwerb als gemeinschaftliches Eigenthum, welches durch eine zufällige Begebenheit entstanden ist, behandelt.[3]) Hienach ist insbesondere das Verhältniß mehrerer Personen zu beurtheilen, welche mündlich verabreden, ein Lotterieloos gemeinschaftlich zu spielen, wenn demnächst das Loos für die Gemeinschaft erworben wird. Der Erwerb für die Gemeinschaft ist, nach stattgefundener Verabredung, auch dann anzunehmen, wenn das Loos nicht aus gemeinschaftlichen Beiträgen, sondern auf Kosten eines oder einiger Theilnehmer erworben ist; es sei denn die Verabredung vorher wieder aufgehoben, oder bei der Verabredung ausdrücklich bestimmt worden, daß nur diejenigen, welche ihre Beiträge rechtzeitig zahlen, Antheil an dem Loose haben sollen. Der gemeinschaftliche Erwerb ist das Loos und das damit verbundene, durch Erneuerung des Looses bedingte Anrecht für die folgenden Klassen, sowie die damit verbundene Hoffnung auf den zu erzielenden Gewinn; und zwar, wenn eine Ungleichheit der Theilnahmerechte und Beiträge nicht verabredet ist, zu gleichen Rechten und Pflichten. Dieses Anrecht auf alle folgenden Klassen und die damit verbundene Hoffnung eines Gewinns kann, wenn nicht schon bei dem Abschluß der Uebereinkunft die Bedingung gestellt worden, daß der, welcher

---

[1]) Auch die Deklaration vom 21. März 1835 (Gesetzs. 1835 S. 42) verlangt im § 1 einen besonderen Vertrag zwischen dem Dritten und Gläubiger.

[2]) I. 17. § 170; II. 8 §§ 616. 617.

[3]) I. 17 §§ 170. 171.

seine Beiträge nicht rechtzeitig einzahle, sein Theilnahmerecht verliere, nur durch eine ausdrückliche Entsagung verloren gehen. Die unterlassene Zahlung der Beiträge zieht daher, wenn jene Bedingung nicht gestellt worden, den Verlust des Theilnahmerechts selbst dann nicht nach sich, wenn die säumigen Theilnehmer zur Einzahlung ihrer Beiträge unter Androhung der Ausschließung aufgefordert sind, und der Aufforderung keine Folge geleistet haben. Denn einer Seits liegt darin Seitens der Säumigen kein Verzicht auf ihre Rechte, und anderer Seits ist kein Theilnehmer befugt, dem anderen Bedingungen zu stellen, welche in der ursprünglichen Vereinbarung nicht enthalten sind. Wollen die zur Zahlung bereiten Theilnehmer die Gemeinschaft aufheben, so können sie dies nur dadurch bewirken, daß sie das bisher gespielte Loos nicht fortspielen. Durch Erneuerung desselben handeln sie dagegen nicht bloß für sich, sondern auch für die säumigen Theilnehmer, welche durch den Erwerb des Looses zur ersten Klasse ein ihren Theilnahmerechten entsprechendes Anrecht für die folgenden Klassen erworben haben, und für welche dieses Anrecht mit der Erneuerung des Looses zur Wirklichkeit gelangt. Durch Zahlung der Summe, welche die säumigen Theilnehmer hätten beitragen sollen, haben die Zahlenden eine Geschäftsführung ohne Auftrag übernommen, das Loos selbst aber für alle Theilnehmer erworben.[1]) — Ist ein Gesellschaftsvertrag bloß mündlich geschlossen worden, so kann auf Grund eines solchen Vertrages aus Rechtsgeschäften, welche ein Mitglied der Gesellschaft Namens derselben mit einem Dritten geschlossen hat, für sich allein keine solidarische Verbindlichkeit gegen die übrigen Gesellschafter hergeleitet werden. Dies folgt schon daraus, daß das Gesetz die schriftliche Errichtung der Gesellschaftsverträge bei Strafe der Nichtigkeit vorschreibt, mithin ein ohne

---

[1]) Entscheid. Bd. 2 S. 133 und Bd. 12 S. 254; Archiv für Rechtsf. Bd. 2 S. 246.

diese Form errichteter Gesellschaftsvertrag rechtlich gar nicht besteht.[1]) Nun kann es zwar keinem Bedenken unterliegen, daß alle Gesellschafter dem Dritten solidarisch verpflichtet werden, wenn sie mit demselben gemeinschaftlich kontrahiren. Sie haften aber in diesem Falle dem Dritten nicht als Gesellschafter, sondern in Folge der Grundsätze über Korrealverträge als gemeinschaftliche Kontrahenten.[2]) Das Verhältniß derselben als Gesellschafter tritt also in einem solchen Falle ganz in den Hintergrund. Es fragt sich indessen: ob in jedem anderen Falle die solidarische Verbindlichkeit der Gesellschafter unbedingt ausgeschlossen ist, wenn ein schriftlicher Gesellschaftsvertrag nicht errichtet worden ist? Bei Beantwortung dieser Frage muß man zwischen gewöhnlichen und kaufmännischen Gesellschaften unterscheiden.

a. Bei gewöhnlichen Gesellschaften liegt, wenn nicht der Gesellschaftsvertrag ein Anderes bestimmt, der Geschäftsbetrieb sämmtlichen Gesellschaftern gemeinschaftlich ob. Dieselben werden daher nur durch Verträge solidarisch verpflichtet, welche sie gemeinschaftlich oder durch einen gehörig legitimirten gemeinschaftlichen Bevollmächtigten geschlossen haben. Die Vollmacht kann zwar in dem Gesellschaftsvertrage selbst liegen, dieser muß aber zu dem Ende schriftlich errichtet sein, weil nach allgemeinen Grundsätzen nur derjenige, welcher mit einem durch schriftliche Vollmacht legitimirten Bevollmächtigten sich eingelassen hat, gegen den Machtgeber ohne Weiteres aus dem Vertrage klagen kann.[3]) Ob und wie weit der Dritte, wenn eine solche Vollmacht fehlt, auf Grund einer späteren Genehmigung des Machtgebers, gegen denselben aus dem Geschäfte Rechte herleiten kann, wird in der Folge erörtert werden.

b. Bei Handlungsgesellschaften ist, abweichend von gewöhn-

---

[1]) I. 17 § 170; II. 8 § 617.
[2]) I. 5 § 424; I. 17 § 239.
[3]) I. 17 §§ 230 ff. in Verb. mit I. 13 § 8.

lichen Gesellschaften, jedes Mitglied der Gesellschaft in Absicht der gemeinschaftlichen Handlungen als Faktor anzusehen, sofern der bekannt gemachte Inhalt des Gesellschaftsvertrages nicht ein Anderes bestimmt; so daß in dem Gesellschaftsvertrage selbst für jeden Gesellschafter die Vollmacht zu allen die Gesellschaft betreffenden Geschäften liegt.[1]) Nach allgemeinen Grundsätzen müßte der Gesellschaftsvertrag, um diese Vollmacht zu begründen, schriftlich errichtet sein. Da indessen wirklich bestehende Handlungsgesellschaften nicht selten ohne Beobachtung der gesetzlichen Formen gebildet werden, und im Drange der Geschäfte zu genauen Nachforschungen in der Regel keine Zeit bleibt, so fordert der kaufmännische Verkehr und Kredit eine freiere Behandlung des Verhältnisses, und dazu bietet das Gesetz selbst die Grundlage. In dem Handelsrecht ist nämlich, in Erweiterung der allgemeinen Grundsätze über Vollmachtsaufträge, bestimmt, daß der Eigenthümer einer Handlung, welcher einen Anderen, ohne ihm Prokura zu ertheilen, schriftlich oder mündlich für seinen Faktor angegeben hat, denjenigen verhaftet wird, welche durch diese Erklärung verleitet worden, sich mit dem angeblichen Faktor einzulassen.[2]) Diese Bestimmung muß auch auf die Eigenthümer eines gemeinschaftlichen kaufmännischen Geschäfts angewendet werden. Wenn dieselben daher die Errichtung des Gesellschaftsvertrages, die Firma der Gesellschaft, und die Namen der Mitglieder in irgend einer Form öffentlich bekannt gemacht haben, so wird jeder Gesellschafter, mit dessen Wissen und Willen dies geschehen ist, aus den, von einem einzelnen Gesellschafter für die Gesellschaft und im Namen derselben mit einem Dritten vorgenommenen Geschäften, diesem Dritten verhaftet. Denn jeder Gesellschafter wird durch eine solche Bekanntmachung als Faktor des gemeinschaftlichen kaufmännischen Geschäfts, mithin als befugt zur Abschließung von bindenden

[1]) II. 8 § 633.

[2]) II. 8 § 507. vergl. mit I. 13 §§ 147—149.

Verträgen für die Gesellschaft bezeichnet. Demgemäß hat der Plenarbeschluß vom 23. Januar 1843 festgestellt, daß die solidarische Verbindlichkeit der Handlungsgesellschafter, auch ohne einen schriftlichen Gesellschaftsvertrag, jedenfalls wenigstens dann eintrete, wenn die in den §§ 618 ff. Tit. 8 Th. II. A. L.-R. gesetzlich vorgeschriebene Bekanntmachung der Errichtung der Societät stattgefunden, und ein, in Gemäßheit dieser Anzeige als Faktor legitimirter Gesellschafter im Namen der Gesellschaft ein Geschäft mit einem Dritten abgeschlossen habe.[1] In folgerechter Entwickelung der hier anwendbaren Grundsätze ist in späteren Entscheidungen angenommen, daß jede andere öffentliche Bekanntmachung dieselbe Wirkung gegen jeden Gesellschafter habe, mit dessen Wissen und Willen solche erfolgt sei; namentlich die Bekanntmachung durch Cirkulare, durch die Zeitungen, durch Anmeldung bei den Steuerämtern und anderen Behörden, mit denen der Geschäftsbetrieb die Gesellschaft in Verbindung zu bringen pflegt.[2] Es ist auch nicht erforderlich, daß die Cirkulare und sonstigen Bekanntmachungen von jedem Gesellschafter unterschrieben worden sind. Es genügt vielmehr, daß die Bekanntmachung mit Wissen und Willen der Gesellschafter, welche darin genannt sind, erfolgt ist, und dies kann auch aus Thatsachen geschlossen werden; z. B. wenn ein Gesellschafter behülflich gewesen, die gedruckten Cirkulare und Empfehlungsschreiben, welche die Eröffnung des Geschäfts anzeigen, und ihn als Theilnehmer benennen, einzusiegeln und zu adressiren. Eben so wenig ist darauf Gewicht zu legen, ob die Bekanntmachung gerade dem Dritten, mit welchem ein Gesellschafter kontrahirt hat, zugesandt worden. Es genügt vielmehr eine Bekanntmachung, wodurch die Gesellschafter zu erkennen geben, daß sie als solche nach außen hin auftreten und Verbindungen

---

[1] Präj. 1218 (Präj.-S. S. 185). Entscheid. Bd. 8. S. 129; ungedr. Entscheid. vom 6. Decbr. 1853.

[2] Entscheid. Bd. 19 S. 247.

eingehen wollen.[1]) — Wenn ein einzelner Gesellschafter aus der Gesellschaft scheidet, so muß dies zwar, um ihn für die Zukunft von jeder Verbindlichkeit zu befreien, gehörig bekannt gemacht werden. Wer aber von dem Austritt Wissenschaft erlangt hat, kann den Mangel der Bekanntmachung nicht vorschützen.[2]) Es genügt daher jede formlose und mündliche Mittheilung, welche dem Dritten gemacht worden.[3])

7. Pachtverträge über Landgüter. Ist der Vertrag bloß mündlich geschlossen, so ist er nur auf ein Jahr gültig; so daß es keiner Kündigung bedarf, um den Pächter nach Ablauf des Jahres zur Räumung zu verpflichten.[4])

8. Verträge, wodurch ein Lehn begründet wird, wenn der Gegenstand auch keine unbewegliche Sache ist.[5])

9. Verlagsverträge. Ist der Vertrag nicht schriftlich errichtet, die Handschrift jedoch von dem Schriftsteller abgeliefert worden, so gilt die mündliche Abrede zwar in Ansehung des Honorars, in allen übrigen Stücken aber sind die Verhältnisse beider Theile lediglich nach den gesetzlichen Vorschriften zu beurtheilen.[6])

10. Verlängerungen schriftlicher Verträge, mit Ausnahme der Pacht- und Miethverträge, deren Verlängerung auch stillschweigend erfolgen kann.[7])

11. Erklärungen, durch welche dritte Personen einem schriftlich geschlossenen Vertrage beitreten.[8])

---

[1]) Ungedr. Entscheid. vom 17. Decbr. 1849, 17. Juli 1851, 7. October 1852.

[2]) II. 8 §§ 658. 659. 672.

[3]) Archiv für Rf. Bd. 9 S. 19.

[4]) I. 21 §§ 401. 402; Präj. 493 (Präj.-S. S. 123).

[5]) I. 18 § 83.

[6]) I. 11 §§ 998. 999.

[7]) § 154 h. t.; I. 21 §§ 325 ff.; II. 5 §§ 168. 194; wegen der Verträge mit Hausofficianten Präj. 1921 (Präj.-S. S. 176; Entscheid. Bd. 15 S. 61).

[8]) § 153 h. t.

12. Verschiedene andere einseitige Erklärungen, wodurch Jemand legitimirt werden soll; insbesondere Vollmachtsaufträge,[1]) die Verpfändung ausstehender Forderungen,[2]) die Cession von Forderungen, worüber briefliche Urkunden vorhanden sind,[3]) und Wechsel.[4]) Assignationen sind dagegen nur bei Summen, bei welchen nach dem gleich folgenden allgemeinen Grundsatze die Schrift erforderlich ist, schriftlich zu ertheilen.[5]).

II. Alle Verträge, deren Gegenstand mehr als fünfzig Thaler in Silbergeld beträgt, müssen schriftlich errichtet werden.[6]) In Anschluß an diese Vorschrift bestimmen die §§ 133. 134 d. T.

§ 133. Auch andere bloß einseitige Willenserklärungen müssen bei Gegenständen über fünfzig Thaler, sobald ihre Folgen sich auf die Zukunft erstrecken sollen, schriftlich abgefaßt werden.

§ 134. Zu Entsagungen und Verzichtleistungen, nicht aber zum Beweise der erfolgten Zahlung oder sonstigen Erfüllung einer Verbindlichkeit, sind schriftliche Urkunden erforderlich.

Diese Bestimmungen haben in zwiefacher Hinsicht zu Zweifeln Anlaß gegeben.

1. Die Entstehungsgeschichte der §§ 133. 134 scheint dafür zu sprechen, daß der § 133 nicht bloß auf einseitige Verträge, durch welche der Erklärende unmittelbar verpflichtet wird, sondern auch auf alle Willenserklärungen, deren Folgen sich in die Zukunft

---

[1]) I. 13 § 8.

[2]) I. 20 §§ 281 ff. Verordn. vom 9. December 1809 (Mathis Bd. 9 S. 16).

[3]) I. 11 § 394.

[4]) Die neue Wechselordnung.

[5]) I. 16 § 253.

[6]) § 131 h. t. Ueber die Berechnung des Werths s. §§ 132. 136. 138. 141 d. T., bei Pacht- und Miethverträgen I. 21 § 265.

erstrecken, zu beziehen ist. Dies ist auch in einer Entscheidung des Obertribunals vom 22. Juni 1844 angenommen,[1]) durch Plenarbeschluß vom 1. März 1847 dagegen festgestellt worden, daß der § 133 auf einseitige Verträge, aus welchen eine unmittelbare Verpflichtung für den Erklärenden hervorgehen soll, zu beschränken, jede sonstige einseitige Erklärung dagegen nach den Vorschriften §§ 94 ff. Tit. 4 Th. I. A. L.-R. zu beurtheilen ist.[2]) Auf die Entstehungsgeschichte der §§ 133. 134, welche in den Gründen des Plenarbeschlusses mitgetheilt wird, ist kein besonderes Gewicht zu legen. Danach wollte Suarez allerdings bei allen einseitigen Erklärungen, wodurch weder etwas versprochen, noch eine Verbindlichkeit erlassen wird, die schriftliche Form als Regel vorschreiben, und die etwaigen Ausnahmen bei den betreffenden Rechtsgeschäften bestimmen. Es wurde auch darauf beschlossen, daß Entsagungen und andere einseitige Erklärungen schriftlich erfolgen sollten. Daraus folgt aber noch nicht, daß der Antrag von Suarez in seinem ganzen Umfange genehmigt, oder daß, wenn dies damals geschehen sein sollte, der Beschluß auch in der Folge für maaßgebend erachtet worden. Für das Gegentheil und die Beschränkung des § 133 auf einseitige Verträge sprechen vielmehr, abgesehen davon, daß das Edikt von 1770 die schriftliche Form nur bei Verträgen und Versprechungen fordert, verschiedene Gründe. Erstens nämlich die Stellung des § 133 in der Lehre von Verträgen, weshalb er füglich nur auf diese bezogen werden kann. Zweitens die unveränderte Beibehaltung der §§ 94. 95 Tit. 4 Th. I., die doch, wenn der § 133 auf alle Willenserklärungen, deren Folgen sich in die Zukunft erstrecken, zu beziehen wäre, fast alle Bedeutung würden verloren haben. Drittens die Thatsache, daß der Plan von Suarez, die etwaigen Ausnahmen von der beabsichtigten Regel bei den einzelnen Rechtsgeschäften anzumerken,

[1]) Entscheid. Bd. 11 S. 329 ff.
[2]) ebend. Bd. 14 S. 33 ff.

nicht zur Ausführung gekommen, vielmehr gerade umgekehrt in den Fällen, in welchen die einwilligende Erklärung eines Dritten schriftlich erfolgen soll, dies ausdrücklich bestimmt worden ist.

a. Auf Grund dieser Ausführung hat das Plenum in dem damals vorliegenden Falle angenommen, daß die zur Gültigkeit der Schuld einer Ehefrau nach §§ 320. 329 Tit. 1 Th. II. A. L.-R. erforderliche Bewilligung des Mannes, auch bei Gegenständen über fünfzig Thaler, der schriftlichen Form nicht unbedingt, und namentlich nicht bei Darlehnen bedürfe. In Uebereinstimmung damit hat das Obertribunal sich schon in einem früheren Präjudiz 1095 zum § 233 a. a. O. dahin ausgesprochen, daß zwar Kapitalien, welche zum Eingebrachten einer Ehefrau gehören und auf deren Namen geschrieben sind, ohne ihre Einwilligung von dem Manne nicht gekündigt werden können, daß diese Einwilligung jedoch an keine Form gebunden ist.[1]) Desgleichen hat das Obertribunal in einer ungedruckten Entscheidung vom 6. December 1854 ausgeführt, daß die nach § 125 Tit. 2 Th. II. A. L.-R. erforderliche Einwilligung des Vaters in Handlungen der Kinder unter väterlicher Gewalt mündlich und selbst stillschweigend erfolgen könne.

b. In dem Falle des § 378 Tit. 1 Th. II. A. L.-R. ist dagegen die mündliche oder stillschweigende Einwilligung der Ehefrau in die Veräußerung oder Verpfändung eines zur Gütergemeinschaft gehörenden Grundstücks oder einer dazu gehörenden Gerechtigkeit nicht für genügend zu achten. Für die Ehe ohne Gütergemeinschaft ist die Nothwendigkeit einer schriftlichen Einwilligung der Ehefrau in die Veräußerung, Verpfändung und Belastung von Grundstücken oder Gerechtigkeiten, welche zum Eingebrachten gehören, deutlich ausgesprochen. Für die Ehe mit Gütergemeinschaft ist dies, in Bezug auf die dazu gehörenden Grundstücke und Gerechtigkeiten, im § 378 a. a. O. nicht eben so deutlich geschehen.

---

[1]) II. 1. §§ 232. 587.

Das Plenum des Obertribunals hat jedoch durch Beschluß vom 22. März 1847 festgestellt, daß die Einwilligung der Ehefrau zu ihrer rechtlichen Wirksamkeit der schriftlichen Form bedürfe. Dies folgt aus den §§ 15—17 Tit. 10 Th. I. in Verbindung mit § 135 Tit. 5 und § 1233 Tit. 21 Th. I. A. L.-R. Denn zu den Willenserklärungen, die hienach schriftlich erfolgen müssen, gehört auch die nach § 378 Tit. 1 Th. II. erforderliche Zustimmung der Ehefrau vornämlich deßhalb, weil nach dem Wesen der landrechtlichen Gütergemeinschaft, die darin lebende Ehefrau als Miteigenthümerin jedes Bestandtheils der gemeinschaftlichen, von dem Manne nach außen zu vertretenden, Gütermasse angesehen werden muß; daraus aber folgt, daß die Ehefrau, indem sie die gesetzlich für nothwendig erachtete Einwilligung in die Verfügung ihres Mannes als Vertreters des gemeinschaftlichen Vermögens ertheilt, zugleich selbst Verfügung über ein ihrem Miteigenthum unterworfenes Vermögensstück trifft.[1])

c. Auf Grund der §§ 133. 153 d. T. haben manche Gerichte angenommen, daß die Einwilligung des Vermiethers, welche nach §§ 309 ff. Tit. 21 Th. I. A. L.-R. bei einer von dem Miether vorzunehmenden Unter-Vermiethung erforderlich ist, zu ihrer Rechtsgültigkeit der schriftlichen Form bedürfe. Das Gegentheil kann indessen nach dem obgedachten Plenarbeschluß vom 1. März 1847 nicht zweifelhaft sein. Durch die Einwilligung in die Unter-Vermiethung tritt der Vermiether, wie aus den §§ 316. 318. 319 a. a. O. erhellt, in gar kein Rechtsverhältniß zu dem Untermiether. Es liegt daher keine Betheiligung an dem zwischen dem Miether und Untermiether geschlossenen Vertrage, sondern eine einfache Einwilligung vor, welche lediglich den Zweck hat, den möglichen Widerspruch des Vermiethers und die Folgen desselben (§§ 310. 311 a. a. O.) zu beseitigen, und deren Form eben deß-

---

[1]) Entscheid. Bd. 14. S. 44.

wegen nach den §§ 94. 95 Tit. 4 Th. I. A. L.-R. zu beurtheilen ist. Dies erhellt überdies aus dem § 315 Tit. 21 a. a. O., indem dem Miether nicht vorgeworfen werden kann, den Untermiether eigenmächtig und unbefugter Weise angenommen zu haben, wenn der Vermiether seine Einwilligung auch nur mündlich ertheilt hat.[1]) Das Vorbemerkte findet jedoch nur Anwendung, wenn die Einwilligung des Vermiethers in die Ueberlassung der gemietheten Sache an einen Anderen in Bezug auf eine bestimmte Person oder einen bestimmten Fall ertheilt ist. Eine bei oder nach Abschluß des schriftlichen Miethvertrages getroffene mündliche Abrede, daß dem Miether die Befugniß zustehen soll, die gemiethete Sache beliebig anderen Personen zu überlassen, hat dagegen keine bindende Kraft, weil dadurch die gesetzlichen Folgen (Naturalien) des Miethvertrages überhaupt betroffen, und für die Dauer des Miethvertrages abgeändert werden (127 ff. d. T.).[2])

d. Die Wirkung einer bereits vollendeten Verjährung wird durch ein Anerkenntniß nur gehoben, wenn dasselbe der Forderung einen neuen Rechtsgrund gewährt. Ein solches Anerkenntniß muß daher auch mit den formellen Erfordernissen einer rechtsgültigen Willenserklärung versehen, bei Gegenständen über fünfzig Thaler mithin schriftlich abgegeben sein.[3]) Jedes formlose und selbst stillschweigende Anerkenntniß ist dagegen genügend, um die noch laufende Verjährung zu unterbrechen.[4])

e. Die Annahme einer Anweisung muß bei einem Gegenstande im Werthe von fünfzig Thalern schriftlich erfolgen.[5]) Durch eine bloß mündliche Annahme wird daher der Assignat in einem

---

[1]) Präj. 2029 (Präj.-S. S. 125): Entscheid. Bd. 28 S. 102; Archiv für Rf. Bd. 13 S. 341.

[2]) Präj. 2447 (Entscheid. Bd. 25 S. 388).

[3]) I. 9 § 564; Archiv für Rechtsf. Bd. 13 S. 364: ungedr. Entscheid. vom 29. März 1852.

[4]) I. 9 § 562; Präj. 2294 (Entscheid. Bd. 21 S. 192).

[5]) I. 16 § 253.

solchen Falle gar nicht, durch eine schriftliche Annahme dagegen dergestalt gebunden, daß er nunmehr dem Assignatar keine Einwendungen, die er gegen den Anweisenden hatte, also auch nicht den Einwand entgegen setzen kann, die Anweisung selbst sei wegen der mangelnden Schriftform ungültig.[1]) Die Erklärung des Assignaten begründet aber nur dann einen solchergestalt wirksamen selbstständigen Verpflichtungsgrund, wenn sie wirklich eine Annahme der Anweisung enthält. Wenn daher z. B. der Assignat dem Angewiesenen nur einen Schuldschein ausstellt, worin er die Zahlung einer gleich großen Summe, jedoch ohne ausdrückliche Beziehung auf die Anweisung verspricht, so kann aus einem solchen Schuldschein, wie aus der Annahme einer Anweisung, nicht geklagt werden.[2])

2. Auf Grund des § 134 d. T. ist von einigen Auslegern behauptet worden, daß Erlasse und Entsagungen ohne Unterschied der Summe der schriftlichen Form bedürfen, was auch daraus folgen soll, daß Erlasse eine Art von Schenkungen sind. Den Widerspruch dieser Auffassung mit den §§ 380. 381. 387 Tit. 16 Th. I. A. L.-R. hat man durch verschiedene künstliche Unterscheidungen zu beseitigen gesucht. Das Obertribunal hat in dem Präjudiz 1005 und den Gründen des Plenarbeschlusses vom 24. Februar 1840 das Gegentheil angenommen.[3]) Die Entstehungsgeschichte der §§ 133. 134 d. T. ergiebt denn auch, daß durch den § 134 nichts von den vorerwähnten §§ 380. 381. 387 abweichendes hat festgestellt werden sollen.[4]) Danach befanden sich die §§ 133. 134 noch nicht in dem gedruckten Entwurf. Ein Monent äußerte, daß auch der bloß einseitigen Erklärungen und Verträge

[1]) Archiv für Rf. Bd. 3 S. 45.

[2]) ebend. Bd. 9 S. 49.

[3]) Präj.-S. S. 92; Entscheid. Bd. 7 S. 88; Entscheid. Bd. 5 S. 272; s. auch Archiv für Rechtsf. Bd. 7 S. 46.

[4]) Entsch. Bd. 14 S. 36. 37.

erwähnt werden könnte. Darauf bemerkte Suarez in Bezug auf den vorliegenden Punkt:

> das Edikt von 1770 redet von Kontrakten, Verträgen und Versprechungen. Hienach könnte es scheinen, als ob bloße Entsagungen eines Rechts der schriftlichen Abfassung nicht bedürfen. Es ist aber das Gegentheil Tit. 13 §§ 229. 230 (jetzt Tit. 16 §§ 380. 381) angenommen.

Eine Abweichung von den zuletzt gedachten Vorschriften hat daher nicht in der Absicht von Suarez gelegen. Eine solche kann auch nicht in dem darauf gefaßten allgemein gehaltenen Beschluß gefunden werden: 1. Entsagung schriftlich; 2. andere einseitige Erklärungen schriftlich; 3. Beweis der Zahlung nicht schriftlich; und zwar um so weniger, weil nur an eine den § 131 d. T. ergänzende Bestimmung gedacht wurde, und deßhalb die Beschränkung des hinsichtlich der Entsagungen und anderen einseitigen Erklärungen gefaßten Beschlusses sich ganz von selbst verstand. Nun hätte zwar Suarez, da eine ausreichende Bestimmung wegen der Entsagungen bereits getroffen war, den § 134 ganz weglassen, oder doch wie den § 133 ausdrücklich auf Gegenstände über fünfzig Thaler beschränken sollen. Aus der Aufnahme und unbeschränkten Fassung des § 134 läßt sich indessen nicht schließen, daß darin eine von den §§ 380. 381. 387 Tit. 16 abweichende Bestimmung hat getroffen werden sollen. Der § 134 muß vielmehr, wie seine Entstehungsgeschichte ergiebt, aus den §§ 380. 381. 387 Tit. 16 erläutert werden. Auch erklärt sich die nicht erfolgte Wiederholung der Worte „bei Gegenständen über fünfzig Thaler" daraus, daß Entsagungen eine Art der im § 133 gedachten Willenserklärungen sind, und demgemäß Suarez den § 134 als Anhang zu § 133 betrachten mochte. Die Bemerkung, daß Erlasse eine Art von Schenkungen seien, beweist zu viel, indem daraus die Nothwendigkeit des gerichtlichen Abschlusses der Erlasse gefolgert werden müßte.

Bei dem sogenannten constitutum possessorium hat man, ungeachtet der Fassung des § 71 Tit. 7 Th. I. A. L.-R., die Nothwendigkeit der schriftlichen Form bei einem Gegenstande über fünfzig Thaler bezweifelt, und sind auch bei dem Obertribunal abweichende Entscheidungen ergangen. Durch Plenarbeschluß vom 20. November 1854 ist jedoch festgestellt worden, daß zur Gültigkeit des constituti possessorii in dem bezeichneten Falle eine schriftliche Erklärung nothwendig sei. Der Plenarbeschluß ist zwar auf den Fall eines Kaufvertrags, der damals vorlag, beschränkt worden. Der wesentliche Grund, daß der § 71 a. a. O. eine rechtsgültige Erklärung fordert, so wie daß das const. poss. ein selbstständiges Nebengeschäft ist, paßt aber auch auf andere Verhältnisse.[1])

III. Ohne Unterschied der Summe bedürfen keiner schriftlichen Abfassung:

1. Miethverträge mit gemeinem Gesinde. Dieselben erhalten durch das Geben und Annehmen des Miethgeldes verbindliche Kraft.[2])

2. Die sogenannten Realverträge, wenn der Gegenstand eine bewegliche Sache ist, und nur das Rechtsverhältniß, welches nach den Gesetzen durch das Hingeben der Sache begründet wird, eintreten soll. Verabredungen über Neben-Verpflichtungen müssen dagegen, um bindende Kraft zu haben, schriftlich festgestellt werden.[3]) Nach dieser Regel ist auch der Verlagsvertrag behandelt. Wenn der Schriftsteller, ohne einen schriftlichen Vertrag zu errichten, die Handschrift abgeliefert hat, so soll die mündliche Abrede in Ansehung des versprochenen Ho-

[1]) Entscheid. Bd. 29 S. 1 ff.

[2]) § 137 d. T.; Gesinde-Ordnung vom 8. November 1810 § 22 ff. (Gesetzs. 1810 S. 101).

[3]) §§ 145. 146 h. t.; I. 11 §§ 727 ff. 734 ff.; I. 14 § 10; I. 20 §§ 94. 271 ff.; I. 21 §§ 229 ff.; II. 8 §§ 444 ff.

norars gelten, in allen übrigen Stücken das Verhältniß beider Theile lediglich nach den gesetzlichen Vorschriften beurtheilt werden.[1])

3. Verträge über bewegliche körperliche Sachen, welche außerhalb Landes an einem Orte geschlossen worden, wo mündliche Verträge ohne Unterschied der Summe gültig sind.[2]) Der Entwurf enthielt die Beschränkung auf körperliche Sachen nicht,[3]) das Wort „körperlich" ist vielmehr erst der Reinschrift des Gesetzbuchs ohne nähere Begründung von Suarez beigefügt worden. Anscheinend ist dabei die Bestimmung unserer Gesetzgebung, daß der Schuldner nur an einen durch schriftliche Cession legitimirten Cessionar zu zahlen braucht,[4]) leitend gewesen, und deßhalb im Widerspruch mit § 111 d. T. angenommen worden, daß die im Auslande erfolgte mündliche Uebereignung eines Forderungsrechts im Inlande nicht zur Wirksamkeit gelangen könne. Aus der eben gedachten Befugniß des Schuldners folgt indessen noch nicht die Unverbindlichkeit des zwischen dem Cessionar und Cedenten im Auslande geschlossenen Vertrages. Nach allgemeinen Grundsätzen muß dessen Gültigkeit vielmehr nach den am Orte der Errichtung geltenden Gesetzen beurtheilt, und der Cessionar daher, wenn dort mündliche Verträge ohne Unterschied der Summe bindende Kraft haben, für befugt erachtet werden, auf Grund des Vertrages gegen den Cedenten auf Vollziehung desselben durch Ertheilung einer schriftlichen Cession zu klagen. Die Staatsverträge, welche mit verschiedenen deutschen Staaten abgeschlossen sind, enthalten denn auch die Beschränkung auf körperliche Sachen nicht, bestimmen vielmehr, daß alle Rechtsgeschäfte unter Lebendigen und von Todeswegen, mit alleiniger Ausnahme der Verträge, welche die

---

[1]) I. 11 § 999.

[2]) § 148 d. T.

[3]) Entwurf II. 2 § 112.

[4]) I. 11 §§ 393 ff.

Begründung eines dinglichen Rechts auf unbewegliche Sachen zum Zweck haben, in Ansehung ihrer formellen Gültigkeit nach den Gesetzen des Orts der Errichtung zu beurtheilen sind.[1])

4. Verträge über bewegliche Sachen, die von beiden Theilen sogleich erfüllt worden sind. Ein solchergestalt abgemachtes Geschäft darf wegen Mangels der Form nicht angefochten werden. Anderer Seits darf aber auch kein Theil den anderen auf den Grund vorgeblicher mündlicher Nebenabreden ferner in Anspruch nehmen.[2]) Das Gesetz spricht ganz allgemein von beweglichen Sachen, und ist daher auch auf Rechte zu beziehen, welche mit einem Grundstücke nicht verbunden sind, da solche Rechte, sofern ihnen die Eigenschaft einer unbeweglichen Sache durch besondere Gesetze nicht ausdrücklich beigelegt worden, als bewegliche Sachen betrachtet werden.[3]) Hienach ist z. B. ein Vergleich, in welchem die Parteien ihren gegenseitigen Forderungen zum Betrage von mehr als fünfzig Thaler gegenseitig entsagen, als ein über bewegliche Sachen geschlossener und von beiden Seiten sogleich erfüllter Vertrag, ohne hinzukommende schriftliche Abfassung gültig.[4]) Dasselbe findet dagegen nicht statt, wenn die Umwandlung einer Verbindlichkeit in eine andere statt gefunden hat, und seitdem bloß die Leistung der früher bestandenen Verbindlichkeit unterblieben ist; wenn also z. B. nach mündlich geschlossenem Dienst-Umwandlungsvertrage die Naturaldienste bloß nicht gefordert und nicht geleistet worden sind.[5]) Ueberhaupt muß eine wirkliche beiderseitige Erfüllung des mündlich geschlossenen Vertrages statt-

---

[1]) Diese Verträge sind in der Abhandlung über die Grenzen der Anwendung der preußischen Gesetze S. 69 angegeben.

[2]) §§ 146. 147 d. T.

[3]) I. 2 §§ 7—9; Präj. 1710 (Präj.-S. S 71); Entsch. Bd. 12 S. 194.

[4]) Präj. 1853 (Präj.-S. S. 92; Entsch. Bd. 15 S. 83); Archiv für Rf. Bd. 2 S. 45. Schriftliche Urkunden, deren Rückgabe hätte nöthig erscheinen können, waren in den damals vorliegenden Fällen nicht ausgestellt.

[5]) Archiv für Rf. Bd. 13 S. 25.

gefunden haben. In dieser Beziehung kommen zwar die allgemeinen Vorschriften von der Uebergabe zur Anwendung. Allein eines Theils erleiden dieselben hier einige Maaßgaben, anderen Theils müssen wenigstens einzelne Punkte hervorgehoben werden, um die Anwendung der allgemeinen Grundsätze auf das vorliegende Verhältniß anschaulich zu machen.

a. Nach dem Präj. 1064 setzen die §§ 128 ff. Tit. 11 Th. I. A. L.-R., einen rechtsgültig geschlossenen Vertrag voraus, und finden daher auf Verträge, die kraft des Gesetzes schriftlich geschlossen werden müssen, aber bloß mündlich geschlossen sind, keine Anwendung. Die Richtigkeit dieses Satzes folgt schon aus dem § 130 a. a. O., wonach die §§ 128 ff. nur dann zur Anwendung kommen sollen, wenn der Kauf selbst unter den Parteien völlig abgeschlossen ist. Denn dies ist bei einem bloß mündlich geschlossenen Vertrage, aus welchem nicht auf Erfüllung geklagt werden kann, nicht der Fall. Die Uebergabe wird demzufolge bei einem solchen Vertrage dadurch, daß die verkaufte Sache mit Wissen und Willen des Käufers dem Fuhrmann oder Schiffer überliefert worden, noch nicht bewirkt, und daher auch die Erfüllung des Vertrages dadurch nicht herbeigeführt. [1])

b. Bei der Abtretung von Rechten unterscheidet das Landrecht, wie bei allen mittelbaren Erwerbungen des Eigenthums, den Titel — hier das pactum de cedendo, und die Erwerbungsart — hier den Cessionsakt. Demgemäß bestimmt der § 376 Tit. 11 Th. I. A. L.-R. „die Abtretung der Rechte setzt einen Vertrag voraus, wodurch sich Jemand verpflichtet, einem Anderen das Eigenthum seines Rechts gegen eine bestimmte Vergeltung zu überlassen.“ Aus diesen Worten ist, in Widerspruch mit der täglichen Erfahrung von verschiedenen Gerichten gefolgert worden, daß dem Cessionsakte immer ein der Form nach gültiges

---

[1]) Präj.-S. S. 50.

pactum de cedendo vorangehen müsse, widrigenfalls der Cessionsakt selbst unkräftig sei. Diese Auffassung ist indessen, wie das Obertribunal wiederholt nachgewiesen hat, eine durchaus irrige.[1]) Der Gesetzgeber hat, um den Begriff des Cessionsgeschäfts klar zu machen, die beiden Theile desselben, welche füglich zusammenfallen können und in der Regel zusammenfallen, aus einander gelegt, dadurch aber keineswegs anerkennen wollen, daß die Rechtsbeständigkeit der Cession von einem vorhergegangenen in rechtsgültiger Form abgeschlossenen pactum de cedendo abhängig sei. Das Gegentheil erhellt vielmehr aus dem § 393 Tit. 11 Th. I. A. L.-R., wonach das Cessionsgeschäft rechtsbeständig ist, wenn erstens der Cedent die Cession (Uebertragung des Rechts) in rechtsgültiger Form erklärt, und zweitens der Cessionar diese Erklärung angenommen hat. In der ersten Beziehung muß die Cession bei Gegenständen über fünfzig Thalern, so wie bei dem Vorhandensein einer über das abzutretende Recht ausgestellten schriftlichen Urkunde schriftlich erfolgen, so daß die Ausantwortung der Schuldurkunde an den Cessionar weder genügt noch erforderlich ist, um den Uebergang des Eigenthums herbeizuführen. In der zweiten Beziehung ist eine schriftliche Erklärung in keinem Falle nothwendig. Die Annahme kann vielmehr, da das Gesetz in dieser Hinsicht keine Form verlangt, nach den dieserhalb bestehenden allgemeinen Grundsätzen auch mündlich oder stillschweigend erfolgen. Eine stillschweigende Annahme darf aber, wenn ein pactum de cedendo, als dessen Vollziehung die Ausstellung und Aushändigung der Cession sich darstellt, nicht vorhergegangen ist, aus der Uebersendung und unterlassenen Zurücksendung der Cessions-Urkunde für sich allein nicht gefolgert werden. Denn die Cession kann immer nur als die Ausführung einer stattgefundenen Verständigung über die Abtretung des Rechts gedacht werden. Ist

[1]) Entscheid. Bd. 9 S. 218; Bd. 12 S. 208.

daher eine solche Verständigung nicht vorhergegangen, so kann die Zusendung der Cessions-Urkunde nur als ein Antrag angesehen werden, auf einen solchen sich zu erklären, ist aber nach den allgemeinen Vorschriften § 26 Tit. 3 und § 61 Tit. 1 Th. I. A. L.-R., so wie nach den besonderen Vorschriften über die Annahme eines angebotenen Vertrages (§§ 78—108 d. T.) Niemand verbunden.[1]) Hienach kann, wenn einer Seits die Cessions-Urkunde ausgestellt und angenommen, anderer Seits die Cessions-Valuta gezahlt worden, das dergestalt abgemachte Geschäft von keiner Seite angefochten werden. Wie aber steht die Sache, wenn zwar die Cessions-Urkunde ausgestellt und angenommen, die mündlich bedungene Vergeltung aber ganz oder zum Theil nicht bezahlt worden ist? Kann dann jeder Betheiligte von dem Cessionsgeschäfte wieder zurücktreten? Die allgemeinen Grundsätze der §§ 156 ff. d. T. sprechen anscheinend für die Bejahung der Frage, da die Ausstellung und Aushändigung der Cessions-Urkunde nur die Erfüllung dessen ist, was der eine Theil versprochen hat, und damit anscheinend keine stärkere Wirkung verbunden werden kann, als mit der Uebergabe einer körperlichen Sache. Das Obertribunal hat indessen auf Grund des § 393 Tit. 11 Th. I. A. L.-R. wiederholt angenommen, daß durch die Ausstellung und Annahme der Cessions-Urkunde jeder Theil gebunden werde, und insbesondere der Schuldner nicht für befugt erachtet werden könne, das Geschäft wieder aufzurufen, und das auf Rechnung desselben Gezahlte zurück-

---

[1]) Präj. 193 (Präj.-S. S. 59; Entscheid. Bd. 2 S. 332); Präj. 1345 (Präj.-S. S. 57; Entscheid. Bd. 9 S. 213); Entscheid. Bd. 12 S. 204; Präj. 1663 (Präj.-S. S. 57; Entscheid. Bd. 14 S. 237); Präj. 2230 (Entscheid. Bd. 20 S. 128); Entscheid. Bd. 21 S. 351; Archiv für Rf. Bd. 2 S. 228; Bd. 4 S. 158; Bd. 6 S. 174. — Eine gültige Uebergabe ist es auch, wenn der Gläubiger die Schuldurkunde dem Schuldner zurückgiebt, diesen eine neue Obligation auf den Namen des Cessionars oder Beschenkten ausstellen läßt und letzterer solche annimmt; Präj. 1709 (Präj.-S. S. 60; Entscheid. Bd. 13 S. 190).

zufordern; und zwar auch dann nicht, wenn aus der Cessions-Urkunde die über die Vergeltung getroffene Verabredung nicht ersichtlich ist, sondern anderweit festgestellt werden muß.[1]) In der That ist auch zwischen der auf Grund eines mündlichen Vertrages erfolgten Uebergabe einer körperlichen Sache, und der auf Grund eines solchen Vertrages erfolgten Cession eines Forderungsrechts ein wesentlicher Unterschied. Denn bei körperlichen Sachen wird durch die Uebergabe in einem solchen Falle ein Eigenthumswechsel noch nicht herbeigeführt, bei einem Forderungsrechte geht dagegen durch die rechtsgültige Erklärung des Cedenten und die Annahme dieser Erklärung Seitens des Cessionars nach § 393 Tit. 11, das Eigenthum des Rechts auf den Cessionar über.

c. Das Präjudiz 1965 bestimmt noch wörtlich: Wenn die Uebertragung einer Forderung, worüber ein Dokument vorhanden ist, vereinbart, und dem neuen Erwerber jenes Dokument mit der zum Zeichen der Uebertragung darunter gesetzten Namens-Unterschrift des Cedenten ausgehändigt worden ist, so kann der Cedent der Gültigkeit des Cessionsgeschäfts den Einwand nicht entgegen setzen, daß es an einer schriftlichen Cession fehle.[2]) Bei einer späteren Berathung ist noch der Zusatz beschlossen worden: „vorausgesetzt, daß ein wirkliches Blanko-Giro vorhanden, also über die Namensunterschrift Raum zur Ausfüllung gelassen ist."[3]) Das Präjudiz ist wesentlich darauf gegründet, daß das Blanko-Giro, welches in dem damals vorliegenden Falle auf Eisenbahn-Interims-Scheine gesetzt war, eine den §§ 393. 394 Tit. 11 entsprechende

---

[1]) Präj.-S. S. 59; Entscheid. Bd. 16 S. 142.

[2]) Präj. 1573 (Präj.-S. S. 59; Entscheid. Bd. 12 S. 264); Entscheid. Bd. 21 S. 351; Archiv für Rf. Bd. 2 S. 228 und Bd. 6 S. 174. Das Präjudiz spricht zwar nur von einer „im Laufe des Processes ihrem Inhalte nach anerkannten (eigentlich zugestandenen) mündlichen Verabredung" hinsichtlich der Valuta. Die Gründe des Präjudizes, so wie der anderen Entscheidungen, gehen indessen weiter.

[3]) Anmerk. zu Entscheid. Bd. 16 S. 142.

Erklärung enthalte. Denn wenn die Vereinbarung der Parteien, wie bei einem Blanko-Giro der Fall sei, dahin gehe, daß das Eigenthum der abgetretenen Forderung auf den, welchem die darüber ausgestellte Urkunde mit der Namensunterschrift des früheren Eigenthümers ausgehändigt wird, übergehen, und dieser berechtigt sein solle, über jene Unterschrift den Uebertragungs-Vermerk zu setzen, so werde, dieser Vereinbarung nach, von Seiten des Cedenten das ganze Maaß der Schriftlichkeit erfüllt, welches eintreten solle. Man könne von dem Cedenten fordern, daß er den Cessionsvermerk ausfülle, wenn derselbe vertragsmäßig dem Cessionar überlassen worden sei. Auch würde dadurch die Lage des letzteren nur erschwert werden, indem das Blanko-Giro ihn ermächtigen solle, statt seiner eigenen Person sofort einen Anderen als Cessionar einzurücken, wie dies zur Erleichterung des Verkehrs nicht selten vorkomme. Der Cedent aber müsse nach § 136 Tit. 10 Th. I. der Proceß-Ordnung die mit seinem Willen über das Blanko-Giro gesetzte Cession anerkennen. Hienach könne nicht bezweifelt werden, daß bei einer Blanko-Unterschrift, die laut mündlicher Verabredung unter eine abzutretende und dem Cessionar ausgehändigte Urkunde, zur Beurkundung der Cession gesetzt werde, die dem § 393 a. a. O. entsprechende schriftliche Erklärung eben durch diese Unterschrift vollständig erfolge, und daß dasjenige, was der Cessionar zur Legitimation des Inhabers noch hinzufüge, nicht zur Vollendung des Akts der Abtretung gehöre. Die Ausfüllung des Giro bilde vielmehr einen Bestandtheil der vermöge der Verabredung auf den Cessionar übergegangenen Rechte. Der Cessionar könne sich daher, nach Annahme der mit dem Blanko-Giro versehenen Urkunde, und (wie die Sache damals lag) Zahlung der Valuta, von dem Geschäfte unter dem Vorwande eines wesentlichen Formmangels nicht wieder losmachen. In Uebereinstimmung mit dieser Ausführung ist auch in früheren und späteren Entscheidungen erkannt worden, daß das Blanko-Giro, dem Cedenten und Cessionar gegenüber, gültig und rechtsverbindlich sei.[1]) Alle diese Entscheidungen betreffen jedoch Papiere, bei denen das Blanko-Giro im Verkehr gebräuchlich, und zur Erleichterung desselben, da die Abnehmer oft erst gesucht werden müssen, nothwendig oder doch zweckdienlich ist. Die bloße Unterschrift wird bei solchen Papieren der förmlichen schriftlichen Cession gleich geachtet, und daher läßt es sich rechtfertigen, daß auch die Gerichte dieser durch den Verkehr erzeugten und gebotenen Auffassung sich anschließen. Als allgemeiner Grundsatz, nach dem auch die Form der Abtretung gewöhnlicher Schuldverschreibungen zu beurtheilen ist, erscheint aber das Präjudiz 1965 bedenklich. Denn an und für sich scheint die mündliche Vereinbarung der Parteien, auf welche das Präjudiz sich hauptsächlich stützt, nicht geeignet zu sein, die Form einer vermöge des Gesetzes abzugebenden schriftlichen Erklärung zu bestimmen. Nur der im Verkehr sich kund gebende communis consensus für Papiere einer gewissen Art scheint dazu geeignet zu sein.

d. Auch ein mündlicher Schenkungsvertrag kann, wenn der Gegenstand desselben eine bewegliche körperliche oder unkörperliche Sache ist, nach deren Uebergabe wegen Mangels der Form nicht angefochten werden, obgleich Schenkungsverträge nicht bloß schriftlich, sondern gerichtlich geschlossen werden müssen.[2]) Das Gesetz

---

[1]) Rechtsspr. Bd. 1 S. 152; Archiv für Rf. Bd. 2 S. 9. — Der Rechtsfall in Bd. 1 S. 161 der Entscheidung steht damit nicht geradezu in Widerspruch, indem darin nur die Frage, ob der Cessionar gegen den debitor cessus durch ein überschriebenes Blanko-Giro legitimirt werde, verneint wird. Dies ist aber ohne Zweifel unrichtig, wenn die anderen Entscheidungen rechtlich begründet sind.

[2]) I. 11 § 1065; Präj. 1710 (Präj.-S. S. 71); Entscheid. Bd. 13. S. 190; Präj. 2230 (Entscheid. Bd. 20 S. 128). — Cf. Entscheid. Bd. 2 S. 260. — Der Widerruf bleibt alsdann noch binnen sechs Monaten nach der Uebergabe zulässig, und zwar nicht bloß Seitens des Geschenkgebers, sondern auch Seitens der Erben desselben; I. 11 § 1090; Präj. 554 (Präj.-S. S. 71 und Entscheid. Bd. 11 S. 256).

erfordert bei beweglichen Sachen nur die Uebergabe, während es für unbewegliche Sachen, in Bezug auf welche ein schriftlicher Schenkungsvertrag geschlossen worden, bestimmt, daß die Schenkung nur durch wirkliche Naturalübergabe vollzogen werde. Der § 1068 Tit. 11 Th. I., welcher dies vorschreibt, verweist nur auf die §§ 1066. 1067, und darf daher auf den § 1065 nicht bezogen werden. Das Obertribunal hat denn auch dies angenommen, und daß daher bei beweglichen Sachen die Uebergabe auch durch Anweisung nach den Vorschriften Th. I. Tit. 7 §§ 66. 67 erfolgen könne [1]. Die Schenkung eines Forderungsrechts wird, auch bei Uebergabe der darüber ausgestellten Schuldurkunde, wie aus dem unter b Bemerkten folgt, durch eine bloß mündliche Schenkungserklärung noch nicht vollzogen und wirksam. Es gehört vielmehr dazu eine schriftliche Erklärung des Geschenkgebers, durch welche der Geschenknehmer in den Stand gesetzt wird, über die Forderung als über die seinige zu verfügen. [2] Aber auch diese genügt nach einer neuerdings ergangenen Entscheidung des Obertribunals nicht unter allen Umständen. A hatte dem B in einer Notariats-Urkunde verschiedene hypothekarisch eingetragene Forderungen, unter Vorbehalt des Zinsgenusses unentgeldlich cedirt, und die Aushändigung der Schuldurkunden dem B versprochen. B verlangte nun die Aushändigung dieser Urkunden, wurde aber mit seiner darauf gerichteten Klage durch die beiden ersten Richter abgewiesen, von dem zweiten Richter hauptsächlich aus dem Grunde, weil kein gerichtlicher Schenkungsvertrag vorliege, und es auch, da der Verklagte im Besitze der Schuldurkunden geblieben, an der vollständigen Uebergabe fehle. A ergriff noch die Nichtigkeitsbeschwerde, und rügte Verletzung der §§ 393. 1064. 1065. 1066 Tit. 11 A. L.-R., so wie des daraus folgenden Rechtsgrundsatzes, daß zur Uebertragung des Eigenthums eines Forderungsrechts die schrift-

[1]) Entscheid. Bd. 13 S. 190; ungedr. Entscheid. vom 19. Decbr. 1854.
[2]) Präj. 2230 (Entscheid. Bd. 20 S. 128).

liche Erklärung des Abtretenden genüge, die Uebergabe der Schuldurkunden dagegen zu diesem Behufe nicht erforderlich sei. Das Obertribunal hat jedoch die Nichtigkeitsbeschwerde verworfen. Denn wenn auch nach § 393 a. a. O. durch die auf Abtretung des Rechts gerichtete Erklärung des Cedenten, und die Annahme dieser Erklärung Seitens des Cessionars das Eigenthum des Rechts auf den neuen Inhaber übergehe, so greife doch diese an und für sich auch auf Schenkungen anwendbare Bestimmung nicht durch. Hier werde die vollständige Erfüllung des Schenkungsvertrages durch Aushändigung der Schuldurkunden, ohne welche die Forderungen nach § 395 a. a. O. gar nicht eingezogen werden können, verlangt, und die Zulässigkeit einer solchen auf Erfüllung gerichteten Klage durch den § 2064 a. a. O. ausgeschlossen [1]).

e. Bei Pfandbriefen und anderen auf jeden Inhaber lautenden Papieren bedarf es, da diese Papiere zu den körperlichen Sachen gehören, keiner Cession. Es genügt vielmehr deren Aushändigung um die Uebergabe zu bewirken [2]). Dies muß auch bei außer Cours gesetzten Papieren der Art angenommen werden, da dieselben dadurch ihre Eigenschaft nicht verlieren [3]). Das Weitere wegen des Einflusses mündlicher Abreden und anderer Ansprüche wird unter Abtheilung V. erörtert werden.

5. Die Aufhebung eines von keiner Seite erfüllten schriftlichen Vertrages durch unbedingte wechselseitige Einwilligung. Es muß aber die Kassation der über den Vertrag aufgenommenen Urkunde hinzukommen, so daß die mündliche Uebereinkunft ohne diese Kassation unverbindlich

---

[1]) Ungedr. Entscheid. vom 15. März 1855.

[2]) Rechtsf. Bd. 1. S. 145; Entscheid. Bd. 17. S. 155; Ungedr. Entscheidungen vom 2. October 1851.

[3]) Cf. I. 20. §§ 286. 287. Die Entscheidung, in welcher dies ausgesprochen ist, habe ich nicht wieder auffinden können.

ist [1]). Das Gesetz verlangt die Kassation jedoch nur in Ansehung der über einen Vertrag aufgenommenen schriftlichen Urkunde. Einer solchen Urkunde ist das schriftliche Anerkenntniß eines mündlichen Vertrages nicht durchaus gleich zu stellen. Denn wenn auch der Aussteller des Anerkenntnisses den Mangel der schriftlichen Abfassung nicht mehr vorschützen kann, so liegt dennoch, wie Suarez in einer Revisionsbemerkung sagt, der Grund nicht darin, „daß ein solches Anerkenntniß defectum scripturae eigentlich hebt," sondern darin „daß es dem agnoscenti obstirt, wenn dieser sich auf den Mangel der Schrift berufen will." Demgemäß und da für die Ausdehnung der in Ansehung der schriftlichen Verträge gegebenen Vorschrift auf einseitige Anerkenntnisse kein innerer Grund spricht, hat das Obertribunal angenommen, daß zur Aufhebung eines mündlichen, von dem einen Theile schriftlich anerkannten, und noch von keiner Seite erfüllten Vertrages die wechselseitige Einwilligung ohne Kassation des Anerkenntnisses genügt [2]). — Wie es zu halten sei, wenn mehrere Exemplare der Vertragsurkunde ausgefertigt sind, ist bestritten, und bei dem Obertribunal, so viel ich ermitteln können, noch nicht zur Entscheidung gekommen. Faßt man den Zweck des Gesetzes ins Auge, daß nämlich die Lösung des Verhältnisses, neben der mündlichen Abrede, durch Vernichtung der Urkunde bethätigt werden soll [3]), so gelangt man zu der Annahme, daß die Kassation des Hauptexemplars genügt. Andere halten indessen die Vernichtung aller Exemplare für nothwendig, weil das Instrument, dessen Kassation das Gesetz verlangt, so lange fortbestehe, als noch ein Exemplar vorhanden sei. — Hat der eine Theil schriftlich erklärt daß er von dem Vertrage zurücktrete, und der andere diese Erklärung

---

[1]) §§ 385 ff. d. T.; Präj. 1708 (Präj.-S. S. 18; Entscheid. Bd. 14. S. 192).

[2]) Entscheid. Bd. 20. S. 93.

[3]) Entscheid. Bd. 14. S. 196; Bd. 20. S. 96.

mündlich oder auch nur stillschweigend angenommen, so kann der erstere aus dem Vertrage, wenngleich die darüber aufgenommene Urkunde nicht vernichtet ist, keine Rechte mehr herleiten, ihm steht vielmehr seine in der Erklärung enthaltene Entsagung entgegen [1]).

III. Form der schriftlichen Erklärung.

Durch die Schrift soll bei Verträgen, für welche sie vorgeschrieben ist, erstens der ernste Wille und zweitens die wirklich stattgefundene Verabredung festgestellt werden (S. 148). Demgemäß bestimmt das Landrecht ganz folgerichtig in den §§ 116. 118. 119. d. T.:

> Verträge, welche vermöge der Gesetze schriftlich geschlossen werden sollen, erhalten ihre Gültigkeit erst durch die Unterschrift.
>
> Auch eigenhändig geschriebene Aufsätze sind vor hinzugekommener Unterschrift nicht für vollendete Verträge zu achten.
>
> Die Besiegelung eines unterschriebenen und ausgehändigten Instruments ist aber nicht nothwendig, wenngleich darin der Siegel gedacht wird.

Es ist nicht erforderlich, daß bei einem zweiseitigen Vertrage die Unterschrift unter einer und derselben Urkunde erfolge. Ein schriftlicher Vertrag, nicht bloß ein von jedem Theile ausgestelltes Anerkenntniß, liegt vielmehr auch dann vor, wenn die Vertragsurkunde in zwei Exemplaren ausgefertigt wird, und jeder Theil das dem anderen auszuhändigende und ausgehändigte Exemplar unterschreibt [2]). Dagegen wird derjenige, welcher die von dem anderen Theile vollzogene Vertragsurkunde gleichfalls unterschreibt, dadurch allein noch nicht gebunden. Die Unterschrift muß vielmehr in Gegenwart des Anderen erfolgen, oder aber, wenn dies

---

[1]) Ungedr. Entscheid. vom 22. März 1854.

[2]) Plenarbeschluß Präj. 717 (Präj.-S. S. 344; Entsch. Bd. 5. S. 30).

nicht geschieht, mit Umständen verbunden werden, welche die Unterschrift als eine dem Anderen gegenüber erfolgte Willenserklärung erscheinen lassen. Als solche erscheint die Unterschrift namentlich dann nicht, wenn der eine Kontrahent die von dem Anderen vollzogene und ihm übersandte Vertragsurkunde zwar gleichfalls unterschreibt, dieselbe aber demnächst zurückbehält. Erst durch die Aushändigung der Urkunde oder andere die Absicht des gedachten Kontrahenten klar herausstellende Umstände wird derselbe gebunden [1]). Bei einseitigen Verträgen genügt die Unterschrift desjenigen, der sich dadurch verpflichtet, wie nicht bloß aus den Vorschriften über die Form der Annahme folgt, sondern auch in der Allgemeinen Gerichtsordnung, so wie in den einzelnen in unserer Gesetzgebung vorkommenden Fällen ausdrücklich anerkannt ist [2]).

I. Einem förmlichen schriftlichen Vertrage sind durch das Gesetz in jeder Beziehung gleichgestellt:

1. Die von beiden Theilen unterschriebenen sogenannten Punktationen, aus denen die wechselseitige Einwilligung der Parteien in alle wesentliche Bedingungen des Geschäfts erhellt, und welche keinen Vorbehalt wegen künftig zu treffender näherer Bestimmungen enthalten. Die vor Gerichten oder einem Notar aufgenommenen Protokolle über einen zu errichtenden Vertrag haben mit einer Punktation gleiche Kraft [3]).

2. Der zwischen Abwesenden, d. h. zwischen Personen, welche nicht persönlich zusammen kommen, geführte Briefwechsel, sofern die Bedingungen und die wechselseitige Einwilli-

---

[1]) Entscheid. Bd. 9. S. 213; Bd. 19. S. 69.

[2]) §§ 78. ff. d. T.; III. 7. § 55. Allgem. Gerichtsordnung; Entscheid. Bd. 23. S. 18.

[3]) §§ 120—126 d. T.; Rechtsspr. Bd. 2. S. 102; Jur. Wochenschrift 1837 S. 215; Präj. 896 (Präj.-S. S. 271; Entscheid. Bd. 6. S. 300); Präj. 1180e (Präj.S. S. 271); Präj. 2096 (Präj.-S. S. 15).

gung der Parteien daraus zu entnehmen sind [1]). Wenn daher in dem Briefwechsel in irgend einer Beziehung auf mündliche Vereinbarung Bezug genommen wird, so kann derselbe die Stelle des schriftlichen Vertrages nicht vertreten [2]). In einer Entscheidung des Obertribunals ist auch ausgeführt, daß der Briefwechsel die Stelle des schriftlichen Vertrages dann nicht vertrete, wenn beide Theile darüber einig geworden sind, daß vor Errichtung des Vertrages eine Punktation aufgenommen und vollzogen werde. In einem solchen Falle müsse vielmehr auf Grund der §§ 116. 117 d. T. angenommen werden, daß die verbindliche Kraft des Vertrages von der schriftlichen Abfassung und Unterschrift der Punktation habe abhängen, und erst mit dieser habe anfangen sollen [3]). Ob in dem damaligen Falle der Vorbehalt in dem Briefwechsel oder mündlich gemacht worden, erhellt nicht. Es wird indessen ersteres angenommen werden müssen, da mündliche Vorbehalte überhaupt nicht in Betracht kommen können.

3. Die in das Journal eines Mäklers gehörig eingetragenen Vermerke, über die von ihm zwischen Kaufleuten oder Nichtkaufleuten vermittelten kaufmännischen Geschäfte; und zwar auch dann, wenn die aus dem Journal ertheilten Auszüge (Schlußscheine) von den Parteien nicht unterschrieben sind, und der Mäkler mit keiner schriftlichen Vollmacht versehen war [4]). Von dem Mäkler muß jedoch die gesetzlich vorgeschriebene Form beobachtet sein. Nach § 1359 Tit. 8. Thl. II. soll der Mäkler die von ihm geschlossenen Geschäfte in Gegenwart der beiden schließenden Theile in sein Taschen- oder Handbuch aufzeichnen, und hiernächst an demselben Tage, an welchem das Geschäft geschlossen worden, oder

---

[1]) §§ 142. 143. d. T.

[2]) Archiv für Rf. Bd. 9. S. 119.

[3]) Rechtsspr. Bd. 1. S. 29.

[4]) II. 8. §§ 1305. 1306. 1359. 1360. 1362. 1366. 2065. 2391; Entsch. Bd. 1. S. 9; Präj. 105 (Präj.-S. S. 102).

längstens an dem folgenden Tage, zufolge § 1360 a. a. O., in das paraphirte Journal eintragen. Die hier eingetragenen Vermerke machen, wenn die Form beobachtet ist, und ihre Richtigkeit von dem Mäkler eidlich bestärkt wird, nach § 360 a. a. O. einen vollen Beweis. Sie haben dagegen nach § 1372 a. a. O. keinen Glauben, wenn aus den Büchern erhellt, daß das Geschäft nicht binnen der im § 1360 vorgeschriebenen Frist eingetragen ist. Der Vermerk im Journal erscheint sonach als der eigentliche Geschäftsabschluß. Es ist deßhalb in Frage gekommen, ob auch die Vorschrift § 1359 a. a. O. für eine wesentliche zu achten sei. Durch Plenarbeschluß vom 5. Februar 1844 ist dies festgestellt worden; mit der Maaßgabe jedoch, daß es nicht der gleichzeitigen, wohl aber der successiven Gegenwart beider Theile bei der von dem Mäkler vorzunehmenden Aufzeichnung des geschlossenen Geschäfts in sein Taschen- oder Handbuch bedarf. Denn eines Theils ist die Vorschrift § 1359, wie in den Gründen des Plenarbeschlusses ausgeführt wird, so gefaßt, daß deren Beobachtung nicht als gleichgültig angesehen werden kann, anderen Theils kann die Eintragung in das Journal nur dann von Wirksamkeit sein, wenn durch das Taschenbuch die wechselseitige Einwilligung der Parteien, ohne welche der Vertrag nicht zu Stande kommen konnte, belegt wird. Diese Einwilligung darf aber nur angenommen werden, wenn die Aufzeichnung der Vereinbarung in Gegenwart der Parteien geschehen, und von ihnen als richtig anerkannt ist. Dazu bedarf es jedoch nicht der gleichzeitigen Gegenwart beider Theile. Nach allgemeinen Grundsätzen, denen zufolge der Antrag und die Annahme zu verschiedenen Zeiten erklärt werden kann, genügt vielmehr die nicht gleichzeitige Gegenwart der Parteien [1]). Dies darf jedoch, wie in einer späteren Entscheidung entwickelt wird, nicht dahin verstanden werden, daß der in Gegenwart des

[1]) Präj.-S. S. 203; Entscheid. Bd. 9. S. 83.

einen Theils eingetragene Vermerk dem anderen Theile nur mitzutheilen oder vorzulesen ist. Denn das Gesetz erfordert die Gegenwart jedes Kontrahenten bei der Eintragung in das Taschenbuch. Dieser Bestimmung, welche das Gesetz bei dem Mangel eines förmlichen schriftlichen Vertrages, zur Sicherung jedes Kontrahenten, für nothwendig erachtet, muß daher genügt, und kann dieselbe durch keine andere Handlung ersetzt werden [1]).

4. Das von dem Unternehmer einer Lotterie ausgestellte und von dem Spieler angenommene Loos [2]). Die Annahme Seitens des Spielers folgt aber, wie bei anderen Verträgen noch nicht daraus, daß ein übersandtes Loos nicht zurückgeschickt worden ist; der unterlassenen Zurücksendung des Looses kann vielmehr die Kraft einer stillschweigenden Willenserklärung nur dann beigelegt werden, wenn daraus in Verbindung mit anderen Thatsachen auf die Absicht des Empfängers, das Loos zu behalten, mit Sicherheit geschlossen werden kann, wenn also z. B. der Empfänger die bisher übersandten Loose für verschiedene auf einander folgende Klassen stets behalten und bezahlt hat [3]). Seit dem Erlaß vom 21. Juni 1841, wonach der Lotterie-Unternehmer und Einnehmer den gestundeten Einsatz nicht einklagen darf [4]), hat jedoch diese Frage im Wesentlichen ihre Bedeutung verloren.

5. Ein von dem Gläubiger bei Uebernahme eines Pfandes ausgestellter und von dem Schuldner angenommener Empfangschein, aus welchem die wesentlichen Bedingungen des mündlichen Hauptvertrages zu entnehmen sind [5]). Diese Bestimmung greift weiter als die gesetzlichen Wirkungen

[1]) Entscheid. Bd. 29. S. 159.
[2]) I. 11. § 154.
[3]) Arnsb. Archiv Bd. 5. S. 495.
[4]) Gesetzs. 1841. S. 131.
[5]) I. 20. §§ 95. 96.

eines einseitigen Anerkenntnisses (s. u.). Es ist daher von Manchen angenommen worden, daß unter dem Hauptvertrage der Pfandvertrag zu verstehen sei. Diese Annahme widerspricht jedoch den klaren Worten des Gesetzes, da in demselben, wie auch aus dem § 39 Tit. 20. Thl. I. des A. L.-R. erhellt, offenbar von dem Hauptvertrage, zu dessen Sicherheit das Pfand bestellt worden, die Rede ist.

6. Die Ertheilung einer schriftlichen Vollmacht von der einen und deren auch nur stillschweigend geschehene Annahme von der anderen Seite [1]).

7. Die Unterzeichnung des Versicherungsbriefs oder der Polize in Ansehung jedes Versicherten [2]).

II. Wer sich schriftlich oder zum Protokoll zu einem mündlich geschlossenen Vertrage bekannt hat, kann, so weit als die Verabredung aus diesem Anerkenntnisse erhellt, den Mangel der schriftlichen Form nicht vorschützen. Das Anerkenntniß ist daher, wie schon S. 179 bemerkt worden, einem schriftlichen Vertrage nicht durchaus gleich zu stellen, es steht vielmehr nur dem Anerkennenden entgegen, wenn derselbe sich auf den Mangel der Schrift berufen will. Damit das Anerkenntniß diese Wirkung habe, ist aber folgendes erforderlich: 1. Ein mündlicher Vertrag muß vorhergegangen sein, weil sonst der Natur der Sache nach von dem Anerkenntniß eines solchen Vertrages nicht die Rede sein kann. Wenn daher A zum Zweck eines erst abzuschließenden Vertrages dem B einen unterschriebenen Vertragsentwurf zusendet, so kann B daraus keine Rechte herleiten. Die Zusendung des Entwurfs ist nur ein Antrag, aus welchem erst durch die rechtzeitige und rechtsgültige Gegenerklärung ein beide Theile bindender Vertrag entstehen kann. 2. In der Erklärung muß ein Bekenntniß zu dem mündlich geschlossenen Vertrage

---

[1]) II. 1. § 1068.

[2]) § 185. d. T. Präj. 292 (Präj.-S. S. 9).

liegen. Die Erklärung muß mithin so beschaffen sein, daß daraus nicht nur jede wesentliche Bedingung des Vertrages, sondern auch die Anerkennung der bindenden Kraft desselben und der Verpflichtung durch denselben zu entnehmen ist. Das Eingeständniß der Thatsache, daß der Vertrag geschlossen worden, hat, auch wenn es vor Gericht abgegeben worden, keine bindende Kraft, in so fern damit nicht eine die Unterwerfung unter den Vertrag aussprechende Erklärung verbunden ist [1]). 3. Das Anerkenntniß muß eben deßwegen in der Regel der anderen Partei gegenüber abgegeben sein. Wer die über einen mündlichen Vertrag aufgenommene Urkunde unterschreibt, wird daher dadurch allein noch nicht gebunden. Die Unterzeichnung muß vielmehr mit Umständen verbunden werden, welche dieselbe als eine dem Anderen gegenüber abgegebene bindende Erklärung erscheinen lassen, was insbesondere nicht zu bezweifeln ist, wenn der Unterzeichner die vollzogene Urkunde dem Anderen aushändigt [2]). In einem Präjudiz des Obertribunals ist angenommen worden, daß auch das in dem Vertrage mit einem Dritten abgegebene Anerkenntniß bindende Kraft hat, wenn dasselbe nur in der nicht zu verkennenden Absicht erklärt worden, die durch den mündlichen Vertrag begründete Verbindlichkeit auch zum Besten des anderen mündlichen Kontrahenten auszusprechen [3]). In dem damals vorliegenden Falle war A rechtskräftig verurtheilt worden, der Gutsherrschaft 28 Morgen seines Grundbesitzes herauszugeben. A verkaufte demnächst seinen Grundbesitz einschließlich jener 28 Morgen an B, und in dem schriftlichen Kaufvertrage wurde bemerkt: A habe sich wegen der 28 Morgen mit der Gutsherrschaft dahin verglichen, daß dieselben bei seiner Besitzung bleiben, wogegen er,

---

[1]) Präj. 1510 (Präj.-S. S. 13; Entscheid. Bd. 10. S. 361); Entscheid. Bd. 18. S. 242. 254.

[2]) Präj. 292 (Präj.-S. S. 9); Archiv Bd. 14. S. 6.

[3]) Präj. 269 (Präj.-S. S. 10).

außer einer bestimmten ein für allemal gezahlten Summe, die Entrichtung eines jährlichen Zinses von 14 Rthlr. an die Gutsherrschaft übernommen habe. Der Kaufvertrag kam wahrscheinlich nicht zu Stande, indem A seine Besitzung später an andere Personen verkaufte, die 28 Morgen besonders an C, welcher auch den davon zu entrichtenden Zins übernahm, ohne daß der Verpflichtung wiederum erwähnt wurde. Nachdem C den Zins mehrere Jahre gezahlt hatte, forderte er denselben mit der condictio indebiti zurück, weil die Gutsherrschaft dem zwischen A und B geschlossenen Vertrage nicht beigetreten sei, und daher aus demselben keine Rechte herleiten könne. C wurde jedoch durch zwei gleichlautende Erkenntnisse, und mit der schließlich erhobenen Nichtigkeitsbeschwerde zurückgewiesen. Ohne Zweifel mußte der Anspruch als unbegründet verworfen werden. Denn durch die Erklärung in dem Kaufvertrage, welchen A und B geschlossen hatten, war der zwischen A (dem Vormann von C) und der Gutsherrschaft geschlossene mündliche Vertrag jedenfalls thatsächlich festgestellt, und dies genügte zur Ausschließung der condictio indebiti. Der zweite Richter hatte sich aber auch auf den § 185 d. T. gestützt, und der darauf bezügliche Theil der Nichtigkeitsbeschwerde wurde aus dem in dem Präjudiz festgestellten, meines Erachtens nicht unzweifelhaften Grunde, zurückgewiesen. 4. Durch das Anerkenntniß wird kein neues Rechtsverhältniß begründet, sondern nur der Einwand ausgeschlossen, daß der mündliche Vertrag wegen Mangels der Form unverbindlich sei. Dieser Vertrag wird daher durch das Anerkenntniß, dem Anerkennenden gegenüber, von Anfang an rechtsbeständig [1]). 5. Gegen den anderen Theil erlangt der Anerkennende aus dem Anerkenntnisse kein Recht, auch wenn der erstere dasselbe mündlich oder stillschweigend angenommen hat. Der Anerkennende ist, wie bei jedem pactum

---

[1]) Schles. Archiv Bd. 4. S. 522.

claudicans, nur befugt zu verlangen, daß der Andere binnen einer ihm zu bestimmenden Frist den Vertrag in rechtsgültiger Form vollziehe oder sich die gänzliche Aufhebung desselben gefallen lasse [1]). Wenn der Andere jedoch Rechte aus dem Anerkenntnisse herleitet, insbesondere also aus demselben auf Erfüllung klagt, so muß er solches auch gegen sich gelten lassen. In einer auf Grund des Anerkenntnisses angestellten Klage liegt überdies ein auch Seitens des Klägers erfolgtes schriftliches Anerkenntniß, so daß nunmehr beide Theile als durch den mündlichen Vertrag gebunden anzusehen sind [2]). Wenn dagegen, ohne vorgängiges Anerkenntniß Seitens des einen Theils, der andere aus dem mündlichen Vertrage auf Erfüllung klagt, so kann darin noch kein Anerkenntniß im gesetzlichen Sinne, sondern nur der Versuch des Klägers gefunden werden, ob der Verklagte die bindende Kraft des Vertrages anerkennen werde. Erst wenn dies Seitens des Verklagten geschehen ist, und beide Theile über den Inhalt des Vertrages einig geworden sind, darf derselbe als für beide Theile bindend angesehen werden. Bis dahin aber muß dem Kläger die Befugniß bleiben, die Klage zurückzunehmen, und der Verklagte kann aus den Erklärungen des Klägers keine Rechte herleiten, eben weil diese Erklärungen nur ein Versuch der Geltendmachung des Anspruchs aus dem mündlichen Vertrage sind, und keineswegs auf ein unbedingt beabsichtigtes Anerkenntniß schließen lassen. — Aus dem Gesichtspunkt eines Anerkenntnisses ist in einer älteren Entscheidung des Obertribunals auch die Ausstellung eines Schuldscheins aufgefaßt, und daher angenommen worden, daß der Darlehnsgläubiger durch den Inhalt des Schuldscheins zur Festhaltung der Neben-Verpflichtungen, welche von den gesetzlichen Bestimmungen abweichen, erst verpflichtet wird, wenn er

---

[1]) Präj. 495 (Präj.-S. S. 12; Entscheid. Bd. 4. S. 214).

[2]) Präj. 1046 (Präj.-S. S. 11).

sich selbst dazu schriftlich bekannt hat [1]. Der Plenarbeschluß vom 5. Juli 1852 hat jedoch im Gegentheil festgestellt, daß ein Darlehnsgläubiger, welcher einen ihm vom Schuldner ausgestellten Schuldschein ohne Vorbehalt angenommen hat, seinen Anspruch über die in dem Schuldschein übernommenen Nebenbestimmungen in Ansehung der Kündigung ꝛc. aus dem Grunde allein nicht ausdehnen kann, weil diese Nebenbestimmungen von den gesetzlichen Vorschriften abweichen, und er sich denselben nicht schriftlich unterworfen hat. Denn nach der Hingabe des Darlehns, durch welche der Darlehnsvertrag geschlossen und das Versprechen des Gläubigers erfüllt wird, handelt es sich nur noch um die Verbindlichkeit des Schuldners. Hauptsächlich besteht dieselbe in der durch den bloßen Empfang des Darlehns begründeten Verpflichtung zur Wiedererstattung des Empfangenen. Sie umfaßt aber auch Nebenverpflichtungen, besonders in Ansehung der Zeit und des Orts der Wiedererstattung. Wenn nun der Schuldschein in dieser Beziehung Bestimmungen enthält, welche von den gesetzlichen Vorschriften zu Gunsten des Schuldners abweichen, so sind solche Bestimmungen nicht als Verpflichtungen des Gläubigers oder Gegenleistungen, sondern als Nebenverpflichtungen des Schuldners, als Bedingungen aufzufassen, unter welchen der Schuldner das Darlehn angenommen hat. Diese Natur solcher Bestimmungen erleidet auch dadurch keine Aenderung, daß sie dem Schuldner günstiger sind, als die hülfsweise eintretenden gesetzlichen Bestimmungen, daß also in sofern das Recht des Gläubigers enger begrenzt wird. Sie beziehen sich zunächst immer nur auf die durch Annahme des Darlehns entstehende einseitige Verpflichtung des Schuldners, betreffen immer nur die Bedingungen, unter denen der Schuldner das Darlehn angenommen hat. Als einseitige Erklärungen, durch welche die gesetzlichen Bestimmungen über die

[1] Präj. 1128 (Präj.-S. S. 64).

Nebenverpflichtungen abgeändert werden, bedürfen sie aber nur der schriftlichen Feststellung Seitens des Schuldners (S. 181). Der Gläubiger kann allerdings durch die einseitige Erklärung des Schuldners an und für sich nicht gebunden werden. Er mag, wenn ihm die Erklärungen in dem Schuldschein nicht zusagen, die Hingabe des Darlehns verweigern oder aber, falls er es schon gegeben hat, die Annahme des Schuldscheins ablehnen, oder sich zu dieser Annahme nur unter einem schriftlichen Vorbehalt verstehen. Hat er aber den Schuldschein ohne solchen Vorbehalt angenommen, so hat er sich eben dadurch allen darin enthaltenen die Nebenverpflichtungen betreffenden Bestimmungen unterworfen (§ 84 d. T.) [1]).

III. Die von dem Schuldner geschehene Unterschrift einer Rechnung über gelieferte Waaren oder Arbeiten [2]), ingleichen das in einem Briefe ausgedrückte Anerkenntniß einer solchen Rechnung [3]), vertreten gleichfalls die Stelle des schriftlichen Vertrages. In beiden Fällen bleibt jedoch der Schuldner zu dem Nachweise befugt, daß die Waaren oder Arbeiten gar nicht oder nicht in dem angegebenen Umfange geliefert worden, indem durch die Unterschrift oder das Anerkenntniß eben nur die Stelle des schriftlichen Vertrages vertreten, mithin der Einwand ausgeschlossen wird, daß die Lieferung und die Preise nur mündlich verabredet, und daher die Bestimmungen maaßgebend seien, welche das Gesetz hinsichtlich der theilweise erfüllten mündlichen Verträge aufstellt.

IV. Die von Kaufleuten in ein gehörig geführtes Handelsbuch eingetragenen Vermerke über Waarenlieferungen haben die Kraft, daß daraus, wie aus einem schriftlichen Vertrage geklagt werden kann; und zwar

---

[1]) Entscheid. Bd. 23. S. 13; Archiv für Rf. Bd. 6. S. 231.

[2]) §. 152 h. t.

[3]) Rechtsfälle Bd. 3. S. 226.

nicht bloß gegen Kaufleute, sondern auch gegen andere Personen. In Bezug auf letztere spricht zwar der § 149 d. T. nur von Waarenlieferungen auf Messen und Märkten, die Bestimmung muß indessen, wie aus anderen Gesetzstellen erhellt, als eine allgemeine, auf alle Waarenlieferungen bezügliche, angesehen werden [1]). Durch die Eintragung in das Handelsbuch wird jedoch nur der Einwand, daß ein schriftlicher Vertrag nicht vorliege, ausgeschlossen, keinesweges zugleich unter allen Umständen der Beweis geliefert, daß der Vertrag so, wie der Vermerk lautet, geschlossen und erfüllt worden. Die Frage, ob und wie weit Handlungsbücher, Kaufleuten und anderen Personen gegenüber, Beweiskraft haben, ist vielmehr nach Verschiedenheit der Fälle in den Gesetzen verschieden bestimmt [2]). Es ist daher möglich, daß aus einem in das Handlungsbuch eingetragenen Vermerk, als aus einem schriftlichen Vertrage, geklagt werden darf, daß aber demnächst der Beweis durch Zeugen oder Eideszuschiebung geführt werden muß [3]).

IV. Mündliche Nebenabreden.

Das Landrecht bestimmt in den §§ 127—130. 169. 170 d. T.:

§ 127. Ist ein Vertrag schriftlich geschlossen worden, so muß alles, was auf die Verabredung der Parteien ankommt, bloß nach dem schriftlichen Kontrakte beurtheilt werden.

---

[1]) §§ 149—151 d. T.; II. 8. §§ 596. 597; Allgem. Gerichts-Ordn. I. 10. § 168; Entscheid. Bd. 1. S. 18—20; Präj. 800 (Präj.-S. S. 185 und Entscheid. Bd. 5. S. 389); Entscheid. Bd. 12. S. 154; Archiv für Rf. Bd. 10. S. 139. Auch bei einem unter Kaufleuten geschlossenen Vertrage genügt in der vorliegenden Beziehung die Eintragung in das Handlungsbuch des einen Kaufmanns; Präj. 1763 (Präj.-S. S. 185).

[2]) II. 8. §§ 562 ff.; Rechtsf. Bd. 4. S. 116; Präj. 2128 (Entscheid. Bd. 17. S. 518); Archiv für Rf. Bd. 2. S. 338. In dem Präjudiz 2028 (Präj.S. S. 374) und den Rechtsf. Bd. 4. S. 116 ist festgestellt, daß die gesetzlichen Bestimmungen über die Beweiskraft der Handlungsbücher, sofern sie nicht bloß das Verfahren und die äußere Form der Beweisführung regeln, Rechtsgrundsätze enthalten.

[3]) Besonders II. 8. §§ 595 ff.

§ 128. Auf vorgeschützte mündliche Nebenabreden wird, ohne Unterschied des Gegenstandes, keine Rücksicht genommen.[1])

§ 129. Vielmehr müssen Nebenbestimmungen, welche die Art, den Ort oder die Zeit der Erfüllung oder andere dabei vorkommende Maaßgaben betreffen, so weit sie im Kontrakte nicht festgesetzt worden, von dem Richter lediglich nach Vorschrift der Gesetze ergänzt werden.

§ 130. Was im Kontrakte unleserlich geschrieben oder undeutlich ausgedrückt worden, und nicht aus dem Zusammenhange erhellt, muß auf andere zuverlässige Art ermittelt werden.

§ 169. Ist ein schriftlich abgefaßter Vertrag verloren gegangen, so sind zur Ausmittelung seines Inhalts alle in den Gesetzen gebilligten Beweismittel zulässig.

§ 170. Hat einer der Kontrahenten den Verlust oder die Vernichtung des Instruments vorsätzlich veranlaßt, so wird die Angabe des Anderen von dem Inhalte so lange für richtig angenommen, bis das Gegentheil klar erwiesen ist.

Das Edikt von 1770 gestattete ausdrücklich, daß der Beweis des Zwanges, Betruges, der Bezahlung und überhaupt aller Einwendungen, welche nicht die Wirklichkeit des Vertrages und der dabei eingegangenen Bedingungen betreffen, durch Zeugen und Eidesantrag geführt werden könne. Auch das Landrecht hat, wie aus einzelnen Bestimmungen erhellt, den Einwand des Scheingeschäfts, des Betruges, und in gewissem Umfange, des Irrthums bei dem Vorhandensein eines schriftlichen Vertrages nicht ausschließen wollen.[2]) Die Worte des § 127 d. T., wonach „alles, was auf die Verabredung der Parteien ankommt, lediglich nach

[1]) Die Worte „ohne Unterschied des Gegenstandes" im § 128 sind diesem § bei der revisio monit. zugefügt worden, weil ein Moment zweifelhaft war, ob auch Nebenabreden, deren Gegenstand weniger als fünfzig Thaler beträgt, ausgeschlossen sein sollen.

[2]) I. 4 §§ 52. 75 ff. 84; I. 5 §§ 349 ff.; I. 11 § 70 ff.; Allgem. Ger.-Ordn. I. 10. § 12 b.

dem schriftlichen Kontrakte beurtheilt werden soll" dürfen daher nicht buchstäblich verstanden, sie müssen vielmehr auf das den obgedachten besonderen Bestimmungen und der Natur der Sache entsprechende Maaß zurückgeführt werden. Der Zweck des Gesetzes ist nun zwar die Rechts- und Willens-Gewißheit. Der Gesetzgeber hat aber unmöglich die Absicht haben können, dieses Zweckes wegen, das Wesen der Form zu opfern, und den Beweis gegen die Schrift auch dann auszuschließen, wenn behauptet wird, daß die schriftliche Urkunde in einem wesentlichen Stücke des Vertrages den von beiden Theilen bei der Vereinbarung selbst erklärten wahren Willen nicht enthalte. Denn die Anwendung der §§ 127—129 wird überhaupt dadurch bedingt, daß ein schriftlicher Vertrag wirklich vorliegt, d. h. daß alle wesentliche Erfordernisse eines Vertrages in der Schrift enthalten sind. Fehlen daher wesentliche Erfordernisse, z. B. bei einem Kaufvertrage die Bestimmung des Kaufpreises, so ist ein vollständiger Vertrag, aus dem auf Erfüllung geklagt werden könnte, gar nicht vorhanden, und folgeweise auch die Anwendbarkeit der §§ 127—129 ausgeschlossen. Dem gänzlichen Fehlen wesentlicher Erfordernisse muß aber in Beziehung auf die Vollständigkeit und Wirksamkeit des Vertrages der Fall gleich geachtet werden, wenn die Schrift über die wesentlichen Erfordernisse des Geschäfts zwar Bestimmungen hat, diese Bestimmungen aber der wahren Willensmeinung der Parteien nicht entsprechen, wenn also etwas anderes verabredet als niedergeschrieben worden, oder wenn ein Irrthum im Wesentlichen des Geschäfts oder im Hauptgegenstande der Willenserklärung stattgefunden hat, denn auch in diesen Fällen fehlt der schriftlichen Urkunde das Haupterforderniß jedes Vertrages, die wirkliche gegenseitige Einwilligung der Parteien. Für diese Auffassung spricht auch der § 128, indem derselbe nur die Vorschützung mündlicher Nebenabreden für unzulässig erklärt, mithin auf die sogenannten Naturalien und Accidentalien zu beziehen ist, auf welche auch der § 129 sich beschränkt. Für diese Auffassung sprechen ferner die bereits erwähnten Bestimmungen des Edikts von 1770, so wie die im Tit. 4 Th. I. A. L.-R. enthaltenen allgemeinen Rechtsgrundsätze über die wesentlichen Erfordernisse einer Willenserklärung, welche für schriftliche Verträge nicht ausgeschlossen, an verschiedenen Orten (S. 186 Anm. 3) vielmehr anerkannt sind. Endlich kann auch nicht angenommen werden, daß der Gesetzgeber dem Schein, der Täuschung, dem Betruge bei schriftlichen Verträgen Thür und Thor habe öffnen wollen. Dies aber würde der Fall sein, wenn man den §§ 127—129 eine Ausdehnung über die Naturalien und Accidentalien hinaus geben wollte. Demzufolge hat das Obertribunal durch Plenarbeschluß vom 31. Januar 1845 festgestellt: daß die §§ 127—129 auf solche mündliche Abreden, welche eine Anfechtung des schriftlichen Vertrages als rechtsungültig begründen, nicht zu beziehen, daß also der Beweis durch Zeugen und Eid bei dem Einwande des Zwanges, Betruges, Scheingeschäfts, so wie dann für zulässig zu achten ist, wenn behauptet wird, daß die Erklärung in Bezug auf wesentliche Theile des Geschäfts anders niedergeschrieben als verabredet worden, oder daß ein Irrthum im Wesentlichen des Geschäfts oder im Hauptgegenstande der Willenserklärung stattgefunden habe. [1])

Dem Beweise durch Zeugen und Eid ist hienach bei den in Rede stehenden schriftlichen Verträgen in zwiefacher Hinsicht ein ziemlich weites Feld geblieben; erstens nämlich um den Sinn oder, bei verloren gegangenen schriftlichen Vertrags-Urkunden, den Inhalt des Vertrages festzustellen (§§ 130. 169. 170); [2]) zweitens

[1]) Präj. 1523 (Präj.-S. S. 10: Entscheid. Bd. 10 S. 259); cf. Präj. 1533 (Präj.-S. S. 10) und Archiv für Rechtsf. Bd. 6. S. 311, wonach der Grundsatz des Plenarbeschlusses auch auf einseitige Verträge Anwendung findet.

[2]) Auf den Widerspruch, in welchem der § 170 scheinbar mit § 120 Tit. 1 Th. I. Allgem. Ger.-Ordn. steht, kann hier nicht weiter eingegangen werden.

um die Unverbindlichkeit des Vertrages darzuthun (§§ 127—129). In der zuletzt gedachten Beziehung hat der vorerwähnte Plenarbeschluß den leitenden Grundsatz aufgestellt. Die Anwendung desselben ist indessen für manche Verhältnisse nicht ohne Schwierigkeiten, so daß von den Gerichten fort und fort abweichende Erkenntnisse gefällt werden. Das Obertribunal hat sich darüber in einer Reihe von Entscheidungen über sehr verschiedene Fälle ausgesprochen. Einige dieser Fälle sollen hier angeführt werden.

1. Nach dem Inhalt eines über ein Grundstück geschlossenen notariellen Kaufvertrages hatte der Käufer baare Zahlung des durch Uebernahme der Hypothekenschulden nicht berichtigten Kaufgeldes versprochen. Bei der Uebergabe des Grundstücks händigte er dem Verkäufer statt der baaren Zahlung mehrere von dritten Personen ausgestellte Wechsel und andere Papiere ein. Später verlangte der Verkäufer baare Zahlung gegen Rückgabe der Wechsel und Papiere. Auf die darauf gerichtete Klage wendete der Verklagte ein: der Inhalt des Vertrages entspreche nicht der wirklichen Vereinbarung, er habe sich vielmehr nur verpflichtet, das Kaufgeld so, wie geschehen, zu berichtigen, und die abweichende Bestimmung in der Vertrags-Urkunde sei nur auf den Wunsch des Klägers und um die Sache zu vereinfachen aufgenommen worden. Die vernommenen Zeugen bestätigten die Behauptung des Verklagten. Dessenungeachtet verurtheilten die beiden ersten Richter den Verklagten nach dem Klageantrage; der zweite Richter hauptsächlich aus dem Grunde, weil die Art und Weise der Berichtigung des Kaufgeldes, wenngleich dieselbe auf das ganze Geschäft von großem Einfluß sein könne, dennoch, in Ermangelung einer schriftlichen Festsetzung, zu den von dem Richter nach Vorschrift der Gesetze zu ergänzenden Nebenabreden gehöre. Das Obertribunal hat dagegen, auf die dagegen erhobene Nichtigkeitsbeschwerde, angenommen, daß hier ein Hauptgegenstand, die Gegenleistung des Käufers anders bestimmt als niedergeschrieben worden. Denn in der That

betreffe es nicht bloß die Art der Erfüllung, sondern einen Hauptgegenstand, wenn die Gegenleistung in ganz anderen als den verschriebenen Gegenständen wirklich versprochen worden. Hienach habe der Richter — abgesehen von anderen Gesetzstellen — die §§ 127 ff. d. T. auf den vorliegenden Fall fehlerhaft angewendet, und die §§ 25 ff. Tit. 4 Th. I. A. L.-R., wonach eine nicht ernstlich gemeinte Zusage keine Verbindlichkeit begründe, mit Unrecht außer Acht gelassen. [1])

2. In einem gerichtlichen Tauschvertrage vertauschte A seine Besitzung gegen die Besitzung von B. Bald nach Abschluß des Vertrages ließ C, ein früherer Eigenthümer der Besitzung des A, das auf einem Theile derselben stehende Holz, auf Grund eines mit A lange vorher getroffenen Abkommens, abhauen und wegführen. Nachdem B in den Besitz des Grundstücks gekommen war und vergeblich gegen C geklagt hatte, forderte er von A Erstattung des ihm durch die Abholzung verursachten Schadens. A wendete ein, daß das Holz, als bereits an einen Anderen verkauft, bei den dem Tauschvertrage vorangegangenen Verhandlungen ausdrücklich von der Ueberlassung ausgenommen, und davon nur deßhalb im Vertrage nichts erwähnt sei, weil beide Theile dieserhalb völlig einverstanden gewesen wären. Nach fruchtlos erfolgter Beweisaufnahme schob A dem B einen Eid über den Inhalt jener Abrede und namentlich darüber zu, daß noch bei Aufnahme des Tauschvertrages das Holz ausdrücklich von dem Vertrage ausgeschlossen worden. Der Appellationsrichter stellte hierauf thatsächlich fest, daß der Eid nur über eine Vereinbarung bei Aufnahme des Tauschvertrages zugeschoben worden, und verurtheilte sodann den A nach dem Klageantrage. Denn wenn auch eine vor Abschluß des Tauschvertrages getroffene Abrede der vorbezeichneten Art den Anspruch des Klägers würde ausgeschlossen haben, so könne den-

---

[1]) Archiv für Rechtsf. Bd. 9 S. 284.

noch einer erst bei Aufnahme des Vertrages erfolgten Verabredung diese Wirkung nicht beigelegt werden. Eine solche Verabredung sei vielmehr, wenn vorher die ganze Besitzung Gegenstand der Vereinbarung gewesen, als eine unverbindliche mündliche Nebenabrede anzusehen. Auch in diesem Falle hat das Obertribunal, auf die erhobene Nichtigkeitsbeschwerde, das zweite Erkenntniß vernichtet. Denn die Ausschließung des Holzes betreffe den Gegenstand des Tausches, mithin einen wesentlichen Theil des Geschäfts. Die Ansicht des Appellationsrichters, daß nur eine vor, nicht eine bei Abschließung des Vertrages getroffene Vereinbarung zu berücksichtigen sei, verstoße aber offenbar gegen die in dem Plenarbeschluß vom 31. Januar 1845 entwickelten Grundsätze.[1])

3. In einer über den Verkauf eines Grundstücks geschlossenen Punktation war ausdrücklich bestimmt, daß der Verkauf in Pausch und Bogen erfolge. Bei einem demnächst aus dem Vertrage entstandenen Rechtsstreite behauptete der Käufer: das Grundstück sei nur 15 Morgen groß, der Verkäufer habe aber bei den mündlichen Verhandlungen ausdrücklich die Gewähr dafür übernommen, daß dasselbe 30 Morgen enthalte, und danach sei auch der Kaufpreis bestimmt, die Verabredung aber aus Versehen in dem Kaufvertrage nicht erwähnt worden. Der zweite Richter verwarf diesen Einwand, weil er sich auf eine mündliche Nebenabrede gründe. Das Obertribunal nahm dagegen an, daß der Vertrag, wenn die mündliche Vereinbarung wirklich getroffen und nur aus Versehen nicht aufgenommen worden, in Bezug auf den Hauptgegenstand anders niedergeschrieben als verabredet, und daher unverbindlich sei. Demnächst ging aber das Obertribunal bei Feststellung des Beweissatzes davon aus: es müsse nachgewiesen werden, daß die Vereinbarung nicht bloß bei den Unterhandlungen, sondern auch bei der Niederschreibung getroffen worden, weil sonst angenommen

---

[1]) Ungedr. Entscheid. vom 13. Februar 1854.

werden müsse, daß dieselbe noch bei Aufnahme des Vertrages stillschweigend beseitigt und mit beiderseitiger Zustimmung weggelassen worden.[1]) In späteren Entscheidungen ist diese strenge Ansicht mit Recht nicht festgehalten, vielmehr angenommen worden, daß, wenn nicht besondere Umstände für das Gegentheil sprechen, eine Aenderung in der einmal getroffenen Vereinbarung nicht vorauszusetzen sei. In dem Fall, welcher einer dieser Entscheidungen zum Grunde liegt, war vollständig erwiesen, daß die Parteien vor Abschluß des gerichtlichen Vertrages verabredet hatten, der Kaufpreis solle niedriger als wirklich vereinbart worden, angegeben werden. Der Appellationsrichter hielt jedoch diesen Beweis für ungenügend, verlangte vielmehr den Nachweis, daß die Parteien über den mündlich verabredeten Kaufpreis bei Abschluß des gerichtlichen Vertrages noch einig und einverstanden gewesen seien, und zugleich verabredet hätten, es solle nicht der wahre, sondern der nicht wahre niedrigere Preis zum Schein und zur Ersparung der Stempel und Kosten niedergeschrieben werden. Diesen Nachweis vermißte der Appellationsrichter und wies daher die auf Aufhebung des Vertrages klagende Partei ab. Auf die von dem Kläger eingelegte Nichtigkeitsbeschwerde wurde jedoch das zweite Erkenntniß als mit den Vorschriften I. Tit. 13 § 28 der Allgem. Ger.-Ordn. (Präj. 2108) in Widerspruch stehend vernichtet, und angenommen, daß der Nachweis, welchen der Appellationsrichter gefordert habe, weit über dasjenige hinausgehe, was Kläger in Bezug auf eine von ihm aufgestellte Behauptung zu beweisen habe.[2])

4. Neben einem schriftlichen Vertrage, in welchem sich der Eine zur Lieferung von Spaten und Hacken, der Andere zur Zahlung eines bestimmten Preises verpflichtet hatte, war mündlich

---

[1]) Ungedr. Entscheid. vom 6. März 1849, auf welche Koch, Lehrbuch Bd. 2 S. 202 Anmerk. 5b Bezug nimmt.

[2]) Ungedr. Entscheid. vom 30. April 1854.

verabredet worden, daß die Spaten und Hacken zur Zuckerrüben-Bereitung geeignet, die Spaten insbesondere 11½ Zoll lang und gut verstählt sein sollten. Die Lieferung erfolgte nicht nach der mündlichen Abrede, und die Parteien geriethen in einen Rechtsstreit, dessen Entscheidung wiederum wesentlich davon abhing, ob die mündliche Vereinbarung als eine unverbindliche Nebenabrede anzusehen sei. Das Obertribunal, an welches die Sache schließlich kam, verneinte diese Frage, und nahm an, daß die Vereinbarung die wesentliche Beschaffenheit des Gegenstandes betreffe, und daher nach dem Plenarbeschluß vom 31. Januar 1845 zu berücksichtigen sei. [1])

5. In einer schriftlichen Urkunde verpflichtete sich A, dem B 100 Thlr. zu zahlen, wenn er mit Hülfe desselben seine Bürgerstelle verkaufe. Der Verkauf erfolgte an C, und B klagte nun die 100 Thlr. ein, weil, wie er behauptete, der Verkauf mit seiner Hülfe zu Stande gekommen sei. A bestritt dies, wendete aber auch ein, daß B aus der Urkunde gar nicht klagen könne. Dieselbe sei nämlich in Bezug auf den Abschluß eines bestimmten anderen Kaufvertrages ausgestellt worden. Er habe die Bürgerstelle an einen bestimmten dem B bezeichneten wohlhabenden Mann und unter der Bedingung verkaufen wollen, daß dieser Käufer ein gewisses Angeld zahle. Lediglich in Bezug auf dieses in Aussicht stehende Geschäft sei die Urkunde ausgestellt, und habe, da das Geschäft nicht zu Stande gekommen, ihre Kraft verloren. Der zweite Richter verwarf den hierauf gegründeten Einwand, weil die behauptete mündliche Beschränkung des allgemein gehaltenen schriftlichen Versprechens als unverbindliche mündliche Nebenabrede nicht zu berücksichtigen sei. Das Obertribunal hat dagegen angenommen, daß die auf die behauptete Verabredung gegründete Einrede eine in das Wesen des vorliegenden Vertrages selbst ein-

[1]) Ungedr. Entscheid. vom 6. Juli 1854.

greifende Hauptbestimmung betreffe, indem dieselbe darauf hinziele, die in der Urkunde niedergelegte Allgemeinheit und Unbeschränktheit des Versprechens als mit der wirklichen Vereinbarung nicht übereinstimmend, mithin als unwahr darzustellen. Der Beweis einer solchen Unwahrheit dürfe aber nach der Ausführung in dem Plenarbeschluß vom 31. Januar 1845 nicht abgeschnitten werden.[1])

6. A trat in einem schriftlichen Vertrage dem B sein Recht aus einem Miethvertrage ab, und zwar, wie es in dem Vertrage hieß, mit Zustimmung des Vermiethers. Als hierauf B auf Erfüllung des Vertrages klagte, setzte ihm A den Einwand entgegen, daß der Vertrag anders niedergeschrieben als verabredet worden sei. Er habe sich nämlich zum Abschluß des Vertrages erst verstanden, nachdem B mündlich die Verpflichtung übernommen, die Zustimmung des Vermiethers zu beschaffen. Unter der Voraussetzung, daß dies geschehen werde, sei der Vertrag in der obgedachten Art gefaßt worden, B aber habe weder die Zustimmung des Vermiethers beschafft, noch sei diese überhaupt ertheilt worden. Der zweite Richter verurtheilte den A, in Uebereinstimmung mit dem ersten Richter, neben einem anderen selbstständigen Grunde auch deßhalb, weil die Behauptung des A eine mündliche unwirksame Nebenabrede enthalte. Das Obertribunal wies nun zwar die dagegen erhobene Nichtigkeitsbeschwerde zurück, nahm aber an, daß der von dem Appellationsrichter aufgestellte zweite Entscheidungsgrund gegen die in dem Plenarbeschluß vom 31. Januar 1845 entwickelten Rechtsgrundsätze verstoße. Denn die mündliche Nebenabrede, durch welche der § 46 Tit. 5 Th. I. A. L.-R. abgeändert, und von welcher die bindende Kraft des Vertrages abhängig gemacht worden, greife offenbar in die wesentlichen Bestandtheile desselben ein.[2])

7. Dagegen ist in dem S. 164. 165 angeführten Rechtsfalle

[1]) Ungedr. Entscheid. vom 3. October 1854.

[2]) Archiv für Rf. Bd. 10 S. 157.

angenommen worden, daß die bei Abschluß eines schriftlichen Miethvertrages getroffene mündliche Abrede, wonach dem Miether die Befugniß zustehen soll, die gemiethete Sache einem Anderen zu überlassen, als mündliche Nebenabrede keine bindende Kraft habe.[1]) Unter Umständen, wenn nämlich die Räume lediglich zu dem Zwecke gemiethet werden, um sie (als chambres garnies) an Andere auszuthun, kann indessen die mündliche Vereinbarung auch das Wesen des Vertrages treffen.

8. In einem Rechtsfalle, in welchem A sein Grundstück mit sämmtlichem Inventarium verkauft, und nur gewisse Stücke in dem schriftlichen Vertrage ausgenommen hatte, demnächst aber behauptete, daß durch mündliche Vereinbarung vor und bei Aufnahme des Vertrages noch mehrere Stücke von dem Verkauf ausgenommen worden, hat das Obertribunal gleichfalls angenommen, daß die behauptete mündliche Vereinbarung eine nicht zu berücksichtigende Nebenabrede betreffe.[2])

9. Dasselbe ist in einem anderen Falle geschehen, in welchem die mündlich erfolgte Bestellung einer Wegegerechtigkeit neben einem derselben nicht erwähnenden schriftlichen Kaufvertrage behauptet wurde.[3])

Aus diesen Entscheidungen erhellt, wie verschieden die Parteien und Gerichte den Sinn der §§ 127 ff., ungeachtet des Plenarbeschlusses vom 31. Januar 1845, noch immer auffassen. Das Obertribunal hat, so weit das Gesetz dies irgend zuläßt, den Grundsatz aufrecht erhalten, daß das Wesen der Form nicht geopfert, der Mißbrauch der Form zum Nachtheil der einen oder anderen Partei nicht geschützt werden dürfe. Allein eines Theils wird durch diese an und für sich wohlbegründete Auffassung dem Beweise durch Zeugen und Eid, welchen der Gesetzgeber ausschließen

---

[1]) Entscheid. Bd. 25 S. 388.
[2]) Ungedr. Entscheid. vom 22. Decbr. 1854.
[3]) ebend. vom 6. Octbr. 1853.

wollte, ein weites Feld eröffnet; zwar nicht in der vom Gesetzgeber hauptsächlich ins Auge gefaßten Richtung, doch aber in der entgegengesetzten, auf die Entkräftung schriftlicher Verträge abzielenden Richtung. Anderen Theils gewährt auch die Auffassung des Obertribunals noch keinen genügenden Schutz gegen den Mißbrauch der Form. Die gesetzlichen Bestimmungen über die Nothwendigkeit der Schrift bei allen Verträgen, deren Gegenstand mehr als fünfzig Thaler beträgt, und die Unverbindlichkeit mündlicher Nebenabreden, sind noch immer nicht in das Bewußtsein des Volks gedrungen. Demzufolge wird die mündliche Vereinbarung nicht selten und besonders dann, wenn der förmliche Abschluß eines Vertrages vorbehalten wird, so nachlässig und oberflächlich niedergeschrieben, daß nur die für eine Punktation genügenden Hauptpunkte zu Papier gebracht, die Nebenpunkte, ohne deren Bewilligung der Vertrag in vielen Fällen gar nicht würde zu Stande gekommen sein, dagegen dem förmlichen Abschluß stillschweigend vorbehalten werden. In den meisten Fällen geschieht dies von keiner Seite in böslicher Absicht, in der Regel haben vielmehr beide Theile bei der Niederschreibung den guten Willen, den mündlichen Nebenabreden nachzukommen. Später aber läßt sich nicht selten derjenige, dem die Nebenabreden Verpflichtungen auferlegen, durch Eigennutz und böse Rathschläge verleiten, diese Verpflichtungen abzulehnen, und die Form zur Benachtheiligung des Anderen zu mißbrauchen. Die benachtheiligte Partei ist dann selten geneigt, ihr vermeintlich gutes Recht freiwillig aufzugeben. Sie läßt es daher in der Regel auf einen Rechtsstreit ankommen, zumal die verschiedene Auffassung der Gerichte über die Wirkung mündlicher Abreden neben der Schrift die Möglichkeit eines günstigen Erfolges zuläßt. Zahlreiche Rechtsstreitigkeiten sind daher die Folge des Gesetzes.

V. Wirkung eines beiderseits vollständig erfüllten mündlichen Vertrages.

Das Gesetz unterscheidet drei Fälle:

1. Wenn der kraft des Gesetzes schriftlich zu schließende Vertrag nur mündlich geschlossen und noch von keiner Seite erfüllt ist; — alsdann findet aus dem Vertrage weder eine Klage auf Erfüllung, noch auch, wegen der von dem einen oder anderen Theile verweigerten Erfüllung, ein Anspruch auf Entschädigung wegen getroffener Anstalten oder aus anderen Gründen statt.[1])

2. Wenn der Vertrag zum Theil, aber noch nicht von beiden Seiten vollständig erfüllt ist: — alsdann kommen die §§. 156 ff. d. T. zur Anwendung, wovon weiter unten die Rede sein wird.

3. Wenn der Vertrag von beiden Seiten vollständig erfüllt ist. In diesem Falle findet, sofern bewegliche Sachen Gegenstand des Vertrages sind, das S. 170 Bemerkte Anwendung, da zwischen einem sogleich und in der Folge erfüllten Vertrage kein Unterschied zu machen ist. Dies folgt, wenngleich der § 146 d. T. nur von „sogleich" erfüllten Verträgen spricht, aus dem Edikte von 1770 (S. 145), wird auch in den §§ 156 ff. vorausgesetzt, und ist in der Praxis allgemein anerkannt. Ein solchergestalt abgemachtes Geschäft darf daher wegen Mangels der Form nicht angefochten werden. Anderer Seits darf aber auch kein Theil den anderen wegen angeblich getroffener und unerfüllt gebliebener mündlich verabredeter Nebenpunkte nachträglich in Anspruch nehmen.[2]) Ebenso wenig findet eine Entschädigungs-Forderung wegen verzögerter Erfüllung aus einem dergestalt abgemachten Geschäfte statt.[3]) Dadurch werden indessen die Ansprüche, welche das Gesetz

---

[1]) §§ 155. 168 d. T.

[2]) § 147 d. T.

[3]) Praj.-S. S. 12; eben so in einer ungedr. Entscheid. vom 18. September 1849.

dem Empfänger einer Sache deßhalb gestattet, weil er sich derselben nach der Natur des Vertrages nicht bedienen kann, oder die ihm aus anderen Gründen zustehen, nicht ausgeschlossen, wie in den Präjudizien 693. 1645 anerkannt ist.

a. In dem Präjudiz 693 lag die Frage vor, ob bei einem beiderseits vollständig erfüllten mündlichen Vertrage der Anspruch auf Vergütung von Gewährsmängeln durch den § 168 d. T. ausgeschlossen werde. Diese Frage war von dem zweiten Richter bejaht, ist dagegen von dem Obertribunal verneint worden. Denn der § 168 handelt, wie in dem Präjudiz ausgeführt wird, nur von Ansprüchen wegen verweigerter Erfüllung, und ist daher auf Ansprüche der vorliegenden Art nicht zu beziehen. Auf solche Ansprüche finden vielmehr die Regeln Anwendung, welche für alle der Hauptsache nach erfüllten Verträge in den §§ 317 ff. d. T. überhaupt aufgestellt sind. Man wird jedoch die Maaßgabe hinzufügen müssen, daß hier von ausdrücklich vorausgesetzten Eigenschaften nicht die Rede sein kann.

b. Die thatsächliche Grundlage des Präjudizes 1645 bildete das nachstehende Sachverhältniß. B hatte auf Grund eines mit A geschlossenen mündlichen Vertrages, 200 Hammel des letzteren zur Verpflegung während eines bestimmten Zeitraumes übernommen, und A sich dagegen zur Zahlung einer bestimmten Vergütung verpflichtet. Nach Ablauf des festgesetzten Zeitraums gab B die Hammel zurück, und A zahlte die mündlich versprochene Vergütung. Bald darauf wurden die Hammel faulkrank, und starben theils weg, theils mußten sie um jeden Preis öffentlich verkauft werden. A behauptete nun, daß die Krankheit der Thiere durch deren schlechte Fütterung und Wartung bei dem B verursacht worden, und verlangte deßhalb Erstattung des ihm durch das Sterben und den Verkauf der Thiere erwachsenen Schadens. Der zweite Richter wies wiederum den A auf Grund des § 168 d. T. mit seiner Klage ab. Das Obertribunal nahm dagegen, wie in dem Präjudize 693 an, daß der § 168 auf den vorliegenden Fall nicht anwendbar sei. Hier frage es sich, ob B aus einem beiderseits vollzogenen mündlichen Vertrage wegen schuldbarer Versäumung der übernommenen Pflichten verantwortlich gemacht werden könne. Dies aber müsse nach den bei allen Verträgen zur Anwendung kommenden allgemeinen Grundsätzen (§§ 285 ff. d. T.) bejaht werden.

Die §§ 146. 147 d. T. können nur zur Anwendung kommen, wenn der Vertrag wirklich in seinen wesentlichen Punkten von beiden Theilen erfüllt worden. Wird dies bestritten, von dem Verkäufer z. B. behauptet, daß ein höheres als das bezahlte Kaufgeld verabredet worden, so muß zuvörderst die stattgefundene mündliche Verabredung ermittelt werden. Es kann daher auch in diesem Falle der Beweis durch Zeugen und Eid nothwendig werden.

Ist eine unbewegliche Sache Gegenstand des Vertrages, so wird auch nach beiderseitiger vollständiger Erfüllung der Rücktritt von dem Vertrage durch die §§ 146. 147, welche nur auf bewegliche Sachen zu beziehen sind, nicht ausgeschlossen.[1]) Dessen ungeachtet bestimmt das Präjudiz 1371, daß der Verkäufer von einem über ein Grundstück geschlossenen formell gültigen Kaufvertrage, bei welchem der wahre Kaufpreis nur mündlich verabredet worden, nicht mehr zurücktreten könne, wenn der Vertrag im Wesentlichen von beiden Theilen erfüllt ist.[2]) In dem damals vorliegenden Falle hatte A sein Grundstück mittelst notariellen Vertrages an B verkauft. In dem Vertrage war der Kaufpreis auf 700 Thlr. angegeben, mündlich auf 1200 Thlr. bestimmt. Der höhere Kaufpreis wurde demnächst auch bezahlt und das Grundstück übergeben. A hielt sich dennoch an den Kaufvertrag

[1]) Entscheid. Bd. 1 S. 363; Bd. 12 S. 33; Archiv Bd. 12 S. 240; viele ungedr. Entscheidungen.

[2]) Präj.-S. S. 48.

nicht gebunden, und verkaufte das Grundstück anderweit an C, cedirte dem letzteren auch die ihm auf Rückforderung des Grundstücks zustehenden Rechte. Hierauf gestützt forderte C von B die Herausgabe des Grundstücks gegen Erstattung des gezahlten Kaufpreises und Vergütung der erweislichen Verbesserungen. B wendete ein, daß der Verkäufer von dem vollständig erfüllten Vertrage nicht mehr zurücktreten könne. Auf Grund dieses Einwandes wies auch der erste Richter den Kläger ab, der zweite Richter verurtheilte den Verklagten dagegen nach dem Klageantrage. Auf die Revision des Verklagten stellte das Obertribunal das erste Urtel wieder her. Es komme hier der § 74 Tit. 11 Th. I. zur Anwendung, welcher auf die §§ 155 ff. Tit. 5 zurückweise. Nach § 156 habe der Verkäufer, nach erfolgter Annahme des Kaufpreises, das Recht, entweder den Vertrag auch von seiner Seite zu erfüllen oder aber das Erhaltene zurückzugeben. Habe er von diesem Wahlrecht durch Erfüllung des Vertrages Gebrauch gemacht, so könne er von dem Vertrage nicht mehr zurücktreten, da hierin eine nochmalige Geltendmachung des bereits ausgeübten Wahlrechts liegen würde. Dem stehe auch der Umstand, daß der Vertrag über ein Grundstück geschlossen worden, nicht entgegen. Denn die Regel, wonach über ein Grundstück nur schriftlich kontrahirt werden könne, schließe bloß die Klage aus mündlichen Verträgen unbedingt aus. Hier liege aber kein mündlicher, sondern ein formell gültiger Vertrag vor, in welchem nur das mündlich verabredete Kaufgeld absichtlich unrichtig angegeben worden sei. Für diesen Fall sei gerade die Vorschrift § 74 Tit. 11, welche zwischen beweglichen und unbeweglichen Sachen nicht unterscheide, gegeben, und dabei ohne Zweifel das im § 72 vorausgesetzte Vorhandensein einer schriftlichen Urkunde berücksichtigt worden.[1]) Eine andere Ausnahme von der Regel wird weiter unten zur Sprache kommen.

[1]) Die Entscheidung ist nicht ohne Bedenken.

VI. Wirkung einer zum Theil stattgefundenen Erfüllung des mündlichen Vertrages, wenn der Hauptgegenstand in Sachen besteht.

Von dem S. 203 erwähnten zweiten Falle — wenn ein mündlicher Vertrag zum Theil, aber noch nicht von beiden Theilen vollständig erfüllt ist — haben manche Gerichte und Rechtslehrer den Fall ausscheiden wollen, wenn der eine Kontrahent den Vertrag vollständig erfüllt hat. Durch einzelne eine verschiedene Deutung zulassende Worte haben sie sich zu der Annahme verleiten lassen, daß der Geber in diesem Falle das Gegebene nicht zurückfordern dürfe. Das Gegentheil ist wiederholt von dem Obertribunal ausgesprochen und der gegenwärtig kaum noch bestrittene Rechtssatz festgestellt worden:

> So lange ein über bewegliche Sachen geschlossener mündlicher Vertrag von beiden Theilen nicht vollständig erfüllt worden, ist, zufolge der §§ 156—164, in der Regel weder der Empfänger noch der Geber verpflichtet, den Vertrag zu erfüllen. Jeder Theil darf vielmehr von demselben zurücktreten, und der Empfänger das Empfangene zurückgeben, der Geber das Gegebene zurückfordern. Bei einem über unbewegliche Sachen geschlossenen mündlichen Vertrage ist jeder Theil, auch nach vollständiger beiderseitiger Erfüllung, in der Regel zum Rücktritt befugt.[1])

Das Gesetz hat jedoch theils zum Schutze desjenigen, der bei dem Vertrage stehen bleiben will, manche dem Wankelmüthigen

---

[1]) Präj. 436 (Präj.-S. S. 10 und Entscheid. Bd. 3 S. 341); Entscheid. Bd. 6 S. 316; Rechtsfälle Bd. 2 S. 25. 183 und Bd. 4 S. 377; Schles. Archiv Bd. 6 S. 269; viele ungedr. Entscheidungen.

nachtheilige Bestimmung getroffen, theils für einzelne Verhältnisse Ausnahmen von der Regel gemacht.

1. Der Empfänger, welcher den Vertrag nicht erfüllen will, muß die auf Rechnung des Vertrages erhaltene bewegliche oder unbewegliche Sache in dem Stande, in welchem er sie empfangen hat, zurückgeben. Kann er dies nicht, und will dennoch den Vertrag nicht erfüllen, so muß er den mündlich verabredeten Werth ersetzen, oder aber, wenn kein Werth verabredet ist, den Werth vergüten, welchen die Sache zur Zeit der Uebergabe hatte. Wegen der inzwischen gezogenen Nutzungen und vorgefallenen Verbesserungen wird der Empfänger, welcher die Sache zurückgiebt, einem unrechtfertigen Besitzer gleich geachtet. [1])

a. Die Worte der §§ 157 und 159, wonach die Rückgabe der Sache in dem Stande, in welchem sie sich zur Zeit der Uebergabe befunden hat, erfolgen soll, haben zu Zweifeln Anlaß gegeben. Bleibt man streng bei dem Buchstaben stehen, so wird dadurch die Zulässigkeit der Rückgabe bei jeder Veränderung in dem Zustande der Sache ausgeschlossen. Die Rückgabe würde hienach auch bei solchen Veränderungen, welche nach dem natürlichen Lauf der Dinge ohne irgend welches Zuthun der Menschen von selbst eintreten, und sich auch in dem Besitze des Gebers ereignet hätten, unbedingt ausgeschlossen sein; so daß z. B. ein wenige Tage älter gewordenes Pferd nicht zurückgegeben werden dürfte, und überhaupt in den meisten Fällen die Rückgabe der Sache nach einem kurzen Zeitablauf nicht mehr statt finden könnte. Die buchstäbliche Auffassung des Gesetzes würde mithin zu einer Beseitigung desselben führen, und kann eben deßwegen nicht in der Absicht des Gesetzgebers gelegen haben. Anderer Seits darf aber auch auf Grund des § 158 nicht angenommen werden, daß jede im gesetzlichen

---

[1]) §§ 156—160 d. T.

Sinne nicht verschlimmerte Sache zurückgegeben werden dürfe. Denn danach müßte der Empfänger für befugt erachtet werden, eine durch den bloßen Zeitablauf ganz werthlos gewordene Sache, z. B. ein nach der Uebergabe alt und unbrauchbar gewordenes Pferd, zurückzugeben und das noch nicht bezahlte Kaufgeld zu behalten. Der Sinn des Gesetzes kann vielmehr, wie das Obertribunal in dem Präj. 2152 festgestellt hat, nur der sein, daß die Sache nicht zurückgegeben werden darf, wenn sie in Folge der vorgenommenen oder sonst eingetretenen Veränderungen zu ihrer Bestimmung nicht mehr in dem Umfange oder in dem Grade brauchbar ist, in welchem dies zur Zeit der Uebergabe der Fall war, worüber nöthigenfalls Sachverständige zu hören sind.[1]) Dies findet auch auf vertretbare Sachen Anwendung. Hat z. B. A eine Post Getreide als Ganzes an B verkauft und übergeben, und B einen Theil dieses Getreides verkauft, so kann derselbe nicht mehr für befugt erachtet werden, den Rest des Getreides zurückzugeben, muß vielmehr den verabredeten Kaufpreis zahlen.[2]) Sind die mehreren Sachen dagegen in einzelnen Posten oder Stücken verkauft worden, so muß der Empfänger für befugt erachtet werden, alle die Posten und Stücke zurückzugeben, welche sich noch in unverändertem Zustande befinden.[3]) Uebrigens ist die Rückgabe an keine Zeit gebunden, und kann daher innerhalb der Verjährungsfrist erfolgen, sofern nur der Zustand der Sache nicht verändert ist. Auch ein wiederholtes Anerbieten zur Zurücknahme der Sache muß für zuläßig erachtet werden, wenn die Wiederannahme bei dem ersten Anerbieten wegen der Veränderung des Zustandes der Sache abgelehnt worden, und der letztere demnächst hergestellt ist.[4])

---

[1]) Entscheid. Bd. 19 S. 83.

[2]) Ungedr. Entscheid. vom 20. März 1851.

[3]) ebend. vom 22. November 1853.

[4]) ebend. vom 8. März 1853.

b. Der zurücktretende Empfänger wird nach § 158 d. T. wegen der Nutzungen und Verbesserungen einem unrechtfertigen Besitzer gleich geachtet. Er muß daher die Sache mit den vorhandenen Früchten und dem Werth der genossenen Früchte, nach Abzug der Gewinnungskosten, so wie der Lasten und Abgaben, welche der Geber gleichfalls hätte tragen müssen, zurückgeben. Er kann ferner die Kosten von Verbesserungen, die nicht weggenommen werden können, nur so weit fordern, als der Geber sich sonst mit seinem Schaden bereichern würde.[1]) Von Verschlimmerungen spricht das Gesetz nicht, weil die Sache in unverändertem Zustande zurückzugeben ist, eine verschlimmerte daher gar nicht zurückgegeben werden darf. Eben so wenig ist in dem Gesetz von Erhaltungskosten die Rede, deren Ersatz der unrechtfertige Besitzer an und für sich fordern kann. Denn in dem vorliegenden Falle hat der zurücktretende Empfänger keinen Anspruch auf den Ersatz dieser Kosten, weil der Geber nur verpflichtet ist, die Sache in dem Zustande, in welchem sie sich zur Zeit der Uebergabe befunden hat, zurückzunehmen, und weil er eben deßwegen die auf Erhaltung dieses Zustandes verwendeten Kosten nicht zu erstatten braucht. Will der Empfänger die Erhaltungskosten nicht einbüßen, so mag er bei dem Vertrage stehen bleiben. Das Verhältniß beider Theile ändert sich aber, sobald der Empfänger den Rücktritt von dem Vertrage erklärt und die Zurücknahme der Sache von dem Geber verlangt hat. Alsdann ist der Empfänger, sofern die Sache sich in dem früheren Zustande befindet, mithin zurückgenommen werden kann, und auch keine anderen Gründe einer vorläufigen Ablehnung der Zurücknahme vorliegen, nur noch als Verwahrer oder Verwalter einer fremden Sache anzusehen, und hat alle Rechte und Pflichten eines solchen.[2])

---

[1]) I. 7. §§ 223 ff.

[2]) Präj. 2189 in den Entscheid. Bd. 19 S. 76 ff. Das Präjudiz dürfte, wie auch die Gründe ergeben, zu weit gefaßt sein.

c. Ist die Sache nicht mehr in dem Zustande, in welchem sie übergeben worden, so muß der Empfänger den mündlich verabredeten Werth ersetzen. In vielen Fällen wird dieser Werth die bedungene Gegenleistung sein, namentlich bei dem Verkauf und der vollständigen Uebergabe einer Sache. Der verabredete Werth kann aber auch von der Gegenleistung verschieden sein, z. B. wenn bei einem Tausch zweier Grundstücke der Werth jedes Grundstücks mündlich festgestellt ist. In Ermangelung einer Verabredung über den Werth muß der Werth, welchen die Sache zur Zeit der Uebergabe hatte, ermittelt und ersetzt werden; also z. B. bei einem Tausch, bei welchem der Werth der vertauschten Sachen nicht festgestellt ist, so wie bei der theilweisen Erfüllung eines Kaufvertrages. Der Werth einer unschätzbaren Sache muß nach dem Werthe der Gegenleistung, und wenn auch diese unschätzbar ist, durch einen Schätzungseid des Gebers festgestellt werden.

d. Will der Geber in dem vorgedachten Falle (lit. c) die Sache in dem Zustande, in welchem sie sich befindet, zurücknehmen, ohne auf Vergütung wegen der Verschlimmerungen Anspruch zu machen, so kann der Empfänger ihm statt der Sache deren Werth nicht aufdrängen. Der Empfänger muß vielmehr die Sache mit den Verpflichtungen eines unrechtfertigen Besitzers zurückgeben, und kann sich von diesen Verpflichtungen nur durch die Erklärung befreien, daß er, wenn der Geber die Rückgabe der Sache verlange, bei dem Vertrage stehen bleiben wolle. Von dem Geber hängt es dann ab, ob er die Erfüllung annehmen oder seiner Seits von dem Vertrage zurücktreten will.

2. **Der Geber ist**, wie bemerkt, **zu dem Rücktritt von dem Vertrage auch dann befugt, wenn er denselben seiner Seits vollständig erfüllt, und selbst schon einen Theil der Gegenleistung in Empfang genommen hat.** Er muß aber die Sache in dem Zustande zurücknehmen, in welchem sie sich zu der Zeit befunden hat, da seine Weigerung zur Wissen-

schaft des Anderen gelangt ist. Auch hat der Empfänger, welcher bei dem Vertrage stehen bleiben will, in Ansehung der zu leistenden Rückgabe alle Rechte eines redlichen Besitzers.[1]) Er behält also bis zu dem Tage, an welchem die Rückgabe von ihm verlangt worden, alle gezogenen Nutzungen und genossenen Früchte, kann wegen der Verbesserungen und Erhaltungskosten, in dem zu Gunsten des redlichen Besitzers bestimmten Umfange, Vergütung fordern, und haftet für die Verschlimmerungen der Sache nur in so weit, als sie durch sein grobes Versehen entstanden sind.[2])

3. Ist auf Grund des mündlichen Vertrages eine Zahlung erfolgt, so muß der Empfänger, wenn er zurücktritt, vom Tage der empfangenen Zahlung landübliche Zinsen entrichten. Er ist dagegen, wenn der Andere zurücktritt, nur vom Tage des ihm angekündigten Rücktritts zur landüblichen Verzinsung verpflichtet.[3]) Diese Bestimmung ist eine Anwendung der allgemeinen Grundsätze, sie kann aber unter Umständen zu eigenthümlichen Folgen führen. Denn hienach muß z. B. der Käufer eines Grundstücks, welcher nach Uebergabe desselben und Zahlung des Kaufpreises, von dem mündlichen Vertrage zurücktritt, auf Grund der §§ 158. 162. 164 d. T. das Grundstück mit allen gezogenen Nutzungen zurückgeben, und kann dagegen die Verzinsung des Kaufgeldes erst vom Tage des angekündigten Rücktritts verlangen. Im entgegengesetzten Falle muß der Verkäufer, welcher nach Uebergabe des Grundstücks und Zahlung des Kaufgeldes von dem Vertrage zurücktritt, das Kaufgeld vom Tage des Empfanges verzinsen, während der Käufer bis zu dem Tage des angekündigten Rücktritts die Nutzungen behält. Man hat zwar den § 109 Tit. 11 Th. I. A. L.-R., wonach kein Theil wider den Willen des Anderen

[1]) §§ 161—163 d. T.
[2]) I. 7 §§ 188 ff.
[3]) § 164 d. T.

Sache und Kaufgeld zugleich benutzen kann, auf den vorliegenden Fall anwenden wollen. Diese Vorschrift setzt indessen, wie der ganze eilfte Titel, einen der gesetzlichen Form entsprechenden Vertrag voraus, und findet daher keine Anwendung, wenn die rechtlichen Folgen der unterbliebenen schriftlichen Abfassung eines Kaufvertrages in Frage sind. Für diesen Fall sind vielmehr die §§ 155 ff. d. T. maaßgebend, und dieselben führen zu den obgedachten Rechtsgrundsätzen. Der Gesetzgeber hat darin dem Wankelmüthigen die Pflichten eines unrechtfertigen Besitzers unbedingt auferlegt, und dem Anderen die Rechte eines redlichen Besitzers unbedingt zugestanden, damit der letztere, welcher wegen der verzögerten Uebergabe und der sonst getroffenen Anstalten nach § 168 d. T. keine Entschädigung fordern kann, in der vorliegenden Beziehung völlig gesichert werde. Der Richter darf daher aus Billigkeitsrücksichten, die hier nicht am Orte sind, insbesondere aus dem Grunde, weil Niemand sich mit dem Schaden des Anderen bereichern dürfe, von dem Gesetze nicht abweichen; und zwar um so weniger, weil eines Theils mit dem § 109 Tit. 11 auch die darauf folgenden §§ zur Anwendung kommen müßten, dies aber hier zu unabsehbaren Verwickelungen führen würde, so wie weil anderen Theils wegen der durch § 168 d. T. erfolgten Ausschließung jeder anderen Entschädigungsforderung eine Bereicherung mit dem Schaden des Gegners niemals mit Sicherheit angenommen werden kann.[1]) Anders steht die Sache, wenn der Käufer das Kaufgeld nicht gezahlt, sondern nur verzinst hat. Alsdann kann der Käufer, wenn der Verkäufer zurücktritt, die gezahlten Zinsen nicht zurückfordern. Denn das Gesetz bestimmt

---

[1]) Präj. 973 (Präj.-S. S. 11) und Archiv für Rf. Bd. 12 S. 240. Das im Archiv Bd. 6 S. 249 abgedruckte Erkenntniß steht damit nicht in Widerspruch, weil darin auf Grund besonderer thatsächlicher Feststellungen des Appellationsrichters das Präj. 973 ausgeschlossen wird. Dagegen geht das im Schles. Archiv Bd. 5 S. 383 abgedruckte Erkenntniß des Obertribunals allerdings von entgegengesetzten Grundsätzen aus.

nicht, daß auch die gezahlten Zinsen des gestundeten Kaufgeldes von dem zurücktretenden Verkäufer zurückgezahlt werden müssen. Die §§ 156 ff. d. T. sprechen vielmehr nur von der Sache, welche Gegenstand des Vertrages ist, und bestimmen die Rechte und Pflichten der Parteien in Bezug auf diese Sache.[1])

4. Hat der Empfänger bereits erklärt, daß er von dem Vertrage zurücktreten wolle, so kann der Geber, ohne sich irgend welchen Nachtheilen auszusetzen, sofort auf Zurückgabe der Sache oder aber, wenn eine Veränderung derselben stattgefunden hat, auf Vergütung ihres Werths, mit den gesetzlichen Nebenverpflichtungen klagen. Hat der Empfänger eine solche Erklärung nicht abgegeben, vielmehr nur seine Verbindlichkeit nicht erfüllt, so muß der Geber, um nicht als Zurücktretender zu erscheinen, auf Erfüllung des Vertrages klagen. Daß derselbe nothwendig alternativ auf Erfüllung oder aber, nach der Wahl des Verklagten, auf Rückgabe des Gegebenen, beziehungsweise Vergütung seines Werths, mit den gesetzlich bestimmten Nebenverpflichtungen, klagen müsse, folgt aus dem Gesetze nicht. Der § 156 d. T. läßt dem Verklagten die Wahl, den mündlichen Vertrag von seiner Seite zu erfüllen oder das Erhaltene zurückzugeben oder zu vergüten. Widerspricht der Verklagte dem Antrage auf Erfüllung, so folgt daraus nur, daß der Richter alternativ erkennen muß, ohne daß demselben der Vorwurf gemacht werden kann, sein Spruch beruhe auf einem veränderten Fundamente.[2]) In dem einen wie in dem anderen Falle kommt es darauf an, ob der Verklagte sich bereit erklärt, den Vertrag in dem von dem Kläger verlangten Umfange zu erfüllen, oder die Erfüllung verweigert, oder die Klage gar nicht beantwortet.

a. Im ersten Falle muß auf Grund des nun vorliegenden

---

[1]) Ungedr. Entscheid. vom 14. Mai 1850.
[2]) ebend. vom 4. März 1850.

beiderseitigen Anerkenntnisses jeder Theil für verpflichtet erachtet werden, bei dem Vertrage stehen zu bleiben.

b. Im zweiten Falle muß der Verklagte, sofern derselbe den von dem Kläger angegebenen Inhalt des Vertrages nicht bestreitet, verurtheilt werden, entweder die empfangene Sache in dem Zustande, in welchem er sie von dem Geber erhalten hat, zurückzugeben oder aber ihren Werth nebst den genossenen Früchten ꝛc. zu entrichten. Die Weigerung des Verklagten kann jedoch, wie schon angedeutet, diese Folge nur haben, wenn er den von dem Kläger angegebenen Inhalt des Vertrages nicht bestreitet. Entgegengesetzten Falles darf der Verklagte, wenn er den Vertrag in dem von ihm angegebenen Umfang erfüllen will, nicht ohne Weiteres als der Wankelmüthige angesehen und einem unrechtfertigen Besitzer gleich geachtet werden. Der Kläger muß vielmehr zunächst beweisen, daß der von ihm behauptete Inhalt der wahre sei, und erst nach dem Ausfall dieses Beweises, bei welchem wiederum Zeugen und Eideszuschiebung nicht auszuschließen sind, sowie nach den demnächst erfolgenden Erklärungen der Parteien, kann das Verhältniß derselben festgestellt werden.

c. Im dritten Falle muß, nach der Wahl des Klägers, entweder sofort auf Zurückgabe des Gegebenen ꝛc. oder aber dahin erkannt werden, daß der Verklagte binnen einer bestimmten Frist den Vertrag seiner Seits zu erfüllen oder, wenn dies nicht geschehe, das Gegebene ꝛc. zurückzugewähren habe.

Ist in der Voraussetzung, daß die gegebene Sache sich in unverändertem Zustande befinde, auf deren Herausgabe nebst Früchten ꝛc. geklagt und erkannt worden, die Sache kann aber demnächst in diesem Zustande nicht zurückgegeben werden, so muß der Geber immer noch für befugt erachtet werden, die Zurücknahme abzulehnen, und die Vergütung des Werths der Sache zu verlangen.

5. Die Klage des Gebers, welcher zurücktreten will, muß,

um ganz vollständig zu sein, auch in Beziehung auf Nebenpunkte dem Gesetze entsprechen. In einigen Entscheidungen des Obertribunals ist nun angenommen worden, daß die Klage ganz oder angebrachtermaaßen durch Erkenntniß zurückzuweisen sei, wenn der Kläger sich darin nicht zur Wiederannahme der Sache in dem gegenwärtigen Zustande erboten, und dem Empfänger nicht die Rechte eines redlichen Besitzers zugestanden, sich dagegen, falls er auch schon etwas erhalten hat, zu den Pflichten eines unrechtfertigen Besitzers bekannt hat. Durch Plenarbeschluß vom 19. Mai 1851 (Präj. 2289) ist jedoch festgestellt worden, daß eine Klage, welche auf Grund der §§ 156 ff. d. T. erhoben, und auf Rückgabe des Gegebenen, gegen Erstattung des Empfangenen, gerichtet worden, wegen der obgedachten Mängel nicht zurückgewiesen werden darf, wenn sich im Proceß ergiebt, daß der Verklagte als redlicher, der Kläger als unrechtfertiger Besitzer zu behandeln ist; daß vielmehr der Richter die Rechte des Verklagten und die daraus folgenden Einschränkungen des Anspruchs des Klägers im Erkenntnisse festzustellen hat. Denn die hauptsächliche Regel wird in den §§ 156. 161 dahin festgestellt, daß der, welcher den Vertrag nicht erfüllen will, das Erhaltene zurückgeben oder vergüten muß, und das Gegebene zurückfordern kann. Die §§ 157. 158. 159. 160. 162. 163 und 165 enthalten nur Bestimmungen über Nebenpunkte, welche möglicher Weise im Processe gar nicht vorkommen, und jedenfalls Einwendungen und Gegenforderungen des Verklagten betreffen. Die Erwähnung und Berücksichtigung solcher Einwendungen und Gegenforderungen gehört aber nicht zu den wesentlichen Erfordernissen einer Klage. Entwickelt sich nun auch das Geschäft oder die dem Rechtsstreite zum Grunde liegende Thatsache durch die Verhandlungen dahin, daß dem Kläger ein beschränkterer als der eingeklagte Anspruch zusteht, so muß dennoch darüber erkannt werden. Denn nach unserer Proceßordnung soll ein einmal anhängig gemachter Rechtsstreit zur schließlichen Entscheidung der streitigen Rechtsverhältnisse wirklich und wesentlich führen, und von der Form der Partei-Anträge möglichst wenig abhängig sein. Dieser Grundsatz muß daher auch in Fällen der vorliegenden Art maaßgebend sein, dabei jedoch, wie es am Schluß der Plenar-Verhandlung heißt, auf die besonderen Umstände jedes einzelnen Falles gebührende Rücksicht genommen werden.[1]) Eine solche Rücksichtsnahme wird namentlich dann nothwendig sein, wenn der, welchem eine Sache verkauft oder durch Tausch überlassen worden, auf Erstattung des seiner Seits gegebenen gegen Rücknahme der erhaltenen Sache klagt, und sich demnächst findet, daß diese Sache in dem Zustande, in welchem der Kläger solche empfangen hat, nicht zurückgegeben werden kann. Denn alsdann kann der Kläger die Zurücknahme der Sache gar nicht verlangen, muß vielmehr, wenn er dennoch von dem Vertrage zurücktreten will, deren Werth vergüten. Die Klage erscheint daher in diesem Falle nicht bloß in Nebenpunkten, sondern in der Hauptsache als eine unbegründete, was freilich wiederum unerheblich ist, wenn die Parteien über den Werth einig sind oder derselbe im Laufe des Processes festgestellt ist.[2])

6. Das Recht, einen mündlichen Vertrag wegen mangelnder Form anzufechten, und die auf Grund desselben gegebene Sache zurückzufordern, ist ein mit persönlichen Verpflichtungen verbundenes persönliches Recht. Dasselbe kann daher von einem Dritten, welcher nicht des Berechtigten Erbe geworden ist, nur auf Grund einer von dem Berechtigten ertheilten Cession geltend gemacht werden. Dies gilt auch von veräußerten Theilen eines Grundstücks, so daß der, welcher demnächst das Hauptgut erwirbt, kraft dieses Erwerbs nicht befugt ist, die veräußerten Theile zurückzufordern, dazu vielmehr einer

---

[1]) Entscheid. Bd. 21 S. 329.

[2]) Cf. auch den Fall Archiv für Rf. Bd. 1 S. 77.

Cession des Vormannes bedarf, der die mündlichen Verträge geschlossen hat.[1])

7. Das Landrecht enthält verschiedene Ausnahmen von der Regel:

a. Ist ein Miethvertrag, welcher schriftlich hätte geschlossen werden sollen, bloß mündlich geschlossen, durch die Uebergabe aber vollzogen worden, so gilt der Vertrag auf ein Jahr, und kann von Jahr zu Jahr stillschweigend verlängert werden.[2])

b. Miethverträge mit Hausoffizianten sind, wenn dieselben den Dienst angetreten haben, für beide Theile in so weit verbindlich, daß nur nach vorgängiger sechswöchentlicher Kündigung und mit dem Ablauf jedes Vierteljahrs die Aufhebung des Dienstverhältnisses von dem einen oder anderen Theile verlangt werden kann.[3])

c. Ist ein Gesellschaftsvertrag bloß mündlich geschlossen, durch die gemeinschaftliche Verwendung der Gesellschafter aber etwas erworben worden, so wird ein solcher Erwerb, wie bereits S. 155 bemerkt worden, als gemeinschaftliches Eigenthum, welches durch eine zufällige Begebenheit entstanden ist, behandelt.[4])

d. Von der Wirkung einer auf Grund eines mündlichen pactum de cedendo erfolgten schriftlichen Cession ist gleichfalls schon die Rede gewesen (S. 171 ff.).

e. Auch die Grundsätze über das Bauen auf fremden Grund und Boden können auf die Rechtsbeständigkeit eines mündlichen Vertrages einwirken. In den §§ 327 ff. Tit. 9 Th. I. A. L.-R. wird unterschieden, ob der Bau auf fremden Grund und Boden ohne Vorwissen des Eigenthümers erfolgt ist, oder der letztere

---

[1]) Präj. 852 (Präj.-S. S. 49 und Entscheid. Bd. 6 S. 279), sowie in vielen ungedr. Entscheidungen.

[2]) I. 21 §§ 269. 324 ff.; Präj. 493 und 1259 (Präj.-S. S. 123).

[3]) II. 5 §§ 180. 181.

[4]) I. 17 §§ 170. 171.

um den Bau gewußt hat. Sodann wird in den §§ 332. 333 a. a. O. bestimmt:

> Hat der Eigenthümer des Grundes und Bodens um den Bau gewußt, und nicht sogleich, als er davon Nachricht erhalten, der Fortsetzung desselben auf eine solche Art, daß es zur Wissenschaft des Bauenden gelangt ist, widersprochen, so muß er mit der Kosten-Entschädigung für Grund und Boden sich begnügen.
>
> Wie es zu halten sei, wenn der Besitzer eines ganzen Guts Gebäude darauf errichtet, und hiernächst das Gut nebst den Gebäuden dem Eigenthümer zurückgeben muß, ist im Titel vom Besitz verordnet (Tit. 7 §§ 204—211. 238).

Aus einer Vergleichung dieser Gesetzstellen ergiebt sich, daß der § 332 eine Besitznahme des Grundes zum Zweck des Bauens voraussetzt, der § 333 dagegen für den Fall Bestimmung trifft, wenn die Besitznahme des Grundes nicht als Mittel zum Zweck des Bebauens sich darstellt, die Errichtung des Gebäudes vielmehr nur die Folge des Besitzes eines Grundstücks ist, und die Eigenschaft einer Verwendung für das letztere, einer Verbesserung desselben hat. In dem ersten Falle (§ 332) muß also, wie auch aus dem Wesen der unmittelbaren Erwerbungen des Eigenthums durch Verbindung zweier Sachen folgt, der Grund und Boden zu einem Gebäude verwendet, in dem zweiten Falle (§ 333) dagegen das Gebäude für ein Grundstück errichtet sein. Aus den Worten des § 333 „der Besitzer eines ganzen Guts" läßt sich auch nicht schließen, daß dieser § nur auf größere Besitzungen zu beziehen ist. Aus den Vorschriften des Tit. 7, auf welchen § 333 verweist, folgt vielmehr, daß derselbe alle Fälle umfaßt, in welchen das Bauen in einem Grundstück als eine Verbesserung desselben anzusehen ist, mithin für dieses Grundstück erfolgt. Ist nun aber der § 332 von dem Falle einer Verwendung von Grund und Boden zu einem Gebäude zu verstehen, so muß er auch dann Anwendung finden, wenn ein Platz zum Zweck eines darauf zu errichtenden Gebäudes durch einen unförmlichen Vertrag überlassen worden ist. Denn wenn schon der, welcher ohne Widerspruch des Eigenthümers redlicher Weise gebaut hat, den Grund und Boden, auf welchem das Gebäude steht, erwirbt, dann muß dies um so mehr zu Gunsten dessen angenommen werden, welchem der Grund und Boden ausdrücklich zu diesem Zweck überlassen ist, der sich also als Eigenthümer des Platzes betrachten konnte. Hieraus folgt, daß der, welcher einem Anderen einen Platz zum Bebauen durch mündlichen Vertrag überlassen hat, von dem Vertrage nicht mehr zurücktreten kann, sobald er den Anderen mit dem Bau hat beginnen lassen, daß er sich in diesem Falle vielmehr mit dem bedungenen Kaufpreise begnügen muß.[1])

VII. Wirkung einer zum Theil stattgefundenen Erfüllung des mündlichen Vertrages, wenn der Hauptgegenstand in Handlungen besteht.

Handlungen können, wie in den Vorarbeiten zum Landrechte bemerkt wird, nicht ungeschehen gemacht, und in den wenigsten Fällen richtig geschätzt werden. Demgemäß soll, wenn der mündliche Vertrag Handlungen zum Hauptgegenstande hat, und diese sämmtlich geleistet sind, die Vergütung nach der mündlichen Abrede erfolgen. Sind die Handlungen nur zum Theil geleistet, so ist kein Theil zur Erfüllung des Vertrages durch Leistung der noch rückständigen Handlungen oder deren Annahme verpflichtet. Die Partei, welche sich zu den Handlungen verpflichtet

---

[1]) Ungedr. Entscheid. vom 30. März 1855. Die von Koch im Lehrbuch II. Aufl. Bd. 2 S. 472 Anm. 5 angeführte ungedr. Entscheidung vom 15. December 1848 stellt nicht, wie Koch irrig annimmt, eine andere Ansicht auf, sondern bestimmt nur, daß die Wissenschaft des Erbpächters nicht genüge, um den § 332 anzuwenden.

hat und vor vollständiger Leistung derselben zurücktritt, muß sich aber von der mündlich verabredeten Vergütung so viel abziehen lassen, als erforderlich ist, um die noch rückständigen Leistungen durch einen Anderen bewirken zu lassen. Die andere Partei muß dagegen, wenn sie zurücktritt, den Werth der schon geleisteten Handlungen nach Abschätzung der Sachverständigen vergüten.[1])

1. Die vorgedachten Bestimmungen finden auch auf Unterlassungen Anwendung, da bei ihnen, wie bei eigentlichen Handlungen, im Gegensatz zu einer zu gewährenden Sache, die freie Thätigkeit des Verpflichteten Gegenstand des Vertrages ist, und eben deßwegen Handlungen und Unterlassungen in den §§ 869. 870. 877 Tit. 11 Th. I. A. L.-R. gleich gestellt sind.[2])

2. Die Frage: ob bei einem Vertrage, in welchem Jemand Sachen und Handlungen versprochen hat, die Handlungen den Hauptgegenstand bilden, oder als Nebenpunkte anzusehen sind, hängt in jedem einzelnen Falle von thatsächlichen Verhältnissen ab, und kann daher die dieserhalb von dem zweiten Richter getroffene Feststellung aus dem Gesichtspunkt einer Verletzung von Rechtsgrundsätzen in der Regel nicht angefochten werden.[3])

3. Der § 165 d. T. muß auch dann zur Anwendung gebracht werden, wenn für die Handlung, welche einen Hauptgegenstand des Vertrages bildet, die Ueberlassung eines Grundstücks versprochen ist, da das Gesetz keine Ausnahme macht. Insbesondere kann daher derjenige, welcher dem Anderen eine unbewegliche Sache unter der Vereinbarung, daß derselbe eine bestimmte Person heirathe, abgetreten oder versprochen hat, diesen Vertrag, wie durch den Plenarbeschluß

---

[1]) §§ 165—167 d. T.

[2]) Präj. 1700 (Präj.-S. S. 11 und Entscheid. Bd. 13 S. 119.

[3]) Archiv für Rf. Bd. 14 S. 137; ungedr. Entscheid. vom 12. Febr. 1855.

vom 7. November 1845 festgestellt worden, wegen Mangels der schriftlichen Form nicht anfechten, sobald der Andere die bezeichnete Person wirklich geheirathet hat. In einem solchen Falle müssen daher die ferneren Bedingungen, unter welchen die unbewegliche Sache nach der mündlichen Vereinbarung überlassen worden, z. B. der Betrag des etwa noch bedungenen Kaufgeldes, Ausgedinges u. s. w. ermittelt, und danach die Verhältnisse beider Theile festgestellt werden.[1]) Der § 165 d. T. und der Plenarbeschluß vom 7. November 1845 setzen jedoch, wie in einer anderen Entscheidung ausgeführt ist, voraus, daß das durch den Vertrag getroffene Uebereinkommen ein solches ist, hinsichtlich dessen den Parteien unbeschränkte autonomische Befugniß zusteht. Anders verhält es sich, wenn die Gesetzgebung aus höheren staatlichen Rücksichten diese autonomische Befugniß beschränkt, und deßhalb Geschäfte, welche in der ausdrücklich vorgeschriebenen Form abgeschlossen sind, für null und nichtig erklärt. Denn ein solches Rechtsgeschäft ist, in soweit es dabei auf die vorgeschriebene Form ankommt, der Privatwillkühr gänzlich entzogen, und es kann ohne diese Form überhaupt nicht zu einem rechtlichen Bestehen gelangen. Demzufolge kann z. B. derjenige, welcher während der Gültigkeit des Gesetzes vom 3. Januar 1845, die Zertheilung von Grundstücken betreffend, dem Anderen ein Trennstück unter der mündlichen Vereinbarung, daß derselbe eine bestimmte Person heirathe, abgetreten hat, diesen Vertrag auch nach Vollziehung der Heirath mit jener Person wegen Mangels der gesetzlichen Form anfechten.[2])

VIII. Folgen der Handlungen eines mündlich Bevollmächtigten.

Zu den Verträgen, deren Hauptgegenstand eine Handlung ist, gehört auch der Vollmachtsvertrag. Die allgemeinen Grund-

[1]) Präj. 1631 (Präj.-S. S. 11; Entscheid. Bd. 12 S. 31). Einen anderen Fall s. Archiv für Rf. Bd. 4 S. 241.

[2]) Archiv Bd. 3 S. 362.

sätze über die Nothwendigkeit der Schrift finden auch auf Vollmachtsverträge Anwendung. Die Ausführung einer auch nur mündlich ertheilten Vollmacht begründet aber für sich allein oder in Verbindung mit anderen Umständen zwischen den betheiligten Personen eigenthümliche Verhältnisse, welche durch Präjudizien des Obertribunals festgestellt worden sind.

1. Der Bevollmächtigte, welcher den mündlich erhaltenen Auftrag erfüllt hat, ist verbunden, die in Folge dieses Auftrags erworbenen Sachen oder Rechte dem Machtgeber zu überlassen. Er kann dem letzteren nicht den Einwand entgegensetzen, daß der Gegenstand des von ihm ausgeführten Geschäfts einen schriftlichen Vertrag erfordert habe, und daß ihm eine schriftliche Vollmacht nicht ertheilt worden sei.[1]) Dies folgt schon aus den §§ 61 ff. Tit. 13 Th. I. A. L.-R., wonach alle Vortheile, welche aus dem aufgetragenen Geschäft entstehen, dem Machtgeber allein zu Statten kommen, und der Bevollmächtigte den erhaltenen Auftrag nicht dazu gebrauchen darf, um sich ohne Einwilligung des Machtgebers eigene Vortheile dadurch zu verschaffen. Demgemäß findet der vorgedachte Grundsatz nicht bloß in dem Falle, wenn der Bevollmächtigte im Namen des Machtgebers mit einem Dritten kontrahirt, sondern auch dann statt, wenn er das Geschäft auf eigenen Namen geschlossen hat. Denn der, welcher einen Auftrag übernimmt, tritt, so lange der Vollmachts-Vertrag besteht, ganz in die Stelle des Machtgebers, und stellt lediglich dessen Person dar. Was er in Bezug auf den Auftrag thut, geschieht daher zum Besten des Machtgebers. Dies muß bis zur Aufhebung des Vollmachts-Vertrages unbedingt angenommen werden, weil es einen Widerspruch in sich selbst enthalten würde, wenn man voraussetzen und zugeben wollte, daß der Bevollmächtigte, welcher sich zum Handeln für den Machtgeber

---

[1]) Präj. 1333 (Präj.-S. S. 76).

verpflichtet hat, und daher redlicher Weise nur für diesen handeln kann, dennoch für sich zu handeln die Absicht gehabt haben könne. Hienach muß man, wenn der Bevollmächtigte das Geschäft auf seinen Namen geschlossen hat, annehmen, daß diese Form des Abschlusses lediglich deßhalb gewählt worden, weil dieselbe unter den obwaltenden Umständen als das angemessenste Mittel zur Ausführung des Auftrages erschien. Sollte aber auch klar erhellen, daß der Bevollmächtigte nicht erst hinterher aus der gewählten Form hat Nutzen ziehen wollen, sondern die Form gewählt hat, um sich die Vortheile aus dem Geschäfte anzueignen, so kann er dennoch aus dieser, bei dem Fortbestehen der Vollmacht, unerlaubten Handlung, zufolge der §§ 61 ff. Tit. 13 in Verbindung mit § 35 Tit. 3 Th. I. A. L.-R., dem Machtgeber gegenüber, keine Rechte erwerben. [1]) Der Unterschied zwischen dem Abschluß des Geschäfts auf den Namen des Machtgebers und dem Abschluß auf den Namen des Bevollmächtigten besteht hienach nur darin: a. In dem ersten Falle erwirbt der Machtgeber unmittelbar Rechte auf die erworbene Sache oder gegen den Dritten, mit welchem der Bevollmächtigte das Geschäft geschlossen hat. b. In dem zweiten Falle erlangt der Machtgeber nur ein persönliches Recht gegen den Bevollmächtigten, kraft dessen er die Ueberlassung der Sache oder die Abtretung der gegen den Dritten erworbenen Rechte von dem Bevollmächtigten fordern kann. [2]) Eine Ausnahme von dieser Regel findet auf Grund der Bestimmungen des Handelsrechts (II. 8 §§ 551. 513. 543. 544) in Ansehung der kaufmännischen Geschäfte statt, welche von Kassirern der Bankiers und

[1]) Entscheid. Bd. 7 S. 368; Rechtsf. Bd. 3 S. 48; Präj. 2326 (Entscheid. Bd. 22 S. 194); Archiv für Rechtsf. Bd. 3 S. 253.

[2]) Plenarbeschluß vom 2. October 1848 (Präj. 2052) in der Präj.-S. S. 78 und Entscheid. Bd. 17 S. 19. In einigen früheren Entscheidungen (Entscheid. Bd. 7 S. 377 und Rechtsf. Bd. 3 S. 48) war angenommen, daß auch in dem zweiten Falle der Machtgeber aus den mit dem Dritten geschlossenen Verträgen unmittelbar Rechte erwerbe.

Kaufleute oder von Handlungsbedienten, die auf Messen und Märkte geschickt werden, geschlossen worden sind. Solchen Handlungsbedienten sind, bei den gegenwärtigen Verkehrsverhältnissen, die Handlungsreisenden eines bestimmten Kaufmanns gleich zu achten. Aus den von solchen Handlungsreisenden, wenn auch nicht auf den Namen ihres Geschäftsherrn, geschlossenen kaufmännischen Geschäften, kann daher der letztere unmittelbar gegen den Dritten klagen, sofern diesem bei dem Abschluß des Geschäfts die Eigenschaft des anderen Theils als Handlungsreisenden des Kaufmanns bekannt war. [1])

2. Der Bevollmächtigte, welcher den mündlich ertheilten Auftrag erfüllt hat, kann, auch wenn der Gegenstand des Auftrags die Summe von fünfzig Thalern übersteigt, Erstattung der gehabten Auslagen und Abnahme der etwa übernommenen Verbindlichkeiten fordern. Dies hat schon vor dem Landrecht ein Beschluß der Gesetz-Kommission vom 3. December 1793 anerkannt [2]), und folgt dasselbe aus den §§ 156 ff. insbesondere aus § 165 Tit. 5 [3]).

3. In Ansehung des Verhältnisses zwischen dem Machtgeber und Dritten muß man unterscheiden, ob der Bevollmächtigte in eigenem oder in des Machtgebers Namen das Geschäft geschlossen hat.

a. In dem ersten Falle, wenn der Bevollmächtigte in eigenem Namen abgeschlossen hat, entsteht gar kein unmittelbares Verhältniß zwischen dem Machtgeber und Dritten. Der Machtgeber kann aber, die Vollmacht mag schriftlich oder mündlich ertheilt sein, von dem Bevollmächtigten, wie

---

[1]) Präj. 2571 (Entscheid. Bd. 29. S. 154).

[2]) Nov. Corp. Const. Tom. IX. p. 1841.

[3]) Präj. 1569 (Präj.-S. S. 76; Entscheid. Bd. 11 S. 375); Entscheid. Bd. 15. S. 197; Rechtsf. Bd. 2 S. 280.

schon bemerkt, Abtretung der gegen den Dritten erworbenen Rechte fordern, der Dritte kann dagegen, zufolge des § 154 Tit. 13 Th. I. A. L.=R., abgesehen von der vorerwähnten im Handelsrechte gemachten Ausnahme, in diesem Falle sich nur an den Bevollmächtigten halten. Dabei versteht es sich jedoch von selbst, daß der Dritte dem Machtgeber, wenn dieser aus dem ihm vom Bevollmächtigten abgetretenen Rechte klagt, alle aus dem Geschäfte entspringenden Einreden und Gegenforderungen entgegensetzen kann, indem mit dem abgetretenen Rechte auch die damit verbundenen Gegenforderungen auf den Machtgeber übergegangen sind.

b. In dem zweiten Fall, wenn der Bevollmächtigte im Namen des Machtgebers abgeschlossen hat, erlangt

α. Der Machtgeber aus dem Geschäfte, auch wenn der Bevollmächtigte nur mündlich beauftragt war, unmittelbar Rechte gegen den Dritten. Dieser brauchte sich mit dem Bevollmächtigten nicht einzulassen. Hat er aber auf den Namen des Machtgebers mit dem Bevollmächtigten gehandelt, so wird er dadurch gerade eben so gebunden, als wenn er mit dem Machtgeber selbst gehandelt hätte, mithin durch einen in gültiger Form Namens des Machtgebers abgeschlossenen Vertrag unbedingt. Dies folgt aus der Stellung des Bevollmächtigten, sowie daraus, daß der mit demselben geschlossene schriftliche Vertrag mindestens die Kraft eines schriftlichen Anerkenntnisses haben muß. Der § 10 Tit. 13 Thl. I. A. L.=R. steht dem auch nicht entgegen, sondern spricht genau betrachtet eher dafür. Denn wenn dieser § zunächst auch nur auf Gegenstände unter fünfzig Thaler zu beziehen ist, so lassen die Worte desselben „auch in diesem Falle" doch darauf schließen, daß der § nur die Anwendung eines von dem Gesetzgeber stillschweigend anerkannten allgemeinen Grundsatzes ist [1]).

[1]) Präj. 1240 (Präj.=S. S. 77), mit den in der unterliegenden Entscheidung angegebenen Gründen.

β. **Der Dritte erwirbt aus dem mit dem Bevollmächtigten geschlossenen Vertrage, wenn derselbe keine schriftliche Vollmacht hatte, auch bei Gegenständen unter fünfzig Thalern, kein Klagerecht gegen den Machtgeber** [1]. Zuvörderst tritt hier wiederum die S. 221 erwähnte im Handelsrecht gemachte Ausnahme ein. Eine fernere Ausnahme macht das Gesetz, wenn Jemand gegen einen Dritten mündlich erklärt hat, daß er einem Anderen ein gewisses Geschäft aufgetragen habe. Alsdann kann er zwar aus dem demnächst von dem Anderen abgeschlossenen Geschäft gegen den, welcher die mündliche Erklärung abgegeben hat, nicht auf Erfüllung klagen. Hat aber der Dritte dem mündlich bezeichneten Bevollmächtigten auf Grund des Geschäfts etwas gegeben oder geleistet, so haftet der Erklärende dem Dritten ebenso, als wenn er es selbst auf Grund eines mündlichen Vertrages erhalten hätte [2]. Dies gilt nicht bloß dann, wenn der Abschluß eines Vertrages Gegenstand der mündlichen Eröffnung war, sondern, bei der allgemeinen Fassung der §§ 147. 148 Tit. 13 Thl. I. A. L.-R. und dem klar vorliegenden Grunde des Gesetzes, auch dann, wenn der Gegenstand der Eröffnung ein anderes Geschäft betraf, z. B. die Ermächtigung zur Empfangnahme einer bereits feststehenden Zahlung [3]. — In allen anderen, zu den vorbemerkten Ausnahmen nicht gehörenden Fällen erwirbt der Dritte, wie bemerkt, aus den auf Grund eines mündlichen Auftrags mit dem Bevollmächtigten geschlossenen Verträgen, auch wenn dieselben schriftlich und auf den Namen des Machtgebers geschlossen worden, kein Klagerecht gegen den letzteren, während dieser in solchem Falle ein Klagerecht gegen den Dritten hat. Das Geschäft ist daher ein sogenanntes negotium claudi-

[1] I. 13 §. 8. A. L.-R.

[2] I. 13 §§ 147—149.

[3] Präj. 1257 (Präj.-S. S. 78; Entscheid. Bd. 9 S. 233); ungedr. Entscheid. vom 29. April 1853.

cans, welches durch die Genehmigung des Machtgebers für beide Theile bindend wird. Ob es dazu, wenn nämlich der Vertrag zwischen dem Bevollmächtigten und Dritten schriftlich geschlossen worden, einer schriftlichen Genehmigung Seitens des Machtgebers bedarf, oder ob eine mündliche oder stillschweigende Genehmigung desselben genügt, ist streitig gewesen. Durch Plenarbeschluß vom 22. April 1850 ist jedoch festgestellt worden, daß der Machtgeber auch durch eine mündliche oder stillschweigend erklärte Genehmigung gebunden werde. Denn die §§ 142—146 Tit. 13 Thl. I. A. L.-R., aus welchen dieser Grundsatz schon in früheren Entscheidungen hergeleitet worden, beziehen sich zwar nur auf den Fall einer Ueberschreitung der Vollmacht. Was der Gesetzgeber für diesen Fall anerkannt hat, muß aber um so mehr für Handlungen gelten, welche auf Grund einer mündlichen Vollmacht, mithin in Uebereinstimmung mit dem Willen des Machtgebers vorgenommen sind. Es müssen also darauf die im § 143 a. a. O. angezogenen §§ 186—192 Tit 5 angewendet werden. Die Beurtheilung des in Rede stehenden Verhältnisses nach diesen Vorschriften erscheint aber auch deßhalb gerechtfertigt, weil hier gleichfalls eine schriftliche Vertrags-Urkunde vorliegt, und es nur noch darauf ankommt, daß der, mit dessen Willen und auf dessen Namen der Vertrag geschlossen ist, sich nunmehr, nachdem alles gehörig festgestellt worden, nochmals damit zufrieden erklärt. Es würde überdies eine nicht geringe Verletzung des guten Glaubens sein, wenn der Machtgeber nach einer solchen neuen, unmittelbar auf das schriftlich geschlossene Geschäft selbst gehenden Erklärung, wiederum den Einwand machen könnte, daß der Dritte sich mit einem nicht gehörig legitimirten Bevollmächtigten eingelassen habe. Die §§ 147. 148 a. a. O. stehen schließlich dieser Auffassung nicht entgegen. Denn sie handeln nur von einer dem Abschluß vorhergehenden mündlichen Eröffnung, wogegen hier die Form der Genehmigung eines auf Grund einer mündlichen Bevollmächtigung schriftlich abgeschlossenen Geschäfts in Frage ist [1]). Sie bestimmen mithin auch nicht über den Fall, wenn auf Grund der darin gedachten mündlichen Eröffnung die als Beauftragter bezeichnete Person mit dem Dritten einen schriftlichen Vertrag geschlossen hat.

4. Der Dritte, welcher sich mit einem nicht legitimirten Bevollmächtigten eingelassen hat, kann von demselben, wenn der Machtgeber das geschlossene Geschäft nicht anerkennen will, Schadloshaltung und Abtretung der dem Bevollmächtigten gegen den Machtgeber etwa zustehenden Rechte fordern [2]). Die Bestimmung findet auch bei Gegenständen über fünfzig Thaler Anwendung [3]). Nach dem Präj. 1152 fällt sie jedoch fort, wenn des Mangels der schriftlichen Vollmacht ungeachtet, der Dritte den Machtgeber, sei es wegen der hinzutretenden Genehmigung oder aus sonstigen Gründen, auf Erfüllung des mit dem Bevollmächtigten geschlossenen Vertrages hat in Anspruch nehmen können [4]). Das Präjudiz setzt indessen, wie aus der zum Grunde liegenden Entscheidung hervorgeht, eine schon feststehende Verpflichtung des Machtgebers voraus, z. B. das Vorhandensein einer bindenden schriftlichen Genehmigung des Machtgebers oder eines von dem Dritten gegen den Machtgeber bereits erstrittenen obsieglichen Urtels, welches nur nicht wegen Unvermögens ꝛc., zur Vollstreckung gebracht werden kann. Der Bevollmächtigte kann sich daher nicht auf das Präjudiz berufen, wenn er den Dritten auf den ungewissen Ausgang eines Processes mit dem Machtgeber verweisen will, z. B. weil der letztere den Vertrag mündlich oder stillschweigend genehmigt habe [5]). Hat der Bevollmächtigte das Geschäft

---

[1]) Präj. 2196 (Entscheid. Bd. 19 S. 29).

[2]) I. 13 §§ 8. 9.

[3]) Ungedr. Entscheid. vom 1. Februar 1850.

[4]) Präj.-S. S. 76; Entscheid. Bd. 9 S. 229.

[5]) Ungedr. Entscheid. vom 1. Februar 1850.

in eigenem Namen geschlossen, so kann der Dritte von ihm die Erfüllung des Vertrages selbst fordern [1]).

5. In mehreren Entscheidungen des Obertribunals ist ausgeführt, daß derjenige, welcher seinen Namen durch eine mündlich ermächtigte andere Person unter eine Vertrags-Urkunde schreiben läßt, dadurch nicht wie aus einem schriftlichen Vertrage gebunden wird [2]). Nach dem Plenarbeschluß vom 22. April 1850 ist diese Meinung bezweifelt, von dem Plenum jedoch die ältere Meinung bestätigt, und der Grundsatz aufgestellt worden: Aus einem Kontrakte wird derjenige, dessen Namensunterschrift von einem Anderen, in Folge eines demselben mündlich oder stillschweigend ertheilten Auftrags, geleistet worden, nicht wie aus einem schriftlichen Vertrage verpflichtet, selbst wenn eine nachträgliche mündliche oder stillschweigende Genehmigung hinzukommt. Denn zuvörderst ist der Plenarbeschluß vom 22. April 1850 auf den vorliegenden Fall ganz unanwendbar, weil derselbe einen zwischen dem mündlich Bevollmächtigten und Dritten in der gesetzlich vorgeschriebenen Form geschlossenen, mithin formell untadelichen Vertrag voraussetzt, ein solcher aber hier nicht vorliegt. Sodann macht das Gesetz die bindende Kraft der Verträge von der Unterschrift der Parteien abhängig. Die Partei, welche ihre Unterschrift durch einen mündlich beauftragten Dritten bewirken läßt, wird daher, eben weil ihre Unterschrift fehlt, höchstens wie aus einem mündlichen Vertrage gebunden, und ein solcher kann nur durch ein schriftliches Anerkenntniß rechtsverbindlich werden. Hieraus, so wie in Mitbetracht der §§ 172 ff. Tit. 5 Thl. I. A. L.-R., welche bei Annahme des Gegentheils jederzeit umgangen werden könnten — und ganz abgesehen von der Frage, ob Jemand die

[1]) I. 13 §. 154.

[2]) Präj. 1602 (Präj.-S. S. 236; Entscheid. Bd. 12 S. 477); Präj. 2077 (Präj.-S. S. 9; Entscheid. Bd. 17 S. 457); Entscheid. Bd. 18 S. 207.

Befugniß seinen Namen zu schreiben überhaupt einem Dritten übertragen kann — folgt aber von selbst, daß die Ermächtigung des Dritten zur Namenszeichnung, so wie eventuell das Anerkenntniß des Vertrages, jedenfalls in der für die Abschließung des betreffenden Geschäfts in Bezug auf die Sache oder Person vorgeschriebenen Form erfolgen muß. Auf die Vorschrift I. 10 §§ 134. 138 der Proceßordnung kann man sich zum Beweise des Gegentheils nicht berufen, da dieselbe, selbst wenn sie dahin auszulegen wäre, jedenfalls den Vorschriften des materiellen Rechts weichen müßte [1]).

IX. Schlußbetrachtung.

Ein Rückblick auf die vorstehende Erörterung ergiebt, daß die sehr einfache Bestimmung des Edikts vom 13. Mai 1766 allmählig zu einer höchst verwickelten Lehre ausgebildet worden ist. Die Verwickelungen treffen zwar nur diejenigen Personen, welche es verabsäumen, die Verträge, welche kraft des Gesetzes schriftlich geschlossen werden müssen, schriftlich abzufassen, und alle Haupt- und Nebenpunkte durch die Schrift vollständig festzustellen. Die Sitte ist indessen stärker gewesen als das Gesetz, so daß dasselbe, obgleich es in dem gegenwärtigen Umfange wesentlich seit 1770 besteht, noch immer nicht in das Bewußtsein des Volks gedrungen ist (S. 202). Die in Deutschland von jeher geltenden Grundsätze: „Ein Wort ein Wort, ein Mann ein Mann" haben sich gegen das Edikt von 1770, so wie gegen das Landrecht erhalten, und einen Zwiespalt zwischen der Rechtssitte und dem Gesetze hervorgerufen, welcher zahlreiche Processe veranlaßt hat, und gar oft dem redlichen und vertrauenden Manne zum Nachtheil, dem unredlichen und das Vertrauen mißbrauchenden Manne dagegen zum Vortheil gereicht, da ihm ein Betrug in vielen Fällen

---

[1]) Entscheid. Bd. 29 S. 293.

nicht nachzuweisen ist (S. 201. 202). Die vorgedachten Grundsätze haben aber auch auf die Gesetzgebung und die Anwendung des Gesetzes durch die Gerichte wesentlich eingewirkt, und zu den Verwickelungen und Schwankungen geführt, die in einer dem täglichen Verkehr recht eigentlich angehörenden Lehre am wenigsten vorkommen sollten. Auf die Gesetzgebung haben jene Grundsätze — abgesehen von den vielen gesetzlich anerkannten Ersatzmitteln der förmlichen schriftlichen Verträge (S. 181 ff.), welche zum Theil die Zulassung des Beweises durch Zeugen und Eid nothwendig machen (S. 191) — besonders bei Bestimmung der Folgen eines theilweise erfüllten schriftlich abzuschließenden, aber nur mündlich geschlossenen Vertrages eingewirkt. Wer von einem solchen Vertrage zurücktritt, hat offenbar das Gesetz für sich, welches die Schrift als wesentliche Bedingung der Gültigkeit vorschreibt. Dennoch sollen gegen den Zurücktretenden nicht die allgemeinen Grundsätze von nützlichen Verwendungen, sondern eigenthümliche Bestimmungen zur Anwendung kommen. Und diesen Bestimmungen liegt offenbar die Ansicht zum Grunde, daß jeder, der auf Grund eines mündlichen Vertrages die Erfüllung ganz oder theilweise geleistet oder angenommen hat, sich für gebunden erachten sollte, und demzufolge, wenn er dennoch zurücktritt, füglich verpflichtet werden kann, die dem Anderen daraus entstehenden Nachtheile allein zu tragen. Sie enthalten insofern zugleich einen mittelbaren Zwang, bei dem Vertrage stehen zu bleiben, und sprechen unter gewissen Verhältnissen selbst einen unmittelbaren Zwang aus (S. 210. 220). Die Gerichte haben die darauf bezüglichen Bestimmungen, so wie andere Vorschriften, im Geiste der deutschrechtlichen Grundsätze, weiter aus- und vielleicht auch umgebildet, dabei aber, je nachdem sie mehr dem Buchstaben des Gesetzes gefolgt sind oder sich davon losgemacht haben, wiederholt geschwankt. Insbesondere hat das Obertribunal, welches überhaupt dem Mißbrauch der Form möglichst entgegengetreten ist (S. 201 f.), tief eingegriffen, in mancher Beziehung so tief, daß die Verfasser des Landrechts über die gezogenen Folgerungen erstaunen würden, und daß dadurch die ganze Lehre wesentlich erschüttert ist. Dies gilt namentlich von den Rechtssätzen, welche hinsichtlich der mündlichen Verträge über Grundstücke festgestellt worden, wenn das auf Grund eines solchen Vertrages übergebene Grundstück nicht mehr in demselben Zustande zurückgegeben werden kann, so wie wenn die Gegenleistung eine Handlung und dieselbe vollständig geleistet ist (S. 208. 221). Denn wenn der mündliche Vertrag in so wichtigen Fällen erfüllt werden muß, so ist in der That nicht abzusehen, weshalb der Anspruch auf Erfüllung in anderen minder wichtigen Fällen ausgeschlossen sein soll, da doch auch in den erstgedachten Fällen der Beweis durch Zeugen und Eideszuschiebung nicht immer zu umgehen ist. Ueberhaupt ist, was diesen Beweis betrifft, der Zweck des Gesetzes nicht erreicht worden. In den zahlreichen Streitigkeiten welche das Gesetz hervorgerufen hat, sind vielmehr Zeugen und Eideszuschiebung die gewöhnlichen Beweismittel, theils um die mündlichen Verabredungen, welche einen schriftlichen Vertrag entkräften sollen, festzustellen (S. 201 f.), theils um in den Fällen, in welchen auf Erfüllung des mündlichen Vertrages geklagt werden kann, dessen Inhalt festzustellen (S. 165. 191. 207. 214. 218 ff. 220—222). Nach dem allen kann, nach den inzwischen gemachten Erfahrungen, mit mehrerem Grunde als bei Abfassung des Landrechts die Frage aufgeworfen werden: ob die Rückkehr zu dem gemeinen Rechte, unter Vorbehalt einer besonderen Form für gewisse Arten von Verträgen, nicht das sicherste Mittel zur Beseitigung der gegenwärtig bestehenden Uebelstände sei? Auf diese Frage läßt sich zwar erwiedern, daß die Rückkehr zu dem gemeinen Rechte möglicher Weise noch größere Uebelstände hervorrufen werde, wie denn auch vor dem Edikt von 1770 über die nachtheiligen Folgen der formlosen Verträge geklagt worden sei [1]. Erfahrungsmäßig sind

[1]) Möser, patriotische Phantasien Bd. 2 S. 123.

indessen die Processe, welche in Ländern des gemeinen Rechts, z. B. in Neu-Vorpommern, über den Inhalt mündlicher Verträge geführt werden, bei weitem weniger zahlreich und verwickelt, als die Processe, welche unsere Gesetzgebung über die schriftliche Form der Verträge hervorgerufen hat. Ueberdies muß bei der vorliegenden Frage noch ein wichtiger Punkt ins Auge gefaßt werden. Die Beseitigung der Zollschranken, die Verbindung aller deutschen Staaten durch die Eisenbahnen und der Verkehr auf denselben, die gemeinsamen Unternehmungen der Einwohner verschiedener Staaten, und überhaupt die von Jahr zu Jahr sich steigernden Verkehrs-Verhältnisse werden, wie sie schon zu einem allgemeinen deutschen Wechselrecht geführt haben, mehr und mehr zu einer Einigung hinsichtlich des den Verkehr wesentlich berührenden Theils des Vertragsrechts drängen. Die still wirkende Kraft des gemeinsamen Bedürfnisses wird uns, wenngleich vielleicht erst nach vielen Jahren und Kämpfen, unwiderstehlich zu diesem Ziele führen. Und zu wünschen ist, daß Preußen in dieser Beziehung, wie in Bezug auf das Wechselrecht, rechtzeitig eingreife, damit nicht ein anderer Staat ihm zuvorkomme. Dann aber werden wir unmöglich an unserer, allen anderen deutschen Staaten fremden Lehre über die Nothwendigkeit der schriftlichen Form bei allen Verträgen über fünfzig Thaler festhalten können. Mögen wir uns daher jetzt schon davon überzeugen, daß diese Lehre, welche auch bei uns bereits wesentlich erschüttert worden, keinesweges ein besonderer Vorzug ist, und daß die Beseitigung derselben, unter Beibehaltung besonderer Formen für einzelne Arten von Verträgen, nicht als ein Verlust, sondern als ein Gewinn anzusehen sein dürfte.

FSC
www.fsc.org
MIX
Papier | Fördert gute Waldnutzung
FSC® C083411

Kolibri 360 GmbH
Ferdinand-Jühlke-Straße 7
99095 Erfurt, Deutschland
produktsicherheit@kolibri360.de